課程改革：理念、趨勢與議題

莊明貞　著

莊明貞

學歷：美國伊利諾大學香檳校區課程與教學哲學博士

經歷：國立台北教育大學課程與教學研究所教授兼所長
國立台北師範學院課程與教學研究所教授兼所長
教育部國民中小學課程綱要審議委員會委員
教育部國民中小學課程綱要研究發展小組重大議題研修小組召集人
教育部國立編譯館高中「公民與社會科」教科書審議委員
美國伊利諾大學香檳校區全球教育研究訪問教授
中國北京師範大學教育學院國際講座教授
英國倫敦大學教育學院課程研究訪問學者
《課程研究》期刊總編輯
《教育與多元文化研究》、《教育研究月刊》期刊主編
《跨國課程探究期刊》（Transnational Curriculum Inquiry）台灣主編

現職：明道大學課程與教學研究所教授兼所長

專長：課程理論與實務、課程研究方法論、多元文化課程與教學研究、當代課程趨勢與議題、質性研究

獎勵：行政院國家科學委員會甲種學術研究計畫與著作獎勵十五次

Email：mjc@mdu.edu.tw

黃序

迄今為止，我從未在我的專業著作中請人寫過序，也從未為國內的教育同仁所出版的專書寫過序，這次算是平生第一遭。我之所以「一口答應」為莊明貞教授這一本鉅著寫序，乃是基於下列幾個原因：

第一、我倆雖在年齡與性別上大有差異，但在學術研究的態度上，卻是始終「堅持專業理念、絕不妥協」，可說是「志同」；而在課程研究領域上的興趣與關注點，均在課程理論與課程改革，則可謂「道合」。

第二、我是將泰勒的課程理論介紹到國內的第一人，我在哥大教育學院攻讀時（1964～1970），正是泰勒模式的全盛時期。我當然知道知識（包括課程理論）永遠是往前推進的，任何課程學派的理論皆有其優點與限制。因此，我是多麼期望國內的課程研究領域，早日出現既能綜觀各種學派的課程理論，又能將課程理論與本土的課程發展加以適切地結合者。

事實上，國內已有不少專攻課程理論的佼佼者，但遺憾的是，在他（她）們之中，有些人專注於抽象理論的引介與闡述；另有一些雖亦嘗試跨越理論與實際的鴻溝，圖謀兩者之結合，卻少見具體成效。

莊教授在課程理論的研究上，值得稱道之處，在於她對各派之理論學說均有所涉獵，舉凡：批判理論、後現代主義、女性主義、多元文化論、概念重建學派等，她都下過一番苦工。而難能可貴的是，她雖「浸入」其中，卻能「跳出」框外，不偏執一方，而能「允執其中」，永遠能站在更高、更廣的據點，對課程理論加以統觀與批判。

莊教授在課程研究上的另一特點與貢獻，即在於理論與實際的融合。她在本書上一再強調「知識轉化」、「課程改革典範實踐的可能性」以及「本土課程概念化」等概念，無非均在謀求「理論與實踐」的融合。在其專業生涯中，莊教授除了純理論的鑽研之外，她也廣泛參與課程設計、發展、實施與評鑑等各種實踐性活動。她豐富的課程實踐經驗包括：(1)教育部中小學課程綱要審議委員；(2)教育部九年一貫課程「重大議題」研究小組召集人；(3)教育部九年一貫課程社會學習領域課程綱要研修小組委員；(4)大學師資培育課程評鑑委員；(5)參與中學教師課程與教學領域基本能力檢定之發展工作，以及(6)教育部國立編譯館高中「公民與社會科」教科書審議委員等職。

莊教授之所以能夠出版此本皇皇鉅著——課程改革：理念、趨勢與議題——即是因她具有深厚的課程理論基礎、廣泛的興趣與經驗，再加上能將課程理論加以轉化，使之與實際相結合，並加反省與批判，有以致之。

當然，莊教授在其專業生涯中，一直念茲在茲的「本土課程再概念化」，是課程學上的一個鉅大工程，既非一蹴可幾，更非一人所能獨立完成。縱然如此，莊教授的此一雄心壯志，及其一步一腳印，往前拓墾的努力，在國內實已起了「帶頭示範」的作用，彌足珍貴。

總之，長江後浪推前浪，個人喜見此種現象之出現，並盼其能持續擴大，故樂為之序。

黃炳煌

2012 年 5 月 19 日

序

清明時節雨紛紛，路上行人雖未有古詩中「欲斷魂」的意境，但也是熙熙攘攘、行色匆匆；此時，我正坐在捷運府中站的出口對面等候友人，在便利商店的大片落地窗前書寫此序言。這段日子以來，我心如浮萍，始終有漂泊的感覺，一直無法靜下心、振筆直書地把《課程改革：理念、趨勢與議題》的序言寫完；或許是因為這本書可算是我從公立大學退休下來的紀念專輯，但最大的原因，其實是因為書中的十四篇文章，有的是申請國科會研究計畫所撰寫的結案報告後所改寫的期刊出版論文，有的是在國內外研討會所發表的文章，還有的是直接投稿在國內教育期刊的論文所彙整之文章，本來想讓自己在退休前有一本紀念文集的出版，但始終感覺若干論文因來自同一作者的觀點，其論點似乎在各篇文章中有「念茲在茲」、一再提及的味道，所以就花了一點時間對文章進行內部的「舊屋更新」，但卻不是舊瓶新釀的論文集。

事實上，我從 1990 年代末期參與九年一貫課程改革以來，總是時時反省、思考自己在課程改革中的論述角度，時而游移在批判理論、後現代主義、女性主義或多元文化主義的立論之間，但總覺得在現實的課程政策參與上，常陷入一種他人無法理解的課程「文化政治」泥沼中，且自覺深不可拔。舉一個實例來說，從 2001 年開始，性別等重大議題在政策上是融入七大領域課綱中，但實際上在融入各領域時，卻碰觸到學科間的知識與權力之爭。這或許是我在 90 年代初期從美國負笈回國以來，所始料未及的結果，這種誤踩學科地雷的情形，猶如誤闖森林的白兔，所幸我後來總是能在課程政策與實務現場的參與觀察中，冀望自己在課程改革的風暴中保持清晰的思維，並摸索可行的出路。

美國學者 J. Schwab 在 70 年代的 AERA 會議中，曾登高一呼：「課程已瀕臨死亡！」因此喚起了美國課程重建學派的興起，並激發課程學界的共鳴，一起展開課程再概念化的旅程。「再概念化學派」主要在批判課程目標模式的再製，強調運用政治文本、性別文本、種族文本、美學文本、自傳文本，以及國際化文本等，來探討課程理解與意識的問題。W. Pinar 等學者並運用後結構主義、後現代主義，以及後殖民主義等學理，使課程產生跨越疆界與混種的新理解。

台灣的課程改革從 90 年代起，無論是理論或實際，也進行了一系列的再概念化，並企圖建立課程的新典範。四一〇教改時的激進論者，曾冀望釜底抽薪地藉由課程改革的過程，徹底解構各級入學考試，但總是事與願違！根深蒂固的科舉制度所形成的入學考試制度，使得課程改革背後的精粹主義與科舉思想，就猶如「鬼魅」般總是化不掉，而課程改革最終也無法突破升學主義的精英政策之藩籬。近十年來，我也在摸索課程改革典範實踐的可能性，並企圖從課程典範的新理解，無論是在參與課程政策，或是赴國內外學術研討會提出問題與因應對策的論述中，希望能找出因應的對策。

本書之所以能夠出版，就是源於對本土課程再概念化的一種強烈需求。本書共分為三篇，首篇為課程理念篇，其次為課程趨勢篇，最後為課程議題篇。課程理念篇包含後現代觀課程、批判理論（與潘志煌合著）對課程改革的影響，並探討英國近期課程政策之改革，以及台灣九年一貫課程的政策與實施；課程趨勢篇則在探討敘事探究、教科書的全球關聯（與嚴朝寶合著），以及教科書中的族群意象（與陳美芝合著），其次是性別文本的教科書論述分析；課程議題篇則分別探討九年一貫課程的社會新興議題、性別平等教育議題，以及學校統整課程設計與實施，並就大學與小學攜手共構校本課程的夥伴關係加以討論，最後則討論國小教師學習評量信念與實踐（與丘愛鈴合著）。前述可能性的語言，期望能豐厚課程理論和課程研究方法論，這當中當然存在著許多兩難的困境議題，值得讀者們一一加以檢視。

最後，本書的出版希望能引起更多教育改革研究者的關切與共鳴，雖然課程改革原存在一種預懸的理想，各國的課程改革經驗經常受到很多意識型態因素的影響，真正成功者的例子不多，但目前國內也正吹起十二年國教的號角，相信將會喚起更多人對十二年國教的教育改革投入更多的心力。本書的順利出版，同時要感謝基隆市信義國小潘志煌主任、桃園縣新埔國小嚴朝寶校長、新北市鳳鳴國小陳美芝老師，以及高雄師範大學丘愛鈴教授的協助貢獻。本書的誕生也可以算是我二十八年公職生涯的一本紀念文集，在此要感謝曾參與我教學的研究生，以及投入國科會與教育部專案研究發展的夥伴與中小學實務工作者，沒有他們的實踐智慧之觀點激盪與行動貢獻，就無法成就這些文章，這本書要呈獻給這些熱情的參與者。

本書各篇雖力求文字用詞精確，但總難免會有疏漏，敬祈讀者不吝斧正，以利再版時改進。另外，本書能順利出版，特別要感謝課程界耆老黃炳煌教授慨然允諾為本書作序，此外也要謝謝吳遠山博士協助打字編輯，另外要感謝心理出版社林敬堯副總與編輯團隊，從我在公立大學退休前一路督促我出書到現在，本書的催生他們厥功至偉，在此致上謝意。

莊明貞 謹識

於明道大學

2012 年 4 月 9 日

目次

第一篇

課程理念篇

第一章 後現代觀課程及其對本土課程改革之影響

壹 前言

後現代時期起源於現代性危機，過去有些人認為沒有必要定義一個後現代時期，但是到了 1990 年代，可以清楚的發現有一種信念急速成長，其對科學、哲學、政治、藝術、文學及教育等，皆產生一種新的全球化生活概念之重建。C. Jencks（1992）指出，這股潮流反映了最近十年的「後現代」，已經從一種社會情境及文化運動轉變成一種全球觀，他認為，文藝復興以降的「現代性」已經衰退並被取代，因此儘管後現代開始的日期（1875、1914、1945、1960 年）迄今並無定論，但是至少需以一段「跳出現代」的時期，來加以重新定義。Jencks主張，這個時期最重要的特色，是後現代的世界觀並沒有優勢的支配文化，而是分裂成許多次文化。

後現代經常要挑戰許多人類意識形態已存在五百年以上的想法，因此它一開始的命運就像 16 世紀的天文學家哥白尼或伽利略一樣，受到壓迫；因而許多學者轉向從 T. Kuhn（1970）的《科學革命的結構》（*The Structure of Scientific Revolutions*）一書中尋求支持，他們認為後現代是一種典範的轉移，因為人類隨著自我在全體關係中的概念擴充，而有了新的體認。

在人類歷史中，典範的轉移在後現代之前共有二次：一是新石器時代改革，二是工業革命。新石器時代改革的特徵是緩慢的，工業革命的特徵卻是直線型的，而後現代的轉移卻是快速，且具有時間係循環性的概念，伴隨著各種文化及各種表達類型，因此有時又稱為全球化資訊革命。

後現代運動主要是希望轉化先前現代的生活型態，甚至解構現代，給社會、文化、語言、權力一種嶄新的概念。除此之外，後現代課程的學者也希望，課程發展能夠充實人類歷史中這個新時代的社會及文化背景。

儘管後現代的概念非常分歧，D. R. Griffin（1990）認為，後現代社會有以下幾項特色：後人類中心的觀念，與大自然和諧並存，強調內在關係，反對控制及過度發展；後競爭關係，以合作代替競爭；後軍國主義，倡導和平談判的藝術；後社會德高望重的階級觀，去除附屬階級及倡導性別平等；從後歐洲中心觀，到尊重其他文化的智慧；後科學主義信念，不再獨尊科學實徵方法，在世界觀及公共政策的發展中，道德、宗教、美學、直覺包括許多重要真相，皆扮演重要角色；後嚴格控制學術及研究的概念，生態性互用的宇宙觀，反對現代的機械觀；後殖民主義，反對個人或國家主義，以謀求全球的幸福。簡言之，後現代將世界當作一有機體，趨使人類更能交互作用，並企圖重建人與自然以及人與人的關係。

W. Percy（1954）則認為，人們正處於一個前一個時代結束，而新時代尚未明朗的時期，每件事情都是看似上升、實則退步的情況。因此，後現代主義重新檢視教育，發現教育在專業、初等及中等學校、教師職前培育方案，以及高等教育機構等，都處於看似上升、實則退步的情況；換言之，人們普遍對現代教育的發展倍感失望。

Jencks（1986）回顧後現代發展的歷史，認為後現代主義的概念開始於西班牙學者 Federice de Onis。雖然 Toynbee 於 1947 年的著作《歷史研究》（*A Study of History*）中認為，後現代開始於 1875 年，此時西方優勢結束，個人主義、資本主義及基督教勢力衰退，且非西方文化開始成長；但 Jencks 則認為，Toynbee 雖肯定有關文化多元論（cultural pluralism）及世界文化的看法，卻對地球村（global village）的觀點仍然懷疑。因此 Jencks 便持續探究「什麼是後現代主義」的問題，他認為有必要繼續認識後現代主義的成長及運動，直到它不再改變時，才能對它下確定的定義。這種說法雖然將使教育學者想要了解後現代課程發展的願望因此落空，但是至少可以讓我們對於過去為了強調驗證，而對教育的目的、目標、課程計畫及教育結果等，強調「可測量」、「可觀察的外顯行為」之課程研究方法論有所反省。後現代主義透過各種不同的觀點（包括：渾沌理論、複雜理論、自傳、直覺、折衷主義，以及神祕主義），來幫助教育學者發展一種世界觀，以架構新的學校教育內涵，因此課程發展不再只是強調外顯的行為目標。

1960 年代，後現代主義關注藝術與文化；1970 年代，後現代主義變得更有共識及學術性；1980 年代持續發展，到了 1990 年代，我們已然關心後現代主義對課程發展的啟示及隱喻。過去一百五十年，後現代主義持續影響各個層面，其中對政治的影響同樣也有助於課程研究的發展。

基於此，後現代課程之探究必須重新釐清，過去現代課程發展中對形上學、認識論及價值論的看法，這將是新時代課程研究與發展的一大挑戰。後現代主義是一種折衷主義，但不是一種解釋因果關係及普遍法則的綜合體。以下首先討論現代課程觀及其限制，其後並論及後現代主義及其課程觀的多元理解，並由此衍生後現代課程的萬花筒式之變化意識，最後再評述本土當前課程改革的實施，究竟反映了現代性或後現代性，並嘗試提出本土當前課程決策背後的思考，以辯證後現代觀課程對本土課程改革的可能影響。

後現代觀課程反映了後現代哲學的信念及假設，本文所討論的後現代論點是一種多元理解，即由後現代觀的建立可以提供更實質、更豐富的課程研究之想像。以下將反思現代課程觀及其限制，以便進一步討論後現代主義及其課程觀究竟想解決哪些現代課程所呈現的問題及缺失。

貳 工具理性——現代課程觀及其限制

所謂現代課程觀又可稱為傳統課程觀，在傳統的課程思潮上，對課程的觀點是根源於課程內容必須是一組傳統學科和必要技能，教師的角色旨在協助學生學習永恆知識和理性思考，因此課程被界定為計畫、內容、教材、學習結果、經驗、系統，以及學科研究（Beauchamp, 1981; Dewey, 1938; Oliva, 1997; Schubert, 1986; Tyler, 1968）。然而，所形成的現代課程典範主要是受到現代觀的影響，諸如：(1)公共大眾對學校的期許；(2)家長依據自己過去教育理念提出對學校的期許；(3)社會期許學校培養成熟理性的公民；(4)標準化測驗的濫用；(5)根據學生學習成果，評估教師教學績效；(6)學校被暗喻為工廠；(7)隱喻學校的何科知識或什麼知識是有價值的（Behar-Horenstein, 2000）。在這樣的現代課程典範裡，倡導著科技工具理性的課程研究取向，對課程強調預設的準則，可驗證、可量化、實徵性的方法論。現代課程泛現著科技理性的特色，但在其間也存在著不同哲學派別的觀點，並同時駕馭著課程研究的趨勢與取向，例如：A. C. Ornstein（1991）曾舉出在精粹主義的課程界定中，教師根據事實和原則來精熟課程內容，學生似乎不必質疑權威，可完全接受教師觀點，課程趨勢也著重於基本能力和卓越教育。然而，在進步主義和社會重建主義課程觀的湧現之後，對課程的看法卻有了轉變。進步主義追求結合學生興趣與知識成長，其倡導科技統整課程的優點，且注重人文教育和開放教育，鼓勵主動探究和終身學習的發展；而社會重建主義則鼓勵學生獲取對社會改進的知識，課程研究焦點在探討社會、政治、經濟問題，課程趨勢則重視教育均等、文化多元與國際教育和未來學等議題。

雖然現代課程也不斷地想以含括眾多的面向方式，來主導整個教育敘事，然而卻不可避免的有所缺失。後現代課程論者（Apple, 1986; Eisner, 1990; Giroux, 1994）就批判現代課程觀，存在著以下幾項缺失：

1. 無法確保來自不同社會階層的所有學生擁有公平機會。
2. 學校再製主流階級的知識與價值。
3. 過度依賴 Tyler 的工具理性法則。
4. 壓抑學生需求、認同與創造潛力。
5. 忽視社會階層邊陲團體的聲音。
6. 無法確認文化多元、情境和地區性的情境知識之發展。

在後現代課程學者對現代課程的批判下，普遍認為現代課程沒有注重到地方性的知識及個體的主體性，在現代課程觀的思考下，課程研究會過度依賴實徵量化結果、工具理性和官僚體制，課程則扮演著強制或壓抑學生思考的工具（Ornstein & Hunkins, 1998）。J. J. Schwab（1970）也質疑 R. W. Tyler（1949）的課程發展原則無法解釋課程政治，並討論課程研究必須設計實務性兩難問題供學生討論。整體而言，批判教育學論者及課程再概念化的論者，例如：Apple（1986）、Giroux（1994）、McLaren（1994）、Pinar（1988），以及 Slattery（1995）等，皆批判學校是社會科層體制的縮影，也批判課程現代觀是社會合法化的形式。以下將進一步討論現代主義與後現代觀的多元理解，以窺知後現代課程理解所蘊涵的萬花筒意識內涵。

參 眾聲喧譁——後現代主義的多元理解

當現代主義仍持續影響社會與教育實施的同時，另一股新思潮也同時興起，我們可以稱之為「後現代狀況」（postmodern condition）或「後現代主義」（postmodernism）。因為迄今沒有一個統一的後現代觀點可以作為解放論述的規準，所以我們很難對後現代主義或後現代教育下一個普遍定義，因為後現代主義本身即以多元方式來理解；根據文獻分析，我們在此大致可區分為四大學術派別（莊明貞，2001；Pinar, Reynolds, Slattery, & Taubman, 1995; Slattery, 2000），說明如下。

一、後結構主義和解構觀

此一學派的主要學者有Derrida、Deleuze、Foucault、Jameson、Locan，以及Kristera等人。其中，J. Derrida（1981）的「作者之死」與M. Foucault（1971）的「主體之死」，提出了「虛構的我比真實的我」更可理解。在後現代的世界觀中，普世價值是被揚棄的（Lyotard, 1984），因為真實的我永遠處在學習歷程，且受到很多複雜因素的持續影響，現代的邏輯思考所主張之單一作者的和統合的個體幾乎不可能，因為「我」是許多人和觀念的複雜關係之結合體。後結構主義形容當代文化是獸性的理論、制度和實施，並對其提出嚴厲的批判。解構學派學者 Lyotard 及 Foucault 等人，對現代教育的知識論也加以嚴厲批判，藉由語言學、知識系譜學的方法，透過知識史的考察，對現代主義的知識分類及各類知識的相應地位之合法性提出強烈質疑，並企圖解構現代主義的認識論基礎。其後，Lyotard 又主張拒斥巨型敘述或普遍歷史之闡述，建議要有敘事和解答；因為任何事件皆有不同版本，主要是依賴誰在敘事，以及從什麼優勢觀點來敘說。

二、批判和文化理論觀

此一學派的主要學者有 J. Anyon、M. Apple、D. Carlson、H. Giroux、B. Hooks、P. McLaren、S. Stenberg，以及 West 等人。此派學者與批判教育學（critical pedagogy）的社群大抵群策合盟，其中有部分學者受到 P. Freire 的「被壓迫教育學」的影響，主張解放是一種互動過程，並透過批判意識的覺醒與對話關係，作為解放手段。其運用後現代理論，以反對種族主義、反社會經濟不平等、反殖民主義、反階層主義，最後提出批判教育學立論，企圖改變社會及教育的實施內容與過程。批判後現代論重視批判意識的覺醒，並試圖扭轉課程發展為後現代狀況，以達成民主、平等的烏托邦社會理想而努力，並企圖以批判語言與可能性語言實踐基進民主的烏托邦理想。

三、後結構和女性主義觀

此一學派的主要學者有 M. A. Doll、E. Ellsworth、M. Grumet、P. Lather、N. Noddings、W. Pinar，以及 J. Sears 等人。此學派較聚焦於性別的後現代對話，批判所謂的巨型敘述和父權思想，以另類方法來合法化當代課程研究。後結構課程論者皆寧願用「複數女性主義」（feminisms）一詞，去建構所謂的「女性主義教育學」（feminist pedagogy）的立論。其中 P. Lather（1991）曾嘗試發展解放觀點的女性主義教育學，藉以批判巨型敘述的現代社會科學，且植基於女性主義、新馬克斯主義和後結構主義的理論基礎，已發展為批判探究取向的人文科學。而後現代女性主義建構論者 N. Noddings，則試圖以關懷為核心，來實踐性別平等教育的目的。Pinar（1997）則主張，以直觀、情感、藝術和理論化等複雜議題的精神性，對各式文本進行課程理解。

四、建構觀的後現代主義觀

此一學派的主要學者有 D. Griffin、Kung、W. E. Doll，以及 C. Jencks

等人。建構觀的後現代主義尋求轉化變革，並提倡公平、關懷、生態性的文化分析，也反對現代觀的工具理性與控制，主要影響藝術、音樂、文學、哲學和教育方面。此派的課程研究重視人與人、人與自然的相互依存關係，其中美國路易斯安那大學的W. E. Doll（1989）更另立旗幟，他從進步主義，轉移至 Piaget、Whitehead 的研究，最後才結合後現代主義，提出非線性模式的歷史觀，以開放系統、複雜結構、轉化變革作為後現代課程的基礎，並企圖建立以混沌理論和無限宇宙觀作為後現代主義觀的課程願景。

以上所述的四種理論派別，大致係藉由課程探究和教育實踐來改善社會、文化和意識形態的可能性，同時也提供給後現代觀課程另一種思想的路徑。

肆 萬花筒變化意識——後現代觀的課程理解

後現代課程觀係建構於對現代課程的批判觀點，認為課程必須是非預先設計、起始的和演進的。許多後現代的學者對後現代課程也多表支持，例如：Apple（1986）批判主流多數者透過政治與經濟實施，以界定課程為何；Pinar（1992）則認為，學校課程實施中的標準化測驗貶抑了教師自主性，使學校變成工廠；Giroux（1981）則強調，課程需要融入批判理論性地討論，並聲稱課程發展必須對文化多元論和個人獨特性加以反映，新的課程必須揚棄價值中的知識觀點，並建構新知識的論述和允許討論溝通；Jencks（1992）聲稱，後現代主義是現代課程的突變、F. P. Hunkins 與 P. A. Hammill（1994）是Tyler/Taba傳統課程論的轉化。文化研究學者Giroux（1994）、Pinar（1988）以及Slattery（1995）皆主張，課程必須是解放賦權增能和自由的，他們挑戰了傳統以來的行為目標和實徵性作為課程發展的唯一方法，認為那是有問題的，課程研究應以人文主義的方式來重新進行廣義的定義。課程係演進和非設計經驗，Doll（1993a）及 P. Friere（1973）等人則提供後現代觀課程典範的範例。

如前所述，後現代各論者的課程觀，乃建構在對現代課程的批判基礎上，其後現代觀係由不同學術社群理論所組成，例如：馬克斯論（提供課程在政治和經濟的分析架構）、女性主義（運用自傳、現象學和心理分析架構）、現象學（探究個人真實經驗背後的意義）、美學（重視邊陲化的非學術科目，提供美學或非實證的方法架構）等，據此，後現代課程觀也展現其變化萬千的萬花筒意識。

後現代教育論者 R. Usher 與 R. Edwards（1994），在其《後現代主義與教育》（*Postmodernism and Education*）一書中，以 Lcacanian 心理分析觀，再概念化師生關係的權威性。他們認為，後現代思維的教師必須放棄自己全知全能的傳統位階，並承認自己的知識是有限的，且應探究學習的有限性、曖昧性、多元性、不確定性和差異性，師生才有所謂學習的可能性。其所謂的「全知全能教師」（all knowing teachers）和 Eisner 的霸權命題語言（hegemony of prepositional language）在後現代紀元中，都必然將受到挑戰。基於此，敘事、自傳式、心理分析、現象學、美學和多元文化觀點的課程研究，可預期在後現代社會中將受到重視。

課程再概念化學派之 Pinar 等人（1995），更企圖解構行為目標、標準化測驗、量化研究與一切科技主義，鼓勵學校進行再概念化改革，亦鼓勵教育工作者挑戰各種課程變革背後的知識假定，並尋求課程的再改革。其主張教室的實施係根基在特定情境而不是普遍通則的運用，並鼓勵教育實務工作者在後現代情境中，探究課程統整的各種可能方案，並發展區域性知識。Slattery（1995）更在其《後現代紀元的課程發展》（*Curriculum Development in the Postmodern Era*）一書中指出，課程設計者宜持後現代懷疑論的觀點，並理解每一個特殊情境的多元性與複雜性。他認為後現代的課程發展必然是：

1. 拒絕後設敘述。
2. 拒絕人為分歧或二元主義。
3. 全球脈絡中個體經驗的交互連結。
4. 肯定並確認學校社群的任何聲音，以及揭露人類經驗意義的曖昧與不確定性。

他強調課程的形式是「自傳、美學、直覺和視覺的經驗」，人類社群中的精神、美學、歷史、社會、政治、倫理、種族、性別與文化等面向，必須整合為後現代課程的理解。

1990 年代中期的第二波課程再概念化論點，主要的後現代課程理解大致有著以下觀點：

1. 教育的過程能產生重要的再概念化，既是全球化學校教育的本質，也是在地化教育的經驗；它除了尊重個人獨特的發展，也考量兒童生活經驗的相互關係。這個再概念化課程的形成本質，拒絕了社會層級、權威、父權和霸權的意識形態，它不僅關注教育成果，更關切教育過程與脈絡性的課程發展模式。
2. 傳統學校教育中行為主義的強調，使教育過程固著於行為目標、學習階層化、價值中立、經驗分析的研究方法論、教學目的與目標、機械式的記憶背誦，以及過度競爭的學習環境，不僅過時，而且有害於一個適宜的全球化後現代教育經驗的湧現。
3. 建構觀點的後現代主義有別於解構或批判的後現代主義，但同樣也提供了解課程的一個重要途徑，後結構與解構主義的哲學意涵對教育的影響，讓我們了解了語言，特別是語言反應，並影響到師生的世界觀。
4. 課程本身必須被視為在跑道上跑與支持性脈絡，以做為精確到普遍化的需求。教育行政人員和教師必須注意到語言議題，特別是政治、社會與歷史性觀的議題融入課程，並重新詮釋文本。
5. 課程的研究需整合詮釋學、現象學、社會心理分析、解放理論、精神、種族、女性主義與個殊的文化研究議題，將能理解並成為全球化轉型努力的成果，後現代觀點課程在其不斷變化的意識上，為未來教育提供了一道曙光（莊明貞，2002）。

至於在後現代課程領導方面的研究，J. G. Henderson 與 R. D. Hawthorne（1995, 2000）則將課程典範分為前現代、現代、後現代三期，並提出具體的八項課程基本原則，分別為：教學哲學信念的建立、方案設計、教學設計、教學實施、評量、教學組織、賦權增能關係的建立，以及持續專業發展，以培養師資培育在職研究生成為轉化型的課程領導者。追究其理論主要根源於 Schwab（1982）課程思慮的觀點，旨在協助學校課程領導者以解放課程理論的哲學觀從事其課程決定，並透過民主式的文化批判分析，促進

學校成員的對話，以實踐後現代課程典範的信念與內涵。

伍 本土當前課程改革的後現代觀之評述

大多數的本土教育實務工作者，通常會根據其內隱的課程信念與意識形態，從事課程的領導與課程設計和發展，但卻欠缺主體性的實踐動力。我國主流的教育實務工作者在職前養成階段，傳統上大多接受行為主義目標的養成，精熟學習的訓練或者受到 1970 年代的能力本位師範養成教育的理念建構，其對課程的觀點大都仍受到 Tyler 目標導向的影響，意即設計課程必須預懸行為目標，評量學生成就必然運用常模參照的標準化評量，普羅大眾也根據學生在其學習成果上，即讀、寫、算的學習成就，來評估學校教師教學的績效與學校的績效考評。這主要是因為現代主義追求成就、競爭與成功，學校教育在自由市場的競逐下，追求高分與高 IQ 為家長的普世價值。此外，因大多數中小學的校長過去的領導方式，也較趨向科層化領導所強調的科學管理效率，卻疏於民主溝通對話。如前所述，將課程界定為計畫、內容或教材、系統、經驗，或者是一研究領域（Beauchamp, 1981; Schubert, 1986; Skilbeck, 1984; Taba, 1962; Tyler, 1968），本是現代的課程觀，其假定知識基礎必須根源於傳統學科的課程內容以學習必要技能，基於此，現代教師的角色則在協助學生學習永恆的知識和從事理性思考。

晚近，一些後現代教育論者（Apple, 1986; Doll, 1993a; Pinar, 1988; Slattery, 1995, 2000）皆對現代課程觀，提出嚴厲的批判。他們指出，學校是社會科層體制的縮影，其再製主流階級的知識與價值，使不同社會階層的學生無法獲得公平的學習機會，這其中如課程過度依賴量化結果、工具理性和官僚體制思維，則將扮演著強制或壓制學生思考的工具。前述論及的課程再概念化學派，在 1970 年代初期結合了三大研究社群，進行了一系列知識典範的革命：(1)對傳統 Tyler 目標原則的反動勢力；(2)反對當代社會科學邏輯實證的勢力；(3)主張課程理解與研究，應強調歷史、哲學與文學批判的本質；其更指出，當代課程過度依賴 Tyler 法則，壓抑學生需要與認同，由於邊陲族群的聲音在學校中被壓抑，無法確保文化多元和區域性脈絡知識的發展（Pinar et al., 1995）。而其後發展的批判教育學派論者（Apple, 1986; Giroux, 1994, 1997）更強調，課程需要融入批判分析，其主張文化多元論及人文主義，並認為課程發展必須是非預先設計和非線性的演進，而課程決定的過程更必須使教師與學生賦權增能。雖然 Giroux 等人關切較多的是後現代主義的政治潛能，但其意圖建構一個後現代課程理論，以喚起教師以後現代文化去檢視美國當代社會的不公平性，並建構一個激進式的民主教育，對全球化的後現代社會之教育改革運動的啟蒙影響至鉅。

在這種後現代思潮的推波助瀾下，各國的課程改革，特別是亞太地區近來的課程改革，也受到後現代主義的影響。台灣從 2001 年起正式實施的「九年一貫課程綱要」，與傳統以來的課程標準相較，在課程政策方面，如地域性知識的學校本位課程、學習領域的課程統整設計、彈性課程的選擇、社會新興議題的融入、鄉土語言與在地文化的重視，以及與過去以學科專家為決策核心到各基層團體的參與決策歷程，相較過去的課程決策，更加重視學科的文化多元議題及反應去中心化和對抗文本、對抗記憶、跨越邊界的立論。有論者以為，本土課程政策面係受到後現代思潮之影響（陳伯璋，2001；歐用生，2002），但實務操作面卻受限於現代性的控制（蘇永明，2002）。

而台灣現階段本土的課程改革，雖嘗試建構在後現代主義觀的課程型態，但絕大多數的中小學教育工作者，甚至師資培育工作者，或課程政策擬訂者，其中包含了歷經台灣第一次政黨輪替，不乏各黨派的利益團體菁英代表的介入參與，其所思考的課程觀點，受限於現代性的宰制，必然基於各利益團體而有不同意識形態的知識與權力之爭，但仍跳脫不了當代課程改革，受制於新自由主義（或新左派）與傳統右派階級利益團體的市場導向所左右，而呈現出現代性課程觀的文化霸權或文化政治意識形態之課程決策。這種現象形成了當前本土課程政策站在後現代主義的思維，而落到課程實施層面，卻碰到現代性技術理性的矛盾與脫節。課程政策既已下放到學校層級，學校各層級的課程領導者若仍以由上而下的集權獨裁式風格貫徹九年一貫課程的實施，其結果是教師若缺乏主體性實踐，就無法形成對課程改革之認同，教師群彼此之間也容易欠缺課程的專業對話；九年一貫課程在初期試驗階段急於獲得評估成效，評鑑方式仍以量化評鑑方式或檔案成果，但欠缺評鑑實質的內涵，以量化評鑑課程試辦之成效，其結果是實務工作者以現代課程觀：即目標、成果導向及紙筆測驗等，實施所謂的學校課程統整，強拉各階段學習領域的知識，為統整而統整的結果，學校知識結構易呈現支離破碎的現象。

除此之外，所謂校本課程發展乃全球在地化知識的展現，然而若不經過嚴謹的由下而上課程的思慮與決定，以及歷程式的課程評鑑，最後則會演變成再製其他所謂「標竿學校」的課程發展經驗，形成區域性巨型敘述的校本課程，或者受市場因素影響採用審定版教科用書後，再複製書商所錄製的學校總體課程計畫光碟，蔚成地方性的統一文本。課程綱要七大領域階段的設計規劃時間過於匆促，七大領域學習能力指標規劃不一，再加上學習能力指標轉化不易，教師自行解讀困難，學校也各自解讀空白課程，教師往往不知如何規劃「彈性時間」，最後在課程實施上演變成「空白時間」，讓學生「混沌學習」。鄉土語言課程原在反映全球在地化的思維，展現台灣教育主體性的理念，但正式實施後，師資呈現大量匱乏，各校教學品質良莠不齊；原住民族群因師資不足被迫選修閩南語課程之現象，在大都會學校俯拾皆是。這種種現象說明了課程政策背後的後現代思維，在遇到教育現場的推動者和實務工作者的工具理性思維時，呈現九年一貫課程「掛羊頭賣狗肉」的實質面貌。觸目所見的是熱鬧滾滾的各種花俏統整課程方案，所謂學習檔案評量（其實是各類學習單彙整）滿天飛，但與學習能力指標的銜扣不足；課程發展委員會美其名為課程發展團隊的專業對話，但往往連排出共同對話的時間都很難做到，課程領導難以落實；社會新興議題無法確實進行能力指標融入轉化，最後易形成泡沫式融入。九年一貫課程的首輪演出，國中階段的部分領域已率先改為選替式的教材大綱，以備國中基測之準備，家長仍疑慮一綱多本所產生的「無統一版本」之考試疑慮，統整領域卻分科教學；在課程推動方面也是政策推動者各吹各的號，各唱各的調。整體而言，九年一貫課程的首輪演出宛如一場眾聲喧譁的嘉年華會，熱鬧有餘，但教師普遍課程實踐不足。

陸 後現代觀課程實踐的評析

後現代觀課程挑戰現代主義有關意義及教育研究效度的假定，以及傳統教與學的實務。後現代論述足以提供教育實務者賦權增能，並創造一種介於混沌和不確定性的課程研究取向。同時，後現代觀課程研究也挑戰了課程組織單一解釋和單一方法論的論述，鼓勵課程研究社群多元論述課程與教學研究的歷程和方法論。後現代主義與歐美從 1960 年代以來所提倡的多元文化教育與批判教育論，分享了一些共同的論理立場，例如：皆抗拒任何社會、政治、文化、經濟和教育制度所造成的不平等；皆企圖重建社會、學校和教育方案，以表彰其更能代表不同社會、文化、地理和移民的社會實體。這些立論之後被批判教育學所融合，而主張教育歷程必須以跨越邊界、尊重差異、抗拒、策反政略、賦權增能等方式，以轉化現代教育形式（Slteeter & McLaren, 1995）。Giroux（1981, 1994）、Pinar（1988），以及 Slattery（1995）等學者都強調，課程需要融入批判理論的討論，並主張課程發展必須對文化多元論及個人獨特性加以回應。後現代課程知識論必須揚棄價值中立的知識觀點，課程實踐也必須是解放、賦權增能和自由論述。他們質疑現代觀課程以行為主義和邏輯實證論作為課程發展的唯一方法，是很有問題的；新的課程方式宜以演進和非預先設計的經驗活動為主（Doll, 1993b; Friere, 1973）。以下將依後現代課程的目的、敘事方法論，以及課程理解實踐，依次提出對後現代觀課程的評述。

一、反目標模式的目的論

後現代課程一再評述 Tyler（1949）所提出的目標模式是高度行為目標導向，其實是一項範疇誤導。因為 Tyler（1968）曾聲稱，目標宜視學校情境而定，且必須確保不同訓練背景、經驗的學生有效率的學習；課程的發展需兼顧個人與社會的需求。Tyler（1971）其後也曾提出內容中立管理模式，以考量課程目標的管理。整體而言，後現代課程論者一味的站在反 Tyler

的立場，卻忽視了其他課程哲學派別的觀點與價值，例如：Dewey 的進步主義，追求結合學生自主學習興趣和統整課程，鼓勵終身學習；而社會重建主義鼓勵學生獲取對社會改進的知識，對課程理論和課程目標的建立皆有貢獻，但卻被後現代課程觀所強調的烏托邦理想所忽視。

二、敘事探究及自傳式課程方法論

由於現代性所主張的理性，壓抑了存在於人們心中的聲音，或者說是靜默的文化壓制了邊陲族群的發聲，使人們不敢再現自己的身分認同與內在觀點，然而在後現代的解構浪潮下，一些受到壓抑的聲音或以往被視為邊緣的、他者的族群聲音紛紛再現，透過敘事探究、生命史與自傳、傳記研究，以及自我民族誌等方法，使得個人的經驗可以理解，透過學生、教師對生命的敘說，可以讓其多元的聲音展現，並使其生活經驗重新建構（莊明貞，2005）。

敘事探究的缺失最常見的是敘說與真實的符應；由敘事所產生的詮釋往往無法被驗證，因為敘事常是說故事者與研究者共同建構的信念，而詮釋又受研究者信念所影響，敘事所產生的知識常被評議誇大了道德與自我陶醉的表述（Behar-Horenstein, 1999）。尤其是近期課程再概念學派所提之自傳、敘事探究和生命史逐漸受到重視，但傳記的書寫更可能引發觸犯隱私的方法論倫理議題，而家長可能會反對運用自傳式的課程，因其是將家內事在公開論壇上討論。

三、課程理解典範難以實踐

因為後現代課程論者特別強調在政治、社會、美學、經濟和文化議題，雖可擴展知識的多元性，但目前卻無法提供知識論的有效方法或策略，以轉化到教室中實施，或協助不同背景學生詮釋其多元文化生活方式。後現代課程論者以意識形態為不變的立場，將其理念應用到學校課程，例如：被壓迫和抗拒等觀點；然而，學生可能根本不了解或無權能，以抗拒立場對抗既有之文化霸權體制。

最弔詭的是，後現代主義提供了一個無法穿透的牆，儘量避免了與現代主義論對話的可能性。他們認為意識形態為不變立場，可以將其理念應用到學校課程，例如：壓迫和再製機制，而學校教師及學生可能根本無法了解或無法取得有利位置來發聲或反壓迫。後現代觀課程論者慣常從攻擊學校文化霸權和科層體制出發，但自身卻無法提供一個實用架構或批判分析架構，甚至是有效實施的課程實踐方案，以便教師能實際應用到教室中加以實踐。

以本土情境為例，因大多數的教師仰賴教科書及套裝教材沿襲已久，教師若仰賴教科書文本，對於無法明確界定或無法有效書寫的後現代課程，又如何來幫助實務工作者實踐其課程信念及課程思慮？而統整課程所伴隨的教師協同教學，挑戰了既有的孤立教師文化，教師若無法有效轉化各學習領域的能力指標（現代觀課程）及分析學科主題統整概念間的關聯性，以作為統整課程發展的基礎，最後課程統整易流為主題統整式的技術理性操作。統整課程的設計與實施在本土實踐上，著實融合了現代與後現代課程的思維為一體。Contas（1998）曾論及，若後現代課程理論無法以有效的課程策略作為實踐方法，就無法協助實務工作者理解其理念，並轉化到日常教學實施中，其結果也很難形成具有影響性的課程決策。而由於後現代課程所嵌入的課程理解，例如：混沌理論、神學、主體性研究、美學、詩性智慧等，對大多數實務工作者而言，雖說是課程理解，卻毋寧是一種課程思維的轉變，也較抽象而無法具體操作，它所存在的「不確定」本質，也對習以工具理性處理課程實務的教師所無法明確掌握的。

柒 結論

後現代觀課程研究雖然為課程探究與策略提供了理論基礎和取徑，然而在方法論與實踐面向的立論上，卻無法轉化為實務工作者的有效教學策略，似乎也蘊涵了其在本土實踐可能性的烏托邦寄託。我們都了解，課程實踐的主要角色是教師，教師長期對教科書文本的依賴，及其文本權威性的信仰在難以打破前，就算形式化的實施各類課程統整模式（所謂的跨越邊界），究其實仍會落入另一種形式的技術操練，和貫徹決策者的另一種階級意識形態的再製，教學現場教師在合科統整為同一領域的對話，更易因技術理性的思維（例如：績效管理教學時數的配置、測驗成就表現的分類、學校績效評鑑、社會大眾依賴的文憑主義等），而難以形成教師間反省對話與課程基本學力的自主實踐，九年一貫課程能力指標在大多數教師的解讀，充其量只是另一種形式的行為目標而已。發展學習評估方式在「基本學力測驗」考試領導教學下，實質上仍是去脈絡化的標準化測量，學校領導者若仍是霸權的課程決策與領導，現代課程的靈魂——工具理性思維，在規劃校本課程的發展及形成區域性再製知識時，會使學校文化的創新形同空談。雖然後現代觀課程強調，課程研究宜朝向探討教室實際歷程中的師生共創經驗，但教師在無法對課程文本進行再概念實踐之前，任何現階段的課程改革即使有最良好的配套措施，皆將難以蔚成「可能性的語言」。然而，可肯定的是後現代課程強調的解放與賦權增能，是否能進一步帶動本土實務工作者對課程在教科文本的再概念化與課程實踐性，以及後現代課程觀在本土的實踐，是否能修正現代課程理論與實施，而蔚成台灣本土新的課程理解，或者說激盪課程實務的積極對話，這個多元對話的可能將喚來台灣自身本土意識的開展，因後現代觀點，未來本土課程改革的走向將呈現更多元文化、更族群平等與尊重差異，並與國際化課程平台逐步接軌，將是指日可待的。

（本文原載於《北縣教育》，2005 年，第 151 期，頁 17-29）

參考文獻

中文部分

莊明貞（2001）。**後現代課程及其本土可能性之探究（I）**。國科會補助專題研究計畫（計畫編號 NSC91-2413-H-152-009）。

莊明貞（2002）。後現代思潮的課程研究及其本土實踐之評析。**教育研究，102**，27-39。

莊明貞（2005）。敘事探究及其在課程研究領域之發展。**教育研究，130**，14-29。

陳伯璋（2001）。**新世紀課程改革的省思與挑戰**。台北市：師大書苑。

歐用生（2002）。披著羊皮的狼？九年一貫課程改革的深度思考。載於中華民國課程與教學學會（主編），**新世紀教育工程：九年一貫課程再造**。台北市：揚智。

蘇永明（2002）。九年一貫課程的現代性批判與後現代思考。**教育研究，102**，13-20。

英文部分

Apple, M. (1986). *Teachers and texts: A political economy of class and gender relations in education*. New York, NY: Routledge.

Beauchamp, G. A. (1981). *Curriculum theory*. Itasca, IL: Peacock.

Behar-Horenstein, L. S. (1999). *Contemporary issues in curriculum*. Boston, MA: Allyn & Bacon.

Behar-Horenstein, L. S. (2000). Can the modern view of curriculum be refined by postmodern criticism? In J. Glanz & L. S. Behar-Horenstein (Eds.), *Paradigm debates in curriculum and supervision: Modern and postmodern perspectives*. Westport, CT: Greenwood Publishing Group.

Contas, M. A. (1998). The changing nature of educational research and a critique of postmodernism. *Educational Researcher, 27*(2), 26-33.

Derrida, J. (1981). *Positions*. Chicago, IL: University of Chicago Press.

Dewey, J. (1938). *Experience and education*. New York, NY: Macmillan.

Doll, W. E. (1989). Foundations for a postmodern curriculum. *Journal of Curriculum Studies, 21*(3), 243-253.

Doll, W. E. (1993a). *A postmodern perspective on curriculum*. New York, NY: Teachers College Press.

Doll, W. E. (1993b). Curriculum possibilities in a "post" future. *Journal of Curriculum and Supervision, 8*(4), 277-292.

Eisner, E. W. (1990). Creative curriculum development: A developmental agenda. *Journal of Curriculum and Supervision, 6*(1), 62-73.

Friere, P. (1973). *Education for a critical consciousness*. New York, NY: Sabury Press.

Foucault, M. (1971). Nietzsche, genealogy, history. In D. Bouchard (Ed.), *Language, counter-memory, practice* (pp. 139-164). Ithaca, NY: Cornell University Press.

Giroux, H. A. (1981). *Ideology, culture & the process of schooling*. Philadelphia, PA: Temple University Press; London: Falmer Press.

Giroux, H. A. (1994). Teachers, public life, and curriculum reform. *Peabody Journal of Education, 69*(3), 35-47.

Giroux, H. A. (1997). *Pedagogy and the politics of hope: Theory, culture, and schooling*. Boulder, CO: Westview Press.

Griffin, D. R. (Ed.) (1990). *Scared interconnections: Postmodern spirituality, political economy, and art*. Albany, NY: State University of New York Press.

Henderson, J. G., & Hawthorne, R. D. (1995). *Transformative curriculum leadership*. Upper Saddle River, NJ: Merrill/Prentice-Hall.

Henderson, J. G., & Hawthorne, R. D. (2000). *Transformative curriculum leadership*. Upper Saddle River, NJ: Merrill.

Hunkins, F. P., & Hammill, P. A. (1994). Beyond Tyler and Taba: Reconceptualizing the curriculum process. *Peabody Journal of Education, 69*(3), 4-18.

Jencks, C. (1986). *What is postmodernism?* New York, NY: St. Martin's Press.

Jencks, C. (Ed.) (1992). *The postmodern reader*. New York, NY: St. Martin's Press.

Kuhn, T. (1970). *The structure of scientific revolutions*. Chicago, IL: University of Chicago Press.

Lather, P. (1991). *Getting smart: Feminist research and pedagogy with/in the postmodern*.

New York, NY: Routledge.

Lyotard, J.-F. (1984). *The postmodern condition: A report on knowledge*. Minneapolis, MN: University of Minnesota Press.

McLaren, P. (1994). *Life in schools: An introduction to critical pedagogy in the foundations of education*. New York, NY: Routledge.

Oliva, P. F. (1997). *Developing the curriculum* (4th ed.). New York, NY: Addison-Wesley, Longman.

Ornstein, A. C. (1991). Philosophy as a basis for curriculum decisions. *The High School Journal, 74*, 102-109.

Ornstein, A. C., & Hunkins, F. P. (1998). *Curriculum: Foundations, principles, and issues*. Boston, MA: Allyn & Bacon.

Percy, W. (1954). *The message in the bottle*. New York, NY: Tarrar, Straus, and Giroux.

Pinar, W. F. (1988). The reconceptualization of curriculum studies 1987: A personal retrospective. *Journal of Curriculum and Supervision, 3*(2), 157-167.

Pinar, W. F. (1992). Dream into existence by others: Curriculum theory and school reform. *Theory into Practice, 31*(3), 228-235.

Pinar, W. F. (1997). Regimes of reason and the male narrative voice. In W. G. Tierney & Y. S. Lincoln (Eds.), *Representation and the text: Reframing the narrative voice* (pp. 81-113). Albany, NY: University of New York Press.

Pinar, W. F., Reynolds, W. M., Slattery, P., & Taubman, P. M. (1995). *Understanding curriculum: An introduction to the study of historical and contemporary curriculum discourses*. New York, NY: Peter Lang.

Schubert, W. H. (1986). *Curriculum: Perspective, paradign, and possibility*. New York, NY: Macmillan.

Schwab, J. J. (1970). The practical: A language for curriculum. *School Review, 78*, 1-23.

Schwab, J. J. (1982). The practical 4: Something for curriculum professors to do. *Curriculum Inquiry, 13*, 239-265.

Skilbeck, M. (1984). *School-based curriculum development*. London, UK: Harper and Row.

Slattery, P. (1995). *Curriculum development in the postmodern era*. New York, NY: Garland.

Slattery, P. (2000). Postmodernism as challenge to dominant representations of curriculum. In

J. Glanz & L. H. Behar (Eds.), *Paradigm debates in curriculum and supervision: Modern and postmodern perspectives* (pp. 132-151). London: Bergin & Garvey

Slteeter, C. E., & McLaren, P. C. (Eds.) (1995). *Multicultural education, critical pedagogy and the politics of difference* (pp. 5-32). Albany, NY: SUNY.

Taba, H. (1962). *Curriculum development: Theory and practice*. New York, NY: Harcourt Brace and World.

Tyler, R. W. (1949). *Basic principles of curriculum and instruction*. Chicago, IL: University of Chicago Press.

Tyler, R. W. (1968). Purposes for our schools. *National of Secondary School Principals, 52* (332), 1-12.

Tyler, R. W. (1971). *Basic principles of curriculum and instruction*. Chicago, IL: University of Chicago Press.

Usher, R., & Edwards, R. (1994). *Postmodernism and education*. New York, NY: Routledge.

第二章 批判理論及其在課程研究應用之評析

壹 前言

自從德國法蘭克福學派發展迄今八十多年以來，批判理論及其相關學派仍然企圖挑戰既有的教育體制現況。雖然它始終有忠誠的擁護者，但也有持若干強烈敵意的責難者，從其兩極化的反應中可知其批判理論爭議的本質。而教育研究以批判理論的脈絡為其研究架構，產生對社會制度的顛覆性與威脅啟蒙運動以來的真理性，本質上它即是一種亟求創新的一個知識體系。

由於過去幾十年來對於典範轉移的廣泛討論，經常是聚焦在科學典範過度實徵量化的質疑，而對科學工具理性過分強調量化方法所產生的反動思潮，則明顯激發了許多變通性研究典範的興起，例如：批判理論與建構主義典範等即是（Guba & Lincoln, 1994; Short, 2000）。然而，對於在加強批判理論的探究和理解這些反實徵觀點的質性研究典範之際，則有必要慎重地探究它的方法論發展之立論基礎，並對此方法論做一後設評析。

本文嘗試運用批判理論所引發的批判典範方法論，來論述在多元開放的社會中，追求對抗使個體屈從於歷史發展的社會盲目服從傾向，以及尋求使人類被禁錮的心靈得以解放的教育研究價值。首先探究的是，批判理論中批判性方法論的理論淵源，並探討該理論的哲學基礎，及其理論發展的應用意涵，本文也企圖探討批判探究近期與後現代主義融合，所產生的方法論議題，在探討目前實際運用批判探究的課程研究方法之際，有必要謹慎地檢視其在方法論上信、效度觀點可能的限制與誤解，因對方法論的限制與誤用問題，可能潛藏對課程研究的挑戰；並論述批判理論與課程探究的關係，以及在課程研究的實踐步驟。其次論述目前運用批判探究在本土課程研究的實踐現況與其可能的困境，最後評析應用可能性的實踐途徑。

貳 批判理論的發展淵源

「批判」（critical）的概念，是批判理論的核心思想，學者對於其定義，有諸多不同的觀點。D. Smith（2000）認為，「批判」乃是18世紀啟蒙運動（Aufklarung）或闡明被啟蒙的理性條件之工程產物（郭洋生譯，2000：161）。而其基本的態度是「反向思維」，對事物作「抗拒式思考」，目的在避免思考本身陷入單向思考模式。Smith並認為，法蘭克福學派（Frankfurt School）的「批判」，還意味著關心可能的知識條件與形成該知識的約束力之間的關係，而前者是Kant的「純粹理性批判」所著力解決的問題，而其關注的重點，是我們到底怎樣逐步將世界作為一個有秩序的地方感知，而其答案是感知力的作用正在將萬物秩序化。以下將介紹批判理論的歷史淵源與其近期發展，及其所面臨的方法論問題。

一、批判理論的歷史發展

對於「批判理論」發展歷程的探究，得先回顧德國法蘭克福學派的發展淵源。「法蘭克福學派」一詞，是一般對於德國法蘭克福學派的批判理論之通稱；事實上，它源自於一位猶太裔的左翼知識份子 Max Horkheimer（1895-1973），他在1923年成立了隸屬於德國法蘭克福大學之社會研究所，此研究所試圖以了解社會生活之整體為目標，從經濟基礎到各種制度，乃致於思想觀念，而此派學者的立場則自稱為社會「批判理論」（The Critical Theory）或逕稱為「批判理論」（Critical Theory）（黃瑞祺，1998；Agger, 1992; McLaren & Giarelli, 1995）。

「批判理論」一詞常遭受誤解，通常它指的是由一群在法蘭克福大學社會研究所的法蘭克福學派所發展的理論，從來沒有一位該學派的學者聲稱，他們已發展出一套完整體系的文化批判。從一開始，Horkheimer、Adorno 和 Marcuse 啟動對德國傳統哲學與社會學的思考，特別是有關於 Marx、Kant、Hegel 和 Weber，從這些曾在第一次世界大戰中失去政府的批判理論家觀點，世界是亟需要重新詮釋，當意識到這個生活世界的不公平與壓迫時，他們也蔑視馬克思主義，將焦點放在改變資本主義的性質，早期的批判理論學者著重分析這種支配的關係（Giroux, 1983; McLaren, 1989）。

在法蘭克福學派建立的十年後，納粹統治德國，法蘭克福學派中的猶太學者，如 Horkheimer、Adorno 和 Marcuse 等人，紛紛離開德國落腳於美國加州，他們受美國文化所震驚，並對美國許多社會科學研究者視為理所當然的實證主義感到憤怒。由於他們被迫表態，同時有感於美國習稱的平等主義，實卻存在著種族階級歧視的衝突，於是在避居美國期間出版了許多重要的著作。1953 年，Horkheimer 和 Adorno 回到德國重整社會研究機構，Marcuse 仍然留在美國，在 1960 年代，他的聲名因學生運動而遠播，批判理論特別是 Marcuse 在情感與性的解放之著作中，為新左派提供了哲學的不同聲音。關心心理、政治學及文化改革，新左派則鼓吹 Marcuse 式的政治解放之基調（Gibson, 1986）。事實上，每個批判理論學者都各有其獨特的特色，意即他們的個人色彩都非常濃厚，所涉獵的範圍亦非常廣泛，而這也表現在批判理論的豐富內涵。晚近，此派的重要代表人物 Habermas，更是建立範圍廣博的理論體系，其範圍涵蓋了英美學界的語言哲學、科學哲學及社會學理論，而成為法蘭克福學派重要的代表人物（Giroux, 1988a; McLaren, 1989）。

因此，從其理論發展的歷史背景來看，此學派的思想淵源是相當多元的，同時批判理論學者對於其所涉獵的任何領域理論思想，悉採批判的態度，並試圖要超越一時一地的現實，放眼於人類的整個歷史，將社會作一整體的概覽，而以人類的基本價值做為其理論發展的依歸。

事實上，我們不能視所有批判的傳統皆來自於法蘭克福學派的啟發，歐陸社會理論學家 Foucault 和 Derrida、拉丁美洲的批判教育學者 Freire、法國後現代女性主義者 Irigaray、Kristeva 和 Cixous，或蘇俄的社會語言學家 Bakhtin 和 Vygotsky，在當代批判理論的參考文獻中，都可以見到他們的蹤影。

有些論者以為，批判理論不應視為公式化策略的革命性思想，他們選擇較廣泛的定義（甚至可包括批判思考研究），此舉將讓許多名為批判學派的人感到疑惑，本文所採的立場是將重點放在這些學派共同的想法上，將批判者定義為企圖運用其作品作為社會及文化批判的形式，並接受一些基本假設的研究者或理論家；這些假設為：所有的思想皆由社會及歷史所建構的權力關係所傳遞，這個關係離不開價值及意識形態，而概念與物體、指涉與被指涉間的關係絕非固定，並由資本主義的生產及消費的社會關係所調節。語言是主觀（意識及非意識的覺察）所形成，社會中某些群體支配著弱勢他者，究其原因，乃當被支配者無法避免地接受他們在社會中的地位時，壓迫就被再製了。壓迫的形式有許多種，主流的研究大都放在階級、種族、性別壓迫的再製觀點（Kincheloe & McLaren, 1998）。

同時，批判理論也常與其他社會理論展開方法論和本體論有爭論，其中最值得注意的是對「實證主義辯論」的觀點，在這些方法論之辯論中，他們批判關於社會理論中較重經驗和數量的方法，為自己具思辨性和批判性的社會理論進行辯護。由於提出了「完全被支配的社會」或「單向度社會」的理論，並批判科學實證主義將人類行為降格為工具理性主義的單向度中，把人類置於控制與安排的單向度之社會規律中；批判理論並試圖打破「價值中立」的神話，而此種理論的發展則是有系統地闡述了資本主義在一切社會生活所日益增長的非理性力量，同時它也有系統地闡述了新的社會控制形式之發展（Habermas, 1973）。

在論述批判理論的發展過程中，雖然其理論內涵是由各種不同學者的理論鬆散地連接在一起，然而，批判理論學者們都持著「跨科際整合的社會理論」之觀點，也因此他們對於社會批判和社會重建產生了濃厚的興趣。批判理論學者傾向於對經驗主義的、量化的社會理論進行一系列的批判，並且也贊同重建理論、社會批判和社會變革。德國法蘭克福學派在歷經八十多年的理論發展之後，其批判理論的傳統精神仍然是企圖瓦解並挑戰既有社會的宰制現況，意即試圖揭開或透視隱藏在社會生活世界的意識形態（Kincheloe & McLaren, 1998）。

1980 年代初期，美國許多學者也加入了批判理論的陣營，由於受挫於後啟蒙文化滋養下的資本主義所出現的支配形式，這些學者視批判理論是能夠從權力關係中解放的不二法門，他們對於批判理論知識的社會建構之論調尤感興趣，也開始發表社會與歷史脈絡的權力關係論述（如表 2-1 所示）。這種批判教育學「可能性語言」（language of possibility）的知識——權力及文化政治等論述，隱藏在這些企圖引導社會邁向更平等與民主的學者們所建構的社會經驗中。與馬克思主義相較，後結構主義者對於人類身分認同及主體性的概念，以及他們認為性別至少能部分決定自己的存在等，都提供了教育解放研究的契機，例如：H. A. Giroux（1983）和其他的批判教育學者對馬克思學派的再製論者 Bowles 和 Gintis 提出批判，與 Bowles 和 Gintis 的決定論相較，他認為學校是希望的場域，經由師生在解放的教育架構中努力學習，學校能夠成為抗拒霸權和民主可能發展的所在。Giroux（1988a）也曾特別指出，學校所傳遞的知識、價值與社會關係，是為了賦予學生批判的能力。

而法蘭克福學派各階段時期的主要成員（其中尚包括美國批判教育學派），及其重要理論的探究趨勢，歸納整理如表 2-1 所述。

➲表 2-1　批判理論各階段的主要成員及其理論探究趨勢

階段時期	主要成員	理論探究趨勢
1923～1930	Grunberg、Horkheimer、Pollock	多樣化探討方向，不侷限於古典的馬克思思想，分析資本主義的支配關係。理論發展趨勢為跨學科的唯物主義社會理論。
1930～1950	Adorno、Marcuse、Fromm、Benjamin	引進黑格爾主義的批判理論，哲學成為研究重點，並加入心理分析學，使批判主義更具多樣性。理論發展則趨向一種社會批判理論。
1950～1970	Habermas、Schmidt、Negt	理論發展達到顛峰，對社會科學產生重大影響，成為新左派指導理論。
1970～1990	Habermas、Wellmer、Offe	屬後法蘭克福時期，學派漸失去原有風貌，並漸脫離古典馬克思主義，並受到新馬克思主義的挑戰。
1970～迄今	Freire、Apple、Giroux、McLaren、Pinar	屬於美國的批判教育學學派，此階段漸面臨許多不同思潮的衝擊，例如：政治理論、女性主義、新馬克思主義、現象學、後結構主義、後殖民主義思潮、文化研究、新實用主義等理論之相繼影響，關注權力、文化政治、認同政治、官方知識、性別、種族、階層及市場化教育政策的批判等議題。

資料來源：整理自 Kincheloe 與 McLaren（1998）

了解了上述的批判理論傳統，就會知道不同階段的持續發展而產生不同的後批判理論學派，例如：新馬克思傳統的大將 Horkheimer、Adorno、Marcuse和Foucault的「系譜學系統的寫作」、Derrida的「後結構理論的解構」，以及Derrida、Foucault、Lyotard和Ebert等的「後現代思潮」。尤其是「批判的民族誌」受到上述這些觀點的影響也產生了不同的影響。跟隨批判理論的沿革，研究者繼承對科學及工具理性的強力批判，特別是Adorno「否定的辨證」（negative dialectics），表述概念與物體不穩定衝突的關係。從 Derrida 開始，研究者學會了對客觀事實予以解構，此被稱為「存在的形上學」（the metaphysics of presence）；對Derrida而言，一個字的意義是持續地衍義，因為唯有在一個特定的語言系統中，它與其他字的差別才能產生意義。M. Foucault（1980）並指出，研究者需探究論述隱藏在權力關係中的方式。

了解批判理論取向研究，最好放在教育研究中個人賦權增能的脈絡加以審視。能夠喚為「批判」的研究，它必是企圖對抗社會中某部分的不公平，並無懼被貼上政治的標籤而喚起解放的意識。當傳統的實徵研究者固守中立的立場時，批判的研究者大聲疾呼為創造更美好的世界努力。傳統的研究者為了描述、詮釋一部分事實，批判研究者將呈現不公平的政治性行動列為首要。M. Horkheimer（1972）指出，批判理論和研究並不滿足於僅僅增加社會研究的知識。

批判理論的蓬勃發展，試圖為這個因科學實證導向所形成的工具理性社會，尋求解放的可能性。人類原本欲藉由科學力量或手段來控制自然或社會現象，並尋求有效性地解決問題，然而，它卻演變成為受到控制、安排，使人類失去了原有的主體性與自由性，也因為過度地崇拜科學實證方法，而神化了工具理性所帶來的技術性成功所營造的表象，並刻意地忽視了控制與宰制所可能引發的非理性災難，意即因過度工具理性所產生出來的非理性力量，徹底摧毀了人類尋求過美好生活的理想。

因此，相對於科學實證，工具理性研究方法所欲解決的社會現象與問題，以及可能延伸的非理性行為，此時變通性的研究典範乃因應而生，而人類對於科學實證研究方法的反動，則明顯地表現在許多後實證研究典範的興起（Guba & Lincoln, 1994）。

接下來，將從批判理論探究反傳統的實徵研究立場討論起，並介紹批判理論與後現代主義、文化研究逐漸整合後的近期發展方向，及其所面臨的方法論問題，特別是在研究信、效度方面的考量。

二、批判理論的探究與後現代主義的整合

批判理論探究指出，傳統實徵研究的限制，因為實徵性探究講求客觀嚴格的方法論，而將研究者及研究對象的詮釋能量排除在外，實徵的觀察無法補充理論的分析及批判的反省，批判探究的研究不只是事件的再現，而是將研究作為意識形態的實踐，實徵的分析需要不斷被質疑，以揭發敘事中的衝突與對立。批判的研究者主張，經驗或觀察的意義不是不證自明的，它需要依賴對經驗的詮釋與定義。

J. L. Kincheloe（1991）因此認為，研究者分析及詮釋實徵的資料，需要理論架構的規範，同時也需要研究者本身意識形態的假設，任何研究的實徵資料不應視為無可反駁的事實。它們是潛藏的假設，如 Einstein 和 Heisenberg 所言：「我們所看到的並不是我們真的看見的，而是我們所理解的。」存在世界的知識必須由世人加以詮釋，我們所知道的往往是人們判斷的理解，從批判的觀點，判斷的行動即是詮釋的行為。詮釋的理論，批判分析學者所努力的就是理解個殊的與整體的、主體與客體分析的關係，而反對傳統實徵將理論視之為客觀資料的分類（Kincheloe & McLaren, 1998）。

批判理論探究重要的理論發源地，乃設立在英國 Birmingham 大學的「當代文化研究中心」（Center for Contemporary Culture Studies, CCCS），企圖與日常生活經驗的特殊性連結，CCCS 研究人員提出所有的經驗都受制於意識形態，同時，排除日常生活經驗的理論化過程會導致決定論的理論。CCCS 傑出的代表人物 Paul Willis，出版了《學習成為勞工——勞動階級小孩如何獲得勞工階層工作》（*Learning to Labor: How Working Class Kids Get Working Class Jobs*, 1977）一書，對於批判取向民族誌的探究加以重新定義，並觸動許多研究者投入批判探究的行列。

伴隨在 Willis 作品之後的是批判的女性主義研究，包括《女性議題》（*Women Take Issue*）的詩集（CCCS, 1978）；而在 1985 年，Christine

Griffin 出版的《典型女孩？》（*Typical Girl?*）一書，是 CCCS 第一個出版的女性主義研究專書，其分析成年女性所知覺的父權社會下之世界；從此，批判理論的探究對於階級、性別、種族的分析愈形重要。後現代主義指涉的權力不只是社會的一個面向，更是社會的基礎，因此婦女要對抗的父權制度不是獨立的概念，它包括所有形塑女性社會及情意的所有面向。

C. West（1991）將批判探究進一步推展為多元文化的範疇，當她關注女性、第三世界和種族時，採用了新馬克思後殖民主義的批判理論及文化研究，她更關注到日常生活中權力的運作。

此外，在 P. L. McLaren（1986）〈學校教育是儀式操練〉（Schooling as a Ritual Performance）一文中，他也運用批判的民族誌整合了後結構及後殖民的批判主義理論，並使用後結構觀點的理論分析，指出指涉物與被指涉物的連結是隨意的，是歷史、文化、經驗的力量所造成的；學校生活的文化描述是學生對於學校次級文化（如街頭流行文化與街頭知識）邊緣化的抗拒。McLaren 指出，學校是充滿符號資本的文化場域，學校教育是儀式操練的表現，研究者了解自己或他者必須考量到其種族、階級及性別的差異，因此學生的流行文化有別於教室中教導的抽象知識，一般教師甚至認為，它們威脅到學校課程中的普遍性及以歐洲為中心的崇高文化。

當批判研究者追求批判理論與後現代主義的整合之際，也面臨到後現代主義對於民主在多元及差異概念的批判意涵再定義的問題。傳統的社會打著啟蒙的價值口號統一異己，後結構主義將這種統一大夢視為是政治的無能現象，因為他們無視於差異的存在。在女性主義研究者提出對早期批判教育的評議後，批判理論藉著後結構主義進行再概念化，女性主義並倡議差異政治學，使長期處於歐洲中心束縛的族群能夠獲得尊重，被研究者的客體也終能獲得其主體性的展現。

作為後現代化的批判理論，它更適切地探究受壓迫者的特殊性，也了解到這種特殊性是無法靠抽象的政治理論或文化系統來加以解釋。同時，將特殊經驗放在父權及資本主義中檢視的整體概念，卻不被社會所揚棄。許多性別、種族研究者也提醒批判理論者，在強大的社會力量衝擊著個人及其所在之場域時，這種衝擊常是隱晦不明的。然而，批判理論卻提供了性別、族群研究的有力影響，即是在「批判意識」的提升，另外則是批判優勢男性的知識論體系，則是不爭的事實。

傳統解放的批判概念在多元文化中則需要再定位，在此我們仍然認為需要解放的論述，但它絕非是決定論的巨型敘述，它需要在特殊脈絡中持續加以對話，在制度與社會結構中它是非決定性的。再者，批判的研究者了解個人的身分及主體性是在糾結不清的師生關係中形成，因此，若缺乏謹慎的立場，任何批判理論就容易傾向變成理性主義，而發展成脈絡邏輯的未來路線。Foucault（1980）將邁向解放之路中最後的後現代障礙，放在「權力與論述」的關係上，他認為權力本來就存在於論述結構中，因此他特別關注消除權力關係的烏托邦思維。假使歷史來到解放及統一的社群中，那麼主體性就會變成一致性的了。但後現代批判的觀點並不贊同這種單純統一的主體觀，因此現代性的批判解放概念被視為社會政治生活的救贖，當它使用「解放」一詞時，就面臨質疑：它永遠無法擺脫西方啟蒙理性下的巨型敘述，並補充及超越後現代強調的社會與文化的特殊性。

三、後現代批判研究——在信度、效度的幾項思慮

誠如 Giroux（1983）所主張，方法論的正確並無法保證資料的有效性，也無法顯示研究資料中存在的利益糾葛。傳統的研究觀點認為，產生有效資訊的唯一途徑是運用嚴謹的研究方法論，也就是說研究者必須遵循客觀嚴謹的程序，在過程中研究者與研究對象是分離的。因此，社會研究的探究追求效度最短的捷徑即是「嚴謹」的控制，傳統的現代觀點研究太注重方法嚴謹而忽略了生活世界的動態，更別提追求社會正義。

Habermas（1971）以及 H. Marcuse（1964）皆主張，後啟蒙科學關注研究的方法及形式，而忽略研究的實質內容。因此，社會探究流為一種技術，它將人類化約為理所當然的社會產物，以維持既存的權力關係。

後現代批判探究不刻意尋求所謂的研究效度，一如前面 Giroux 所言，方法論正確並無法保證資料的效度。然而，研究者又如何決定其資料的效度？傳統的效度是依據合理的證據，而批判的質性研究觀點通常依據研究田野參與者的反應及情感而定。一些批判研究分析者認為，在批判探究的情境中，效度不是很適當的詞彙，它只是反應出實證哲學家所接受的一種概念。

在傳統研究中，將內部效度定義為研究者的觀察與測量的準確程度；外部效度則是指這些描述能夠推衍至母群體的程度；而信度檢驗在批判探究情境中的使用則比較適當，因為它比效度更能指出研究目的之不同假設，可延用檢驗批判研究的信度規準。

第一個規準包括建構的事實中所描述的信實度。批判理論研究者不贊同內部效度，它是基於可觸摸的、可知的因果關係的真相所存在之假設，所以研究能正確描述真相存在的假設。批判研究者贊同信度，只有在建構者所建構研究是可行時，然而，研究者能夠發現壓迫結果，這些結果往往是被研究者所看不見的。因此，測量批判研究的信度是非常困難的，因為根本無法發展所謂的信度係數。批判研究信度的第二個規準是「可預期的調適」（anticipatory accommodation），批判的研究者不贊同外部效度的看法，要使研究的結果具有推論性是接受單一面向且普遍性的想法。Kincheloe（1991）指出，傳統研究需要確保可轉移性，係認為教室中的特殊事件能夠類推至其他的事件中；許多批判研究者認為，傳統的外部效度的概念太過單一化，假如類推性能成立，那必須確認類推的情境也是相同的。Kincheloe 舉 J. Piaget 研究的認知過程是具有教育性的，因為他認為在每天生活的情境中，男性與女性不會運用外部效度的類推方式。換言之，經由研究者對不同情境的理解，研究者才可能展開比較不同情境的相同性及差異性。

當批判研究者超越研究中對於知識論效度的立場時，他們會提醒自己的批判行動是一種超越經驗類化的企圖，意圖揭露自我意識形態的掙扎，努力面對人類意識構成中的權力再製。在這些訴求下，P. Lather（1991）便提出了轉化效度（catalytic validity）的概念，它是指研究者利用它所研究的現象，去理解世界及其所形成的方式，以便能轉化它。從事實徵研究者或許會發現，轉化效度是個很奇特的概念，研究擁有轉化效度並不是只展現研究過程中事實（變項）的變化而已，它也指出這類型研究所產生的衝擊，是獲取研究參與者的自我了解及自我抉擇。事實上，當研究者在批判探究中決定自己的研究問題時，通常也就帶出了研究倫理議題。

最近，批判探究者也企圖轉移西方人類學傳統對客觀性及帝國主義下殖民主義的凝視，例如：M. Fuchs（1993）觀察到，最近發展反省性的民族誌寫作受到嚴重的挑戰，這些挑戰：如認知的主體（研究者）又如何理解他者（被研究者）？研究者又如何尊重他者的觀點並邀請他者來發聲？

雖然最近的發展趨勢，民族誌寫作是企圖將所謂「報導人」視為參與者，以避免落入他者的客觀性（通常指的是西方的人類學家面對非西方的文化），但這仍然具有危險性，即是當研究者揭露殖民與後殖民的支配結構時，會無意中承認並強化這樣的結構，就像透過種族中心主義宣稱的自由價值一樣。Fuchs（1993）警告研究者，若應用這些研究取向時，會導致「自我世界的他者化」（othering of one's own world），這樣的企圖往往無法質疑目前的民族誌方法論，當進一步討論研究的客觀性時，也無法說明其效度的適用性。

Foucault（1980）在處理這種難題的方式是藉由批判傳統哲學及社會理論，使它從本身文化的知識論中抽離出來；但不幸的是，Foucault 落入以本體論來支持其方法論述的陷阱中，抹煞了內在觀點的重要性。

後現代的民族誌從許多相關研究成果中抽析出共同的概念，沒有一個民族誌研究成果是非政治的、非意識形態的，民族誌的文本是否賦有政治性的問題並不重要，重要的是要質問在什麼樣的社會，政治的關聯是與個殊的民族誌文本有關聯的。

J. Newton 與 J. Stacey（1992-1993）認為，目前的後現代民族誌文本的試驗，給了文化後殖民範疇重新創造民族誌的契機。現代民族誌所建構的文化霸權的論述不僅樹立了西方民族誌研究者對於他者的知識權威，也間接支持了西方的殖民主義觀點。他們認為，民族誌研究者應該極力逃避這種殖民的民族誌寓言的文體——田園詩人的、懷舊式的文本，讓原始的文化在西方征服者的歷史紀錄中瀕臨滅絕。而救贖文本的敘事結構將原始文化描述成真實的故事，卻是一種值得鼓勵的書寫方式。

B. Kanpol（1997）認為，後現代民族誌〔如自我民族誌（autoethnography）〕之寫作，面臨個別經驗重生的挑戰，毫不批判地讚揚文化的差異（包括民族誌研究者本身文化的差異），我們所稱的後現代主義研究典範，雖能夠協助質性研究者對抗傳統知識論及建立普遍效度的觀點，但卻也犧牲了個殊性的知識觀點。

基於此，本文立場並不是要在現代主義及後現代主義方法及寫作風格之間做一選擇，而是討論未來在課程探究上，是否要跳脫傳統研究既有方法論的規範。

參 批判理論及其課程探究形式

哲學的思辯歷程和分析，可以幫助我們進一步反思及辯證在日常生活中，習焉不察並視為理所當然的觀念，也可以做為理論的發展方向和行動的參考依據，並協助我們釐清在理論發展歷程中，屬於本質性的問題，以邁向更精緻化的思維方式和問題解決的途徑。而為了要掌握批判理論研究典範的重要思維內容及其發展，就必須要從其哲學的思辯歷程來探討，以下援引 E. G. Guba 與 Y. S. Lincoln（1994）在質性研究不同變通典範中論及批判理論的方法論，他們嘗試從本體論、認識論與方法論等三個哲學的基本信念，來加以評析批判理論研究典範的立場，以做為進一步理解批判理論，以及實踐理論的行動參考依據（如表 2-2 所示），以下並討論批判理論的課程探究形式。

➲表 2-2　不同研究典範的基本信念

項目	實證主義	後實證主義	批判理論等其他	建構主義
本體論	單純的實在論（naïve realism）——「真實的」實在但可理解的	批判的實在論（critical realism）——「真實的」實在，但只有不完全和可能性理解	歷史實在論（historical realism）——真實性的形成是依據社會的、政治的、文化的、經濟的、族群的以及性別價值；具體化超越時間	相對論（relativism）——區域性的和特殊建構的實體
認識論	二元論／客觀主義者；發現真實的	修正的二元論者／客觀論者；批判的傳統／社群；可能真實的發現	相互的／主觀論者；價值媒介的發現	相互的／主觀論者；創造的發現
方法論	實驗的／操作性的；假設的驗證；主要是量化的方法	修正／實驗的／操作性的；批判的多元論；虛無假設；可能包含質性的方法	對話的／辯證的；互動／對話的	詮釋的／辯證的

資料來源：引自 Guba 與 Lincoln（1994: 203）

一、批判理論研究的典範

（一）本體論

在哲學上的本體論問題是指什麼？是實體的形式與本質嗎？關於實體有什麼是可以被了解的？例如：若一個真實的世界是被假定的，那麼就可以知道關於「這些事件是如何地真實存在」和「這些事件是如何被真實地運作」。

批判理論的本體論主張，實體被假定是可被理解的，是人為的，是一種被社會的、政治的、文化的、經濟的、種族的和性別的因素所塑造的，然後被具體化為一系列的社會結構，而此一結構目前則被視為是歷史的「真實的」。就所有實踐的意圖而言，這些結構是「真實的」，是一種事實的或歷史的實體。

（二）認識論

在哲學上認識論的問題是指什麼？是介於「認識者」與「什麼是能夠被認識」二者之間關係的本質嗎？這個問題可能的答案是，沒有任何的關係是可以被假定的，例如：一個真實的實體被假定，然後認識者的態度是為了能夠發現到「這些事件是如何真實的」，以及「這些事件是如何被真實地運作」，就必須要成為一個客觀超然，或是價值中立的認識者。

批判理論的認識論主張，研究者與被研究的客體被假定為相互連結在一起，而研究者必然會主觀地影響到此探究；因此，研究的發現往往是價值調和。這個立場有效地挑戰了介於本體論與認識論在傳統上的差異，意即什麼是可以被理解，它事實上是糾纏在一起，介於一個個別研究者與一個個別的客體或團體之間的互動辨證關係當中。

（三）方法論

在哲學上方法論的問題是指什麼？是研究者所相信的是如何能夠被理解到？這個問題可能的答案是，沒有任何的方法論是適切的，例如：一個「客觀性」的探究者，當他在研究一個「真實性」的實體時，他會要求控制所有可能混淆的變項，不論這個方法是質性（如觀察研究），或是量化（如共變數分析）；相反地，實驗研究法意味著能力是客觀的，以及真實世界也是客觀的。

批判理論的方法論主張批判探究的本質，是指需要一種介於研究者與被研究的客體之間之對話關係，這種對話在本質上必須是辯證的關係，並試圖要轉化無知與誤解，使其成為更明確的共識。意即Giroux（1988b）所提出的：「作為轉化型的知識份子，以揭露及挖掘出這些歷史與壓制的知識類型，以及連結歷史的理解，並賦予批判與希望的要素當中。」

二、批判理論的課程探究形式

要探討批判理論取向的課程探究，必須要將批判理論典範中蘊涵的意識形態作一梳理，並認識意識形態本身的意涵及其應用。其次，批判探究本身具有強烈的社會改革之實踐行動取向，運用此項研究取向，應了解理論本身的反思性實踐內涵，始不致於流於「空口說白話」的形式探究而已。

（一）批判理論的課程探究之意識形態

「意識形態」（Ideologie）一詞，源自於法國學術界在18與19世紀之交，受英國經驗主義與法國啟蒙運動的影響，出現了名為「意識形態者」（Ideologues）的新學派，此學派的領袖Tracy（Antoine Destutt de Tracy, 1754-1836）首創該詞，他賦予該詞「思想科學」的意義，此為「意識形態」一詞的原始意義（Drucker, 1974）。

如果意識形態係如Althusser所描述般的處於無意識層面，那抗拒就不可能存在。從批判理論的角度加以分析，課程的重建過程在運用意識形態時，必須重新理解：課程改革者所欲掌握的意識形態，總是被內在的矛盾或某些知識體系所排除，而使得意識形態潛藏於改革者的意識中，以致習焉不察（莊明貞，2001a）。

此外，在符應理論（correspondence theory）的觀點下，社會重建論者易將意識形態當作扭曲現實或是支配秩序的虛幻意識，認為克服虛幻意識需要藉由客觀真理的批判方法和多元民主來達成。與上述觀點不同的是，後結構論者認為，意識形態是由論述（discourse）過程所形塑（McLaren, 1988）。教育體系的政治意涵在於保留或變更了論述的獨占性，知識或權力也交織於此論述中。從此觀點看來，意識形態不只扭曲了真實，也正當化了社會某些形式的「真理」。如果意識形態產生於論述中，也就意味著可以呈現許多不同觀點的真實，而不能因此說此種呈現是虛假的。因此，意識形態不能只化約為一組關於真理的信念，它也同時是一種生產人類主體性行為的實踐，也總是存在於任何文化的基本成分內。意識形態同時有著正面和負面的作用，它也包含著烏托邦的層面，指引吾人朝向更美好的生活形態。

批判理論的課程探究雖然是針對社會關係中扭曲與宰制的意識形態作批判，但此種課程研究方法，本身也是一種意識形態的運用，而此種課程研究方法論雖然是一種意識形態，但作者認為，此種意識形態應該是較屬於塔西所首創的原始意義，它是較傾向於「思想科學」的意義，其原始意義的意識形態是正面肯定性的。因此，批判理論典範的課程研究，意指「非運用科學實證量化的研究方法，而採取以質性研究之批判理論的脈絡，作為其課程研究方法的架構，而此種方法本身意圖在顛覆及解開不合理的課程制度之制訂模式與歷程，以及揭露、突顯其隱藏背後的意識形態」。批判理論的課程研究本身，也因此負有顛覆、揭露、解放的意識形態之任務，而此項意識形態的任務也應該是成熟性的、正面性的、肯定性的、積極性的，與建設性的。

此外，批判探究者最關注的是對「社會中宰制的規範性結構」進行批判，並以教育機制進行批判作為手段（Apple, 1975），另外，無論探究的內容是課程、學校行政或是科層管理，探究模式通常是以教育政策市場化或是以教師勞力市場的原貌出現；另外，學校教育和課程總是以一種壓迫的形式運作著，且其行動反過來限制了學校教育的民主與解放，因而揭露了課程運作中非正義的社會運作，是促進學校賦權增能的第一步。Apple（1982）與其他批判研究者的工作，也藉由進行學校教育中的政治、經濟與文化分析，詳實地解析出，在潛在課程之中所隱含的意識形態比我們想像得更多。

另外，還有 P. Friere（2000）所提出的「受壓迫者的教育學」（Pedagogy of the oppressed），以及 Gardamer、Habermas 與 Paul Ricouer。這些批判傳統研究者特別強調，批判理論能夠彰顯人類追求並創造知識的旨趣；他們也聲稱，科學的興趣在於控制，而批判理論的旨趣則在於解放（MacDonald, 1988: 107）。這些批判探究對於課程研究最重要的貢獻是，具體論證課程無法自政治與社會的意識形態中抽離出來，而成為中立的。這樣的貢獻，也使得爾後的課程研究再也無法忽略這樣的理念。

J. MacDonald（1988: 158）指出，數個世紀以來，學校教育的目標一直都在理想主義與現實主義的衝突與矛盾之中；而 20 世紀以來課程史的重要轉捩點，是以人類自由為訴求的課程研究觀點，並非以形塑行為或控制行為，或者是以了解課程本身為最終目的。這些批判理論取向探究者之關切，無非是「知識無法與人類的利益分離」（MacDonald, 1975: 286），亦即知識無法置身於其所創生的社會、文化的形式或規範之外而存在。

批判傳統的研究，研究者常企圖覺察意識及認識論的假定，此舉使研究者覺知他們的研究主體性與互為主觀及倫理規範的要求。當批判研究者檢視這些假定時，多數人不會懷疑他們所持有的認識論及政治包袱；經過批判分析後，這些假定可能會因研究者知覺到無法導致解放的行動而改變。解放行動的來源包括揭露主流文化視為不可侵犯的衝突表象，例如：學運裡的學生之絕食抗議行為，我們不會認為它是社會病理學中個人的病態行為表現，而應將其視之為對政治與社會結構的抗拒，這也指出大多數實務工作者隱藏在日常教室生活之下的「政治無意識」，它其實可能與族群、階級、性別壓迫有關。

（二）實踐取向的課程探究

批判理論應用於處理社會現象的實踐取向上，其本質上是辯證的、是經驗論的、詮釋性的、深思熟慮的、反省的、實踐性的，以及行動導向的。因此，在應用上，要形塑一種課程研究是具有批判性的，就必須要直接挑戰潛藏於社會中的利益與意識形態，這種挑戰是基於外顯的規範性動機，也是基於社會正義的承諾──「公平理想」的追求（Sirotnik, 1991）。

然而，若為了要爭取社會正義──「公平的理想」，卻不受任何的批判與檢視的研究方法，那很可能會流於狹窄的意識形態，而導致另一種宰制的意識形態。因此，在運用批判探究於課程問題的研究上，必須要釐清此項研究方法的特殊性，並掌握有意義與成熟的意識形態，來突顯批判探究的價值與目的。

本文所關注的批判探究，應就批判理論中所蘊藏的「實踐取向」，作為一種成熟及有意義的意識形態來加以討論其應用的範圍。這也反應出批判理論的實踐取向精神，在於尋求跨學科的社會理論，將社會作一整體的通觀，以人類的基本價值（理性、自由、幸福等）為其理論發展的依歸，而批判理論也是由訴求「解放」的動機所激起的，它是一種從事於「為未來而抗爭」的社會實踐哲學。批判理論始終是努力於實踐「關於未來社會理想」的理論性行動，因此，批判理論探究應用在課程研究上，它其實並沒有真正的終點站，本質上，它即是課程研究本身自我更新的一種動態歷程，並非是要形成一個研究的結果以供特定教育決策者參考，而更強調的是教育實踐者「實踐哲學」的行動觀點。

（三）溝通取向的課程探究

從批判理論的觀點來看，批判的課程探究，重點在於要掌握其對話性、辯證性以及深思熟慮的批判本質，並且要把這樣的研究方式轉變成為專業生活的方式，讓課程探究的基礎和教育實務問題能夠更專業化。而為了要讓從事批判探究者能夠積極有效，培養有能力的溝通方式和互為主體性的對話、辯證關係，溝通取向則是進行課程批判探究的一項重要前提。

有效能的溝通：批判探究是一種對話性的、辯證性的；更確切地說，研究者可以經由一種內在的、對話的獨白，獨自從事批判探究的歷程（如批判性敘事探究）。然而，過去的課程研究較少關注在實務者的個別反省經驗，而是比較關注在實務工作者群體的集體反省（Sirotnik, 1991）。

教師或研究者在學校複雜的組織環境中教學或工作，探究複雜的教育問題與課程改革議題，將不僅僅是一種單一個別事件而已，事實上，研究的問題或事件本身是處於相當複雜的情境脈絡，課程決策如何決定以及利益的介入與否，是超越任何個別的研究面向。因此，批判探究作為一種理解及改善學校教育進行的課程重建，研究者們或與研究參與者之間必須要有對話的、辯證的溝通關係，並且是一種介於教育社群之間有能力的溝通歷程。

學者Sirotnik（1991）更進一步指出，有效能的溝通歷程是批判探究的研究品質保證，然而，卻也因此可能成為批判性探究的最大阻礙。畢竟，要做到充分及有效能的溝通歷程，是不容易達到的，因為沒有一個人能與他人達到充分溝通的良好歷程，即使是要做到理解，都有可能產生誤解與曲解。因此，批判理論的重要代表人物Habermas，曾提出所謂的「理想的言談情境」（ideal speech situation）來促進有能力的溝通成為可能，而理想的言談情境要有四個基本條件，茲分述如下：

1. 易理解性（Comprehensibility）：發言者的言詞要被理解；在進一步有能力溝通之前，要把誤解澄清、舉例證明、闡明等以突顯出來。
2. 真誠性（Sincerity）：說話者必須要誠實，而聽者必須信賴說話者的動機，雙方都要經由他們的行動來表達出良好的信任關係。
3. 真確性（Fidelity）：所有可取得的和相互辨識的訊息，必須要有發言的真實性。探究的方法不是要受限在傳統的實驗性技術上，而是要擴展到包含現象學方法的多樣化，以及要對所有的資訊做批判性的評價。
4. 可辨證性（Justifiability）：言論必須由所有參與者來確認，而不僅是對說話者取得正當性或合法性而已，更重要的是，要適切的以外顯道德與倫理加以約束。因此，批判探究是具有外顯的準則性，以及關注於潛在課程的價值、信念、利益與企圖等。

基於以上有效能溝通的四個理想言談情境條件來看，概括而言，有效能的溝通是出現在相互信任的環境中，而信任的關係或內涵，不僅僅是介於人與人之間的關係而已，它還包括了觀念、事實、價值，以及分享他們在行動中的共同利益。其次，所謂有效能的溝通，必須是要以「理性」作為溝通的前提，而批判理論在作為反制工具理性所導致的非理性力量上，著實釐清了身為現代人不應放棄過去啟蒙時代的人文理性精神，而這也預示了「理性」仍是人類面對未來生活與發展，所必須要重視和延續的本質。

（四）批判課程探究乃互為主體的關係

批判理論的價值在於透視及解放社會行動背後之不合理的社會關係。而從課程研究的實踐取向上來看，研究者或教師在從事課程實踐的研究上，是需要所有教育工作人員參與在一種互動關係的社會實踐中。因此，從事批判性探究的課程研究，其背後是隱含了社會互動關係的存在。

批判性課程探究的互動關係，應該是誠如學者 Habermas（1995）所主張的，「互為主體之互動關係」，因此研究者與研究對象是一種對等互惠的互動關係，而非相互宰制或階級的關係。Habermas並認為，參與溝通的雙方為尋求合理性的共識，則必須要透過互為主體性的溝通行動來達成，而互為主體性的溝通則是意圖使所有在田野中的研究參與者，都必須要有均等的機會來參與或作為發聲的主體。

（五）批判課程探究的步驟

批判課程探究有其特殊研究的形式，依學者 K. A. Sirotnik（1991）所提，大致上可以分成以下幾個步驟加以進行：

1. 界定與釐清問題：經由研究問題之釐清與認定的過程，使參與者能認知到問題的存在，彼此間亦能對問題持有某種共同的知覺，確信本身與探究對象皆有改善的可能，例如：批判教育學者如 S. Aronowitz 和 H. A. Giroux（1985）即提出知識社會學的研究問題，例如：何謂知識？學校知識如何組織？這些知識的結構符碼為何？學校知識又如何傳遞？學生如何獲得這些知識？文化系統如何讓學校知識合法化？控制的過程為何？學校知識為哪些利益團體合法化？這些知識系統有何意識形態？等問題。
2. 分析問題的歷史脈絡：此階段必須發展出互為主體意義與對價值的詮釋理解情境，提供研究參與者更具批判性的論述空間，使問題之社會、政治和經濟的特性更加突顯。
3. 發現是誰的利益隱藏在研究過程中：透過此議題的反省與相互辯證，揭露由特定利益與意圖所建構的社會結構，了解其如何壓制個人的行動與如何形塑個人的理解，其代表何種特定利益的意識形態，如何從社會歷程中加以區辯。
4. 整合可用的知識與資料：參與研究者可依各種立場，將不同的知識與資料帶入討論，包括：其他領域的知識以及科技整合的運用。資料的獲得乃取自謹慎的調查、訪問、觀察，以及對文獻的閱覽等。
5. 決定現在該做什麼：批判探究為實踐導向的探究模式，故經過參與者充分辨證後，除了可破除參與者「以往的錯誤意識」，由客體變為主體，增進新的認知與自我意識外，進而考量如何面對教育情境中的兩難困境，以及採行何種政治行動以改變現況等問題。基本上，此乃涉及組織或結構的新歷程，也是一種永無結束的研究歷程。

肆 批判探究在本土課程研究應用的評析

由以上分析來看，台灣本土九年一貫課程改革背後的意識形態，乃從官方知識——統編本教科書，下放到區域知識的發展，即學校本位課程發展。基於對社會控制的反制，民主開放所形塑的烏托邦意識形態，是否真能解放教師長久的依賴套裝知識，發揮課程自主性，而能抗拒知識結構的文化偏見或社會階層的再製？乃值得探究。長久以來，本土中小學教師早已習於分科課程教學，並且習於將教科書當作唯一的文本，甚少自行進行課程探究，再加上傳統社會對中小學教師的規範期待，已使得教師形成牢不可破的教學規範；教師全天和學生朝夕相處，早已習於孤立的教學環境，更常依戀於熟悉的日常教學規律中，中小學教師是否能如新左派的批判教育學者，如 Apple、Giroux、McLaren 和 MacDonald 等人所言，去檢視潛藏於學校教育規範中，關於意識形態所產生的性別、種族、階層再製的不平等，或關切課程重建論述的社會新興議題，並加以適時融入教學，以達到轉化課程之目的，是值得進一步加以檢視的（莊明貞，2001a，2001b）。

事實上，本土學校層級課程探究的現況，因為課程內容包含了一些教育資源，例如：知識結構——分科與統整、領域課程學科時間的重分配、評估技術——能力指標的轉化和課程資源分配的問題，其實是充滿了對教師傳統知識假定和既有意識形態的挑戰。此外，課程統整間蘊涵的進步主義觀點作為中央層級既定的課程政策，也忽視了大多數教師與家長仍持精粹主義的價值觀，更低估了教師抗拒的潛力。如果對於學校層級課程發展之社會關係視為是理所當然，而不去深入探究，那很容易就會將學校本位課程發展視為是絕對化、神聖化的意識形態。因此，以下將首先討論批判探究在本土課程研究的實踐，然後論述其實施時可能遭遇到的困境，以謀求解決實踐困難的未來可能途徑，並評析批判探究在本土課程研究上的應用可能性。

一、批判探究在本土課程研究應用的可能困境

本土批判探究的課程研究，隨著近年來的課程改革所產生的學科知識與權力的改變，或課程政策所產生文化政治等問題，在在都撼動原本的學校文化，也逐步開展，但仍有以下發展的可能困境。

（一）缺乏充分對話與辯證互動的歷程

誠如前述，有效能的溝通是指，個體經由四個條件之充分對話與辯證互動的歷程；而這也正是批判探究的品質證明，同時這也可能成為批判課程探究最大的障礙及實施的困境。有效能的溝通將出現在相互信任的環境中，而進行溝通的雙方彼此間要建立包括觀念、事實、價值的信任關係，並共同分享他們在行動中的合理共識與利益。

儘管批判探究者心中持有這些規範與理念，但是實際從事批判的課程研究者，仍有某種程度的內在或外在困境。外在層面，可能會因為目前學校的教師文化或外在環境，欠缺理想的言談空間和環境，允許教師做充分的有效能之溝通，並且課程改革所引發學校教育現況的複雜性，也妨礙了有能力溝通的進行，無法有效促進能力溝通可能性的轉變。而內在層面，由於過去教育場域中工具理性所強調的績效責任制，為求學生卓越成績的表現，教師已習慣於關起教室門來，在「祕密花園」內教學，教師也是教室內唯一的權威來源，已習慣於上對下（學生）的溝通方式，因此，教師也可能缺乏和其他學校成員之間的有能力溝通之訓練；另外，教師也並不習慣與課程發展會議成員或其他學校課程領導人員進行平等互惠的溝通方式。因此，為克服這些溝通的障礙，為使批判探究成為課程的研究方法之一，學校本身的環境條件中，有一些改變是必須的，這包含主管教育行政機關或學校教育決策權力應該重新做實質的下放，並且修改教育績效責任的實務與概念，以及重建教師工作環境中平等對話狹隘限制的條件。

（二）過度強調「工具理性」及「績效責任」的導向

其次，批判探究在學校管理層面運用的困境，是指過度強調以「工具理性」及「績效責任」導向作為工具理性的意識形態，來控制及影響學校課程的發展，尤其是指學校教師在參與學校課程研究時，是否能察覺到此種績效責任意識形態的宰制？或者為統整而強拉知識結構。假使學校課程的發展和研究，仍跳脫不出工具理性的宰制，那麼賦予地方或學校本位課程決策的精神，將只會流於學校日常形式的儀式操作而已。因此，解決此困境的可能途徑就在於，透過同儕間批判探究的辯證歷程，來喚醒教師們自覺的意識。

二、批判探究在本土課程實施的可能性評析

本文試圖運用某些批判理論的概念應用於批判探究之課程研究，並將此方法論運用於學校課程發展的實務層面上，讓從事教育的工作者在整個學校的課程發展、設計、研究、改進與評鑑之歷程中，能夠察覺而使自己變得更具反省與自我意識覺醒。

最早開始將批判理論轉變到批判實踐上的學者是 Freire（1977），儘管他的研究工作是以兩難情境和批判質疑的方式來進行批判實踐，主要是在發展教室層面的批判教育學，但是它同樣也是攸關於學校教育的組織層面。以下試圖以學者 Freire 批判教育學的概念，並摘要其五種一般性問題，來應用批判探究目前本土學校本位課程發展，介於實質的議題、歷史、新舊知識、意識形態和人類利益的課程研究，而在實踐行動之間，則要使批判探究的歷程充分地維持在一種對話與辯證的關係狀態下，本文提出以下幾項課程探究的實踐途徑。

（一）在學校課程探究的實際情境脈絡下，確認和理解問題的所在

課程發展不能離開學校所處的情境脈絡，不論是什麼樣的議題，例如：學生實作評量、有效率的教室經營運用、協同教學、教職員的溝通、行政人員的課程領導等，它們都必須要在實際的情境脈絡下，來加以確認和理解。

所有學校層級課程發展委員會的參與者，在涉及到批判探究時，必須要辨別出問題的存在性，以及和參與成員共同去分享問題的一般性看法。而一般性的問題描述，例如：「學校知識之如何合法化？學校知識之形成受到何種意識形態的影響？」為了要將學校本位課程發展所談的一般現象之焦點縮到最小而傳遞給其他人，則必須要適當的運用時間，例如：國中小學領域課程會議及教學研究會，在學校中充分地澄清什麼是學校知識結構的符碼等問題。

（二）學校課程問題不會突然發生，有其歷史和情境脈絡

學校本位課程的問題，例如：「如何組織這樣的學校知識？」這類問題可以用來架構批判探究的一部分。藉由觀察學校課程問題的歷史性，學校課程探究的參與者布置了一個更具批判性討論的舞台，在這個舞台上，使得社會、政治，以及經濟的議題之面貌變得明朗化，例如：在學校本位課程發展上，學生學習評估的問題可能反映及引發出關於國定課程測驗的績效責任之議題，能更深層的思考學校教育的目的；而關注於各學習領域時間的有效運用與安排，則可能是相關於學科知識與權力的重要問題；而在學校本位管理上，教職員間之溝通以及各層級課程領導的實施困境，則可能圍繞著各層級的權力分配、專業權力，以及教育者專業責任等議題上。

（三）從事批判探究的參與者，必須遭遇重要教育議題的政治面，以及辨識和滿足於自身的價值、信念與認知興趣

這裡所指的是，在學校本位課程發展的歷程中，「是反映誰的利益？以及經由何種方式而沒有被提供到？」在運用課程批判探究時，其對話與辯證是處於一種坦白的、社會正義的道德承諾，以及倫理責任的狀態，且遵循著保證公平機會的進入和獲取，以及在民主社會對所有學生的教育卓越之承諾；像這樣的承諾，絕不可脫離對話溝通。事實上，批判探究協助我們澄清如何將行動導向規範性的探究，和承認重要教育議題的複雜性，例如：什麼人會在學校本位課程發展決定的歷程中獲益？什麼人又會喪失利益？而在實務上與我們所認定公立學校應該要提供的，是否達到一致性的學校教育功能？關於國定課程基本學力測驗的內容又是什麼？測驗的目的又是為了什

麼？誰的利益被提供了？什麼樣的人類學習潛能概念，可以構成基本能力指標評量參考的依據？學習能力指標測得的是人類學習的潛能，還是只反映出文化不利的階級意識之宰制？例如：英語課程學習所反映的學習雙峰現象，或鄉土語言學習所呈現的本土意識為何？這些概念能讓教育產生反省意義嗎？這些都是當我們運用批判探究課程研究方法時，所必須深思的問題。

（四）對於學校層級課程發展的知識論述立場，需要運用其他類型的知識來加以批判

從事批判探究的學校層級課程之探究，研究參與者要呈現研究報告時，在討論裡要引進所有類型的知識來支持議題，引進所有的知識類型作辯證，避免被單一、狹隘的知識或方法所宰制。知識的取得，不僅僅是來自我們所標榜的教育領域，而且還要來自其他的學科和各學科間的根源，例如：文獻、歷史、藝術、商業、經濟、政治性科學等。資料來源也包含了書籍、期刊，以及未出版報告中所刊載的研究結果，例如：相關、實驗、民族誌、參與者觀察等。同時也包括了在課程與教學的教育革新，以及組織的領導與發展，這種知識的傳播，可透過在職專業研習活動的方式來進行。學校層級課程研究的訊息可能被慎重地產生，以作為探究歷程的一部分，且必須經由運用調查、訪談、觀察等方法，例如：透過教師群彼此相互觀察，以及重新探討課程方案，像是課程計畫、教科書和課程評鑑的工具。然而，在探究的歷程中，要牢記心中的問題是：「我們擁有什麼樣的訊息和知識，來支持這些課程創新議題呢？」換言之，研究報導者的主體性必須受到重視。

（五）批判探究必須要藉由反思行動來實踐

反思實踐的概念，係引進批判知識的概念來支持學校層級課程發展與實施的實務，同時也意味著承認學校課程的反思實踐之重要性，對於進一步增進批判知識是有正面的貢獻。更進一步來說，介於參與學校本位課程的實務者之間，大多數沒有經過充分的溝通，以理解他們所處的歷史脈絡中有意義的問題，例如：複雜的組織（如社區和學校），其組織改變和學校改進的理念往往是不一致的。而為了想要獲取解決複雜問題的方法，正是符合了批判探究慣例性的研究典範，意即採取課程實踐的行動取向。

然而，批判探究的原理與程序，要避免介於研究者與參與者、理論與實踐、客體與主體的二分法。因為批判探究的參與者本身就是理解者，也是課程決定的思慮者，他們必須在學校日常工作的情境脈絡中，去理解以及對課程實踐再理解，為避免二元的對立，並且持續自我批判，進而在課程慎思過程中運用研究知識。儘管在學校組織中的環境總是處於不確定性，但是課程行動探究可能也必須要去試行、再檢查、修正，以及再檢查、修正，一再地重複。而在一次次的試驗中，都要詢問一些價值假定的問題，意即「這就是我們想要的課程行動研究嗎？」以及「性別議題融入社會領域課程，可轉化學校知識的內容嗎？」（林碧雲，2001），或「原住民學校如何建構族群認同的課程？」（張守仁，2002）、「教師敘事意識醒覺的課程實踐如何可能？」（蕭又齊，2003）、「校長在領導學校課程重建行動研究時，要如何反思省察？」（謝明燕，2004）等議題。本土批判探究的課程研究雖已逐步開展，但有關轉化效度的議題仍在逐步驗證階段，卻也帶出實務工作者在課程理解與持續自我更新的對話。

伍 結論

運用批判理論探究的觀點來了解本土課程研究所需要的研究架構，以解釋及理解目前實施「九年一貫課程綱要」（2003）後所產生的眾聲喧譁之課程現象，以及跳脫現代工具理性方法論的羈絆，均是本文撰寫的目的之一。國內在經過近十年來的一系列課程改革後，課程研究典範的轉移一直是相當熱門且具爭議的新興議題，由於學術界與中小學教師對於九年一貫課程實踐的討論非常熱烈，國內的後實證與質性的研究也猶如雨後春筍般地潮湧而出，對於前述各種不同典範的方法論所呈現的觀點，在於強調不僅要運用量化實證性的方式，來尋找工具理性的問題現象與表面的數量描述之外，更要透視問題現象背後的意識形態，以批判和反省的態度來加以釐清。換言之，要實踐這些變通的研究典範，就必須對其方法論基礎加以剖析與辨明。

畢竟，當學校逐漸擺脫原有中央統籌控管的課程決策模式，要建立及發展具有特色的學校層級課程時，學校教師必須要能夠先了解及掌握其背後所持之課程理論和方法論，尤其是本文中所提示的批判理論，若能在本土課程研究中加以應用，避免在課程知識組織上產生文化再製（例如：各校課程計畫的知識再製），而是以批判探究的本質，辯證的、詮釋性的、深思熟慮的、反省的、實踐的，以及行動導向的方式，來進行自己學校及教室的課程研究和改革，並力求發展出具有獨特內涵的學校課程知識布局。

本土課程研究實踐，就運用批判探究的方法論觀點而言，宜以自己目前現有的學校本位課程發展之文化歷史來從事課程實踐之研究，意即以學校歷史發展取向的觀點來看待目前學校課程的實施，而在其方法上的立場或可採用批判課程研究方法論。

雖然，長久以來的本土課程研究者並不熟悉批判探究的方法論，相較於詮釋取向與建構取向的課程研究，它似乎也是晚近才發展。但當我們在思考日常生活的決定時，卻幾乎是每日都在這個反省——實踐歷程當中。更確切地說，在定義上與辯證方法運用上是有一定幅度的意義與形式，假使概括地詮釋辯證方法論作為一種批判知識建構的歷程，在這個研究發展歷程中，它是不斷地經由質問、爭論、反向的爭論、反思、質疑、反駁、調解、修正、校正等過程，那我們就必須承認，教育實務工作者在知識—生產的實務情境脈絡中，其所生產出的實務知識是有價值的，而這正是反應出學校教師在課程自主實踐的特色和價值。

然而，學校畢竟是整體社會下的縮影，學校層級的課程發展雖是以學校本身為出發點，但仍無法擺脫巨觀的政治、經濟、社會層面的控制。在探究過程中，學校教師參與校本課程的決定意見多元分歧，而學校文化產生溝通互動不良的情況，也會導致削弱改革的力量。因此，以局內人研究角色運用批判探究的課程研究，在當前教育研究中，雖非主流的研究典範，但它能作為教師反思行動的指引參考，亦可改善參與成員之間的溝通互動之關係，使學校課程發展持續地保持在一種組織自我更新的動態歷程中，並經由批判探究產生及提供持續課程改革的力量，是值得倡導的一種促進教師更新及賦權增能的研究取向。

❖註釋

1. 本文初稿曾發表於2003年4月19日～4月20日，由國立台灣師範大學教育研究中心主辦之「教育研究方法論學術研討會」，在此感謝評論人張建成教授的論文審查意見。
2. 本文原載於《教育研究月刊》，2004年，第121期，頁36-57。
3. 本文第壹、貳、參、伍節及全文潤飾主要由莊明貞負責撰寫，第肆節之初稿則由潘志煌負責撰寫。
4. 潘志煌：國立台北教育大學課程與教學研究所博士，曾任國小教師、組長、主任、國立台北教育大學課程與教學研究所兼任助理教授，現任基隆市信義國小輔導主任。

參考文獻

中文部分

林碧雲（2001）。**轉化課程的試煉：兩性教育融入社會領域課程之行動研究**。國立台北師範學院課程與教學研究所碩士論文，未出版，台北市。

張守仁（2002）。**原住民學校「族群認同」課程之個案研究：以一所桃園縣復興鄉國小為例**。國立台北師範學院課程與教學研究所碩士論文，未出版，台北市。

莊明貞（2001a）。當前台灣課程重建的可能性：一個批判教育學的觀點。**國立台北師範學報，14**，141-162。

莊明貞（2001b）。後現代思潮的課程研究及其本土實踐之評析。**教育研究，102**，27-39。

郭洋生（譯）（2000）。大衛・杰佛里・史密斯（Smith）著。**全球化與後現代教育學**。北京市：教育科學出版社。

黃瑞祺（1998）。**批判社會學**。台北市：三民。

蕭又齊（2003）。**我的意識覺醒：一個國小老師敘說社會事件融入社會科課程的故事**。國立台北師範學院課程與教學研究所碩士論文，未出版，台北市。

謝明燕（2004）。**築夢踏實：一位國小校長領導課程重建的行動研究**。國立台北師範學院課程與教學研究所碩士論文，未出版，台北市。

英文部分

Agger, B. (1992). *Cultural studies as critical theory*. London, UK: The Falmer Press.

Apple, M. W. (1975). The hidden curriculum and the nature of conflict. In W. Pinar (Ed.). *Curriculum theorizing: The reconceptualists*. Berkeley, CA: McCutcham.

Apple, M. W. (1982). *Ideology and curriculum*. London, UK: Routledge & Kegam Paul.

Aronowitz, S., & Giroux, H. A. (1985). *Education under siege: The conservative, liberal and radical debate over schooling*. South Hadley, MA: Bergin & Garvey.

Center for Contemporary Culture Studies [CCCS] (1978). *Women take issue: Aspects of women's subordination*. Birmingham, UK: University of Birmingham, Women's Studies

Group.

Drucker, H. M. (1974). *The political use of ideology*. London, UK: The Macmillan Press.

Foucault, M. (1980). *Power/knowledge: Selected interviews and other writings* (Gordon, C. Ed.). New York, NY: Pantjeon.

Freire, P. (1977). *Educational for critical consciousness*. New York, NY: Seabury Press.

Freire, P. (2000). *Pedagogy of the oppressed*. New York, NY: Continuun.

Fuchs, M. (1993). The reversal of the ethnological perspective: Attempts at objectifying one's own cultural horizon. Dumont, Foucault, Bourdieu? *Thesis Eleven, 34*, 104-125.

Gibson, R. (1986). *Critical theory and education*. London, UK: Hodder & Stroughton.

Giroux, H. A. (1983). *Theory and resistance in education: A pedagogy for the opposition*. South Hadley, MA: Bergin & Garvey.

Giroux, H. A. (1988a). *Schooling and the struggle for public life: Critical pedagogy in the modern age*. Minneapolis, MN: University of Minnesota Press.

Giroux, H. A. (1988b). Critical theory and the politics of culture and voice: Rethinking the discourse of educational research. In R. R. Sherman & R. B. Webb (Eds.), *Qualitative research in education: Focus and methods*. Philadelphia, PA: The Falmer Press.

Guba, E. G., & Lincoln, Y. S. (1994). Competing paradigms in qualitative research. In N. K. Dezin & Y. S. Lincoln (Eds.), *Handbook of qualitative research*. Thousand Oaks, CA: Sage.

Habermas, J. (1971). *Knowledge and human interests*. Boston, MA: Beacon.

Habermas, J. (1973). *Theory and practice*. Boston, MA: Beacon.

Habermas, J. (1995). *Moral consciousness and communicative action*. Cambridge, UK: Polity Press.

Horkheimer, M. (1972). *Critical theory*. New York, NY: Routledge.

Kanpol, B. (1997). Reflective critical inquiry on critical inquiry: A ethnoqraphic dilemma critical continued. *The Qualitative Report, 3*(4), 1-11.

Kincheloe, J. L. (1991). *Toward as researchers: Qualitative paths to empowerment*. London, UK: The Falmer Press.

Kincheloe, J. L., & McLaren, P. L. (1998). Rethinking critical theory and qualitative research. In N. K. Dezin & Y. S. Lincoln (Eds.), *Handbook of qualitative research*. Thousand Oaks,

CA: Sage.

Lather, P. (1991). *Getting smart: Feminist research and pedagogy with/in the postmodern*. New York, NY: Routledge.

MacDonald, J. B. (1975). Curriculum and human interests. In W. Pinar (Ed.), *Curriculum theorizing: The reconceptualists*. Berkeley, CA: McCutchan.

MacDonald, J. B. (1988). Curriculum, consciousness and social change. In W. F. Pinar (Ed.), *Contemporary curriculum discourses* (pp. 101-113). Scottsdale, HZ: Gorsuch Scarisbrick.

Marcuse, H. (1964). *One dimensional man*. Boston, MA: South End.

McLaren, P. L. (1986). *Schooling as a ritual performance: Toward a political economy of educational symbols and gestures*. London, UK: Rountledge & Kegan Paul.

McLaren, P. L. (1988). On ideology and education: Critical pedagogy and the politics of education. *Social Text, 19 & 20*(1-2), 153-185.

McLaren, P. L. (1989). *Life in school*. New York, NY: Longman.

McLaren, P. L., & Giarelli, J. M. (1995). *Critical theory and educational research*. Albany, NY: State University of New York Press.

Newton, J., & Stacey, J. (1992-1993). Learning not to curse, or, feminist predicaments in cultural criticism by men: Our movie date with James Clifford and Stephen Greenblatt. *Gultural Critique, 23*, 51-82.

Short, E. C. (2000). Shifting paradigams: Implcations for curriculum research. In J. Glanz & L. S. Behar-Horenstein (Eds.), *Paradigm debates in curriculum and supervision: Modern and Postmodern perspectives*. Westport, CT: Bergin & Garvey.

Sirotnik, K. A. (1991). Critical inquiry: A paradigm for praxis. In E. C. Short (Ed.), *Forms of Curriculum* (pp. 243-258). Albany, NY: State University of New York Press.

West, C. (1991). The ethic of solidarity and difference. In H. Groux (Ed.), *Postmodemism, feminism, and cultural politics: Redrawing educational boundaries* (pp. 83-99). Albany, NY: State University of New York Press.

第三章 英國近期課程政策之變革及其啟示

壹 前言

理解英國的國定課程，最早可溯源 1988 年的「教育改革法案」（Educational Reform Act），法案的目的是為了改變英國教育系統的本質，即移除中央和地方政府的計畫及合作，並朝向家長有學校選擇權的市場機制。自從 1979 年（尤其是從 1988 年起）政治家被政治意識激發，以致於跨越邊界，這主要是被右派的極瑞主義者所影響。1944 年的「教育法案」，在英國歷史上是一個重要的里程碑，因為該法案首次實施全民免費和義務的中等教育（強迫教育延長至 15 歲）。但這法案中並沒有說明關於 5～16 歲的課程，當時方案擬定者的關注焦點是放在中學制度的變革問題上，即將三軌制改成單一綜合中學，或繼續維持三軌制，並由三種不同的學校來支持不同類型學生的能力需要。

英國在 1970 至 1980 年代期間，對 16 歲以上學生都有獨立考試的設計，從教師的觀點來看，它比較像 CSE（進修輔助級考試科目），而不是 GCE（中等教育證書）。當時最後一項新的公共政策被創造出來——GCSE（普通中等教育證書），而且第一次考試即在 1988 年舉行。儘管當時一些右派人士抱怨GCSE的成就是低標準的，但一般咸將其視為一項成功政策。1970 年代，英國保守黨提出恢復有選擇性的中等學校（文法中學），傳統的教學方法與較注重文化遺產和傳統價值的課程內容，又再度受到重視。

1988 年中，一項新的法案被熱烈討論，那就是終止在教育上國家的獨占權，開放教育市場導向和新型態的學校雖然仍接受政府的補助，但比地方教育局管理的學校更形獨立。從某些方面而言，中央集權的國定課程政策之執行對此仍堅持反對立場，但由此我們可以了解英國國定課程的政策制定是和市場取向的政治意識形態緊密連結的。

有鑑於此，本文擬先交代英國自 1944 年以來的課程政策之脈絡，再說明 1988 年保守黨主政的國定課程改革政策執行背後的意識形態，並進而檢討 2001 年以後的後期中等學校課程改革政策執行的措施，最後藉由作者實地在倫敦地區的學校參訪經驗，析論其對台灣當前課程改革在政策執行面向上的啟示。

貳 1988 年的國定課程改革

1987 年教育與科學大臣 Kenneth Baker 所提出的國定課程（national curriculum）之內涵，大致有四個組成部分：

1. 學科（三科「核心學科」加上七科「基礎學科」）。
2. 成就目標（被具體指定的成就水準目標）。
3. 學習方案（學科教學大綱）。
4. 評量方案（TGAT）。

上述評量方案的設計是委託給 Paul Black 主持的 TGAT（Task Group for Assessment and Testing），最後因為政治的干預而宣告「死亡」。「TGAT 報告」的主要成就是轉移了教育界及社會關注的焦點：

1. 從「總結性測驗」到「形成性評量」。
2. 從「絕對標準」到「參照標準」。
3. 從固定的最低水準（與年齡有關的基準）到有十種被廣泛定義標準的彈性成就指標（沒有嚴格的年齡相關）。

D. Lawton（1995）曾提出關於四種教育中重要課程方案的意識形態，其中至少可以發現有三種在保守黨主政的國定課程中強烈激辯：

1. 私有化者（寧可廢除公立學校，讓負擔得起的人們去選擇其想要的課程）：不要國定課程。

2. 極簡主義者（接受公立學校，但選擇負擔少一點）：集中三科核心學科的基本能力訓練。
3. 多元論者（不贊同私立學校，基於社會歧異，希望公立學校繼續存在且更好，並有選擇自由權）：喜愛皇家督學系統（Her Majesty's Inspectorate, HMI）的權力課程。
4. 綜合的計畫者（想要規劃一個照顧不同社會和智慧型態孩子的系統）：此種論點者在柴契爾時代都保持緘默。

綜上所述，1988 年的國定課程像是一種權力運作的課程，幾種意識形態彼此在權力關係中運作交換、賄絡和不斷形塑。有幾項權力運作有提供更進一步的措施，例如：創新的標準化評量工作（Standard Assessment Tasks）已經取代了不獲信任的紙筆測驗，而且此種權力運作的課程逐漸擴充。

從 1988 年以後，國定課程含十個科目，且規定所有的學童在 7、11、14 和 16 歲時，皆需接受國定測驗。公立學校因此相當程度有來自中央的經費控制，地方教育局對學校的控制也相對減弱。

更進一步而言，國定課程制定的變革必須從其他地方教育局（Local Education Authorities, LEAs）的改變來加以理解，尤其是開放登記的學校政策和地方的學校管理（Local Management of Schools, LMs）。鼓勵學校競爭，在實際上有一套證書系統已然被建立。R. Aldrich（1995）指出，市場選擇的正當化是來自 Hayek 的新自由主義觀點，這同時也支配了柴契爾主政時期的柴契爾主義（Thatcherism）的教育政策思考。

關於市場的特殊議題，美國學者 John Chubb 與 Terry Moe 的教育政策之書對當時產生很大的影響力。他們於 1990 年的論著《政治化、市場和美國學校》（*Politics, Markets and America's Schools*），是以父母的選擇取代民主的支配，並以為可自動解決美國學校中的制度問題為基礎。

Chubb 與 Moe（1990）認為，相同的美國學校方案可以在英國中實施，從地方教育局鬆綁所有學校和允許私人皆可以設立由國家支付經費的新學校（公辦民營型學校），如此，學校將不會被民主的權力支配所影響，而且推動家長的選擇權，學校將可獲得品質的改善。

然而，M. Adler（1993）的研究指出，「選擇」的議題是極為複雜的，而且不幸地，Chubb 與 Moe 沒有處理這些難題，因為假如教育「選擇」是學校教育改革的萬靈丹，那為什麼仍有很糟的私立學校繼續存在？Chubb與Moe沒有解釋為什麼這些引人注目的改變會在教育系統中發生，基於此，就需要更深入去了解英國的社會結構。畢竟有少數人厭惡政府計畫和自由放任的優惠，柴契爾主義即呈現這些價值的復興，Andrew Gamble 描述它為「自由經濟和強而有力的政府」，在 1979 年的選舉中，有機會來說明 Hayekian 的想法（自由主義和不正確的個人主義）進入教育政策，但並非所有的保守黨員均屈服於新自由主義學說。它似乎已被轉變成市場化的語言和想法：他們評論教育系統已被生產者所支配而不是消費者。父母必須被允許選擇，因為他們比教育學者更了解孩子的需求，甚至比教師了解。父母選擇學校所面臨的問題是申請者眾，於是學校就選擇較少行為問題的學生入學，這項措施不可避免地仍會有一群家長會感到失望（Aldrich, 1995）。

由於「開放登記」，學校吸引更多學生，但學校卻面臨無法安置所有學生的難題。由於選擇好的學校在政策執行上沒有改善，一些流失轉學生和教職員的學校，因維持學校有困難，辦學品質更形惡化，而一旦學校組織系統衰退就很難再恢復；英國學校也並沒有由於市場機制力量而陸續關閉。儘管競爭機制可使教師更努力，但是否因此能改善學校水準，並沒有十足的證據可供支持。然而，不平等的標記卻與日俱增，學校間之差距逐漸擴大。選擇落空者的問題不斷增加，包括：被綜合中學拒絕的學生；另一種失望也開始浮現而生：因為有好的、不擁擠的設備和充足資源的學校選擇情形不再具有吸引力。選擇學校的謬見之一是家長通常選擇了，但不知有多少人將做相同的決定，使得理性選擇的結果不在合理範圍的預估：當很多其他父母選擇相同學校時，父母變成了影響學校品質的重要關係人。選擇在原則上是受人喜愛的，而且實際上有其好處，但它不是萬靈丹。市場競爭並沒有解決學校組織或提升成就標準的問題。

L. Fullick（2005）檢討教育選擇權的得失時也指出，其主要困境是當時保守黨內政策立意在逐漸增加教育選擇權的需求，是給家長更多影響他們孩子的學校選擇權。這種教育政策乃在保護消費者權益，在當時首次被提出，其後更提出各種的方案，但是後來當實驗性的計畫沒有獲得成功時，許多官方系統和地方教育局也因實驗的失敗而受到更多的抨擊。

強調市場導向的可能情形，演變成獲得政府較多補助款的英格蘭公立學校（Grant Maintained Schools），逐漸退出了地方教育局的控制，而轉移至中央；較少來自皇家督學的視導；三軌或多軌制的學校系統發展漸瀕臨危機。Adler（1993）在全國教育委員會的報告中，利用蘇格蘭的經驗來評鑑父母選擇權及其在英國執行的成效。這證據説明了父母傾向用較理想的考試結果選擇較好地區的學校；在貧困地區的學校，因為學生的流失而面臨生存的考驗，如倫敦地區未達 Level 4 在英、數兩科者，大都為倫敦的貧窮區域，社會的隔離逐漸增加。最後，Adler 開始一項增加供選擇的計畫，為了維持某些選擇而沒有破壞競爭的缺點（Hopkins, 2005）。

1993 年，中小學教師在該年的聯合文件中聲明，反對 7 和 14 歲學生關鍵階段基本學測的實施，有 90%的學校拒絕實施測驗與聽取報告。這整個事件是政客和官僚主義拒絕諮詢專業與傾聽教師的聲音，由上而下教育改革政策的模式面臨必須被揚棄，在浪費百萬英鎊和師生時間的損失後，英國政府從 1988～1993 年的教育改革政策制定中面臨著挑戰且將重新檢討。

參 2001 年以後的後期中等學校課程政策之執行變革

英國工黨於 2001 年再度執政後，大力推動中等教育改革，先是經由「關鍵階段三全國改革方案」（Key Stage 3 National Strategy），加強 11～14 歲階段的改革方案，以提升所有學生的畢業標準；再透過「14～19 歲改革方案」（14-19 Year Strategy），提供更多選擇彈性及更廣泛的課程，好讓學生清楚自己未來的方向，無論他們是接受普通教育或是職業課程。英國教育與技能部（Department for Education and Skills）於 2003 年元月發表了「14～19 歲的機會與卓越白皮書」（14-19 Opportunities and Excellence）之後，提出了 14～19 歲階段的長、短程教育改革計畫；短程改革於 2004 年啟動，係針對前關鍵階段四（14～16 歲）的課程，讓學生能依個別的需要與性向規劃學習活動，其要點如下（劉慶仁，2004）：

1. 必修科目減少：英語、數學、科學及資訊暨通信科技仍為必修，所有學生也繼續修讀公民、宗教、性別及生涯教育。

2. 工作有關的學習將成為新的法定要求。
3. 將有小而新的科學學習計畫。
4. 引進學生應該享有的課程領域：包括外國語文、設計與科技、藝術及人文等四類，學校均必須安排。

至於長程改革的構想係提供更豐富的職業課程，允許更多元的評量，以辨別學生的學習成就，以及藉由一套統整的資格檢定架構，以擴大選擇和發展學生潛能，14～19 歲改革研究小組在上述白皮書的構想下，於 2004 年 10 月發表了「14～19 歲的課程與資格改革」（14-19 Curriculum and Qualifications Reform）報告，提出未來十年之改革將以新的單一證書取代中等教育普通證書（GCSE）和進階級普通教育證書（A level），並將證書分為初級（entry）、基礎級（foundation）、中級（intermediate）及高級（advanced）等四個階級。劉慶仁（2004）進一步指出，此一改革報告未來若經採納為既定的教育政策，將是英國中等教育課程與資格的一項巨大變革。

事實上，從近年來英國教育與技能部所發表的施政白皮書和研究報告顯示，英國正不遺餘力地從事另一項重要的改革運動，亦即經由發展學校的專長與特色，來改革中等教育結構，盼能藉此提升學生的成就標準。

倫敦大學教育學院國際學校領導中心主任 David Hopkins（2005）指出，課程政策難以改變執行，尤其是跨各層級政府之間。因其所假定之政策與實施之間乃一對一的關係，學校層級的改變，其速度乃受地方因素所影響，遠遠超出更高層級的政策制定者所能掌握（McLaughlin, 1990: 12）。而為何改革沒有產生預期的影響，Hopkins 分析有兩個主要的因素，是改革沒有產生預期影響的原因：

1. 許多改革著重於錯誤的變項上；任何改善學生學習的策略需創造教與學的論述，並擴展師生教與學的表現。
2. 改革行動未完全重視如何建立實施架構，以引導實務上的革新，特別是他們忽略了去開發系統中所有層級垂直與水平間合作的可能性。

Hopkins（2005）分析了近期英國大規模教育改革的課題，大致如下：

1. 明訂道德目標著重在縮小學生成就鴻溝，確保學習者發揮潛能；但僅是有力的口號是不夠的。

2. 整全的系統化思考：政策整合須是水平且垂直的。

3. 整合中央與地方啟動改革：如何去平衡兩者的領導是重要的課題。

4. 建立地方能力與相互績效責任的建立：與國家政策同步極為重要。

5. 聚焦於教室實踐：視教師為學習者。

6. 改革必須有額外資源：重要的是如何有效運用資源。

Hopkins 同時也提到，2004 年所倡導的「建立每個卓越學校」是道德目標的表現——家長對地方學校的期望是地方建立卓越學校的要素。他認為，提升每一個學校為卓越學校的有效解決之道如下：

1. 整體道德目標與社會正義的落實。

2. 重視提升教學品質，而非僅止於結構上的改變。

3. 持續承諾且系統性的改革，因為集中在個別學校的創新，總易扭曲了社會公平。

而若要「每間學校都將是卓越學校」，英國教育當局就必須面對一連串的挑戰：

1. 超越學業成就的「穩定期」。

2. 正視各層級的低表現。

3. 處理學校領導者的領導力。

4. 建立高卓越與高平等的系統。

他進一步提到，1980 年代以來的獨立學校會增加競爭、減少合作，並導致系統領導之分裂，系統領導可成為獨立學校的催化劑，並藉由合作以改善學校品質，來達到社會正義的終極目的。

英國在 2003 年 2 月發表了「新學科專長中學體系——改善中等教育」的施政藍圖，勾勒了未來中等教育改革的整體架構。據了解，這一波的英國教育改革係基於高的期望及滿足每一個孩子需求的承諾，以建構一個動態而多元的中等教育體系，進而改善教育成就，亦即逐年提高所有學生的成就，以及讓低成就學生群體的表現達平均水準以上。施政藍圖中強調，政府將與學校之間發展一種新關係，英國教育與技能部部長 Charles Clarke 強調，在此新關係中，學校可以在使用資源、設計課程及決定教學方法上擁有更多的自由和彈性，但是學校了解它們是在標準和績效責任的架構下辦學；政府將肯定成就並鼓勵辦學成功的學校、學科部門及教師去創新，並在學校系統中領導改革，但是學校也明白若表現不佳或長期失敗，英國政府有責任出面協助干預。換言之，政府將賦予中學更多辦學的彈性與自由，同時也要求它們對教育績效負起更大的責任。經過廣泛徵詢意見之後，英國教育與技能部和教育標準局（Office for Standards in Education, OfSted）於 2004 年提出了「與學校的新關係」（A New Relationship with Schools）之報告，揭示了政府與學校建立新關係以及學校視導制度的革新措施。

肆 英國近期課程政策變革的啟示

為實地了解英國近期中等學校課程變革的實施，2005 年 11 月，作者乃藉參加由倫敦大學所主辦的「台英中小學教育研討會」之便，參訪了英國中等學校課程實施，始了解英國教育與技能部曾於 2001 年 9 月發表「學校—獲得成功」（School-Achieving Success）的白皮書，強調學校宜發展多元的價值，並表示未來將發展與擴充公立學校為學科專長中學。2000 年 7 月後提出的「教育與技能：改革為投資」（Education and Skills: Investment for Reform）報告，該報告發現，中等學校校長既無權也無資源去發展該學校的特色，綜合中學無足夠誘因以發展多元專長的領域，不僅教師專業技能受忽視，學校也較無特色發展。此項中學教育結構的改革，在於補助標竿學校（Advanced Schools）發展各校學科專長。此外，推動跨校聯盟，讓學校群組與燈塔示範學校（Beacon School），共同討論提升成就標準與銜接安置。作者於 2005 年，曾由倫敦大學安排參訪倫敦東區的情人高中（Valentines High School），這是一所燈塔示範學校，也是自然學科專長特色中學，該校是一所傳統文法中學改制的學校，學生在 2005 年 Year 16 階段數學中，有 82%的學生達 Level 5，有 87%的學生之英文可達 Level 5 程度，學校在若干核心科目中，例如：英、數及科學等，設有不同能力的分班教學（broad banding）。因該校係多元文化學校，學校亦設有母語教學（一週兩節），提供給移民及難民子女選修，最特別的是，學生設有榮譽制，接待參訪的學生必須是由全校成績優秀者擔任。作者所參觀的每一間教室中，其白板上皆註明該課單元的學習目標，每位學科任課教師很清楚該學習目標係欲達成哪一關鍵階段的成就標準；A Level 以後的大學預科課程非常多元，並符合學生未來生涯選擇的需求，令人印象深刻。

參訪該日也參與了該中學與鄰近小學的跨校銜接課程方案的討論，該討論會例行是六週舉行一次，主要是討論介於關鍵二期（KS2）與關鍵三期（KS3）的學生能獲得更佳的銜接安置，並提升國小兒童到中學銜接的各項標準成就。據該校校長 Sylvia Jones 指出，該校大多數學生於 16 歲始能通過 GCSE 的比率，由教育標準局（OfSted）的資料顯示，進入 A Level 的學生達到 80%以上。英國燈塔示範學校計畫的成功經驗，繼續推動了優越的夥伴關係計畫（Leading Edge Partnership Programmed），該計畫旨在找出和推薦那些革新卓越的中等學校，以便課程成就標準能夠在全國學校中持續獲得改善。

英國課程改革政策的政治控制是由地方轉移至中央，目前的國定課程仍持續設定許多規準（prescribed）和控制（controlled）；這個成就標準的檢測機制，主要是由教育標準局來執行。此外，雖然地方教育局的控制相對減弱，但為了維持全英國的學生在專業學科的能力，除加強校長領導能力的培養外，也積極培養初任或資深校長在提升成就標準與學校選擇的繁重壓力下，持續驅動學校改革，追求素質教育。所以無論就前述所提及 2001 年的「學校－獲得成功」白皮書中的目標，主要在建構學科專長中學體系，這些學校的領導團隊不僅是專業的學習社群，而且須藉網路學習功能將權力分享，以帶動學校團隊成員共創學校革新願景。

反觀台灣的課程改革政策之執行情形，其實是由上而下朝中央權力鬆綁，增加地方教育局與學校層級的課程決策權，但由於學校本位課程的決策機制，仍受限於國定課程的彈性時間規範（僅占 20%），且仍受地方經費的控制，中等學校，無論是前期中等學校或是後期中等學校，為顧及國中最後一年的基本學測與大學指定考試之檢視，學校大多已無剩多大資源與人力去發展校本課程，而更由於我國一～六年級七大學習領域各個學習階段的基本能力測驗尚未配套完成，國中升學測試壓力未減，校長課程決定受社區及家長對升學期待所影響；國小校長學校領導的責任績效，目前雖沒有全國性的常模成就標準可循，但國中小校長及教師的課程領導能力卻因此相對增加。無論如何，校長領導的主要核心目標仍在學生學習品質的提升。未來校長的領導能力之培訓可配合教師分級證照制度的實施，參考如英國 2000 年甫立法的「校長領導培育制度」，分為七級，循序漸進，以增加學校革新及領導團隊聯盟。此外，我國教育部的深耕計畫以「大手牽小手」夥伴學校作為學校改進方案，主要以大學與中小學夥伴關係建立為主，執行三年以來，大致成效可以看出學校課程品質的提升與教師專業的發展。作者以為，未來可以進一步發展「學科專長學校」或「專業發展學校」等特色學校，使中小學發揮學校間、社區甚至與家長間的夥伴關係，因為只有利害關係人的投入，才能使此種關係較穩固，且能彼此分享專業知識，一些學生的學校適應行為問題或需要社會福利及早介入的特殊學生，透過與社區家長的夥伴關係，也可望及早獲得療育。

總體而言，英國政府自 1988 年執行二十多年以來，跨保守黨與工黨的國定課程，在中央控制與強調學校校長的績效責任與有效領導下，正逐漸邁向一個高素質、高標準與強調知識本位學習的新里程碑。台灣的課程改革雖朝中央鬆綁與地方分權擴充，並逐漸延長至後期中等的十二年一貫課程發展，但國定課程的階段劃分與銜接、國家測驗的基本能力檢測，以及教師對能力指標之教室評量系統的掌握，迄今仍未完善啟動；又因家長對升學進路的疑慮，以及對國中小一綱多本的國定基本能力檢測之疑慮並未隨著鬆綁，坊間學科升學補習班未減反增。作者於參訪情人中學時，曾問及校長 Sylvia Jones，英國在國定測驗實施後，倫敦市區有沒有所謂的補習班應運而生，提供給學生準備考中等學校畢業檢定考試（GCSE）？她答覆：學生能力發展若未及關鍵期水準，是需仰賴學校補救教學方案與教師教學革新和教育安置的方案去解決的。英國有「家教制」，但卻沒有「補教制」。因中西文化的差異與社會期待不同，教育改革的後續發展與成敗，因此也有不同的效應。作者於 2005 年觀察英國國定課程的執行與學校領導制度的培育，最大的啟示是「他山之石，雖可以攻錯」，但不能完全移植與抄襲，因為既有文化價值往往深深影響一個國家教育改革的成敗，也因此，有識之士才提出要教育改革前，需先進行社會重建的呼聲。

（本文原載於《教育研究月刊》，2006 年，第 148 期，頁 26-34）

參考文獻

中文部分

劉慶仁（2004）。從發展學校特色看英國中等教育改革。**教育研究月刊，124**，140-150。

英文部分

Adler, M. (1993). An alternative approach to parental choice. *NCE Briefing, 13*.

Aldrich, R. (1995). Educational reform and curriculum implementation in England: An historical perspective. In D. G. Carer & M. O'Neill (Eds.), *International perspectives on educational reform and policy implementation*. London, UK: The Falmer Press.

Chubb, J. E., & Moe, T. M. (1990). *Politics, markets and America's schools*. Washington, DC: Brookings Institute.

Fullick, L. (2005). *Education in England: The current policy context*. (Unpublished Manuscript). London, UK: Institute of Education.

Hopkins, D. (2005). *Every school a great school: Realizing the potential of large scale educational reform*. (Unpublished Manuscript). London, UK: Institute of Education.

Lawton, D. (1995). The national curriculum in England since 1988. In D. G. Carer & M. O'Neill (Eds.), *International perspectives on educational reform and policy implementation*. London, UK: The Falmer Press.

McLaughlin, M. W. (1990). The rand change agent study revisited: Macro perspectives and micro realities. *Educational Researcher, 19*(9), 11-16.

第四章 台灣九年一貫課程政策實施之反省

壹 前言

課程發展中必經試驗過程，以了解教育改革中課程重建的可行性，台灣最大規模的課程改革——九年一貫課程，已於 2001 年 9 月正式實施。為了了解九年一貫課程的可行性，教育部曾於 88 學年度核定 198 所，89 學年度又核定 310 所國民中小學參加九年一貫課程試辦工作，並自 90 學年度起，全國的小學一年級開始實施九年一貫課程，從試辦到正式實施共計五年的時程，各國民中小學課程發展歷程從草創摸索到目前初具雛形，若干學校課程內容從虛無到逐漸建立課程管理機制，也逐漸建立學校的發展特色（國立台北師範學院，2001）。此次課程之實施以一、二、四、七年段分四年完成九年一貫課程的首輪，現階段對國中小而言，已即將邁入正式實施後的第四年（國中是第三年），許多過去教育現象中不曾出現的問題也慢慢浮現出來。根據一項有關教師壓力指數的抽樣調查之結果指出（中國時報，2002），台北市國中教師有 71.5%的受訪者表示，其壓力主要來源為九年一貫課程的實施，另有 25.8%認為是高中多元入學的全面實施。國中教師主觀認為教育部制定教改政策時，如九年一貫課程政策或多元入學，並未廣泛徵詢教師意見；另有高達 88.2%的受訪教師認為，自己在新課程的在職訓練不足。以探索課程實施情況與問題的實徵研究顯示（王惠瑤，2003；李佳純，2003；邱義烜，2001；許清和，2003；趙秋英，2003；潘道仁，2003；韓明梅，2001），國小教師對九年一貫課程之實施覺得「有點困難」，國中教師在新課程實施後，因對未來學力測驗的不確定性，若干學科的授課時數縮減，對於合、分科不同的教學困擾，以及「一綱多本」教材與能力指標轉化困難衍生的問題，使教師在教科書內容份量未配合授課時數下，教師教學變得無所適從。而對於課程實施政策中須落實的「課程發展委員會」，一般教師參與意願低落，學校本位課程發展因此消極停滯。以上研究結果顯示，九年一貫課程從政策面到實施面有嚴重落差，其政策制定的正當性，雖有《教育改革總諮議報告書》的實證研究支持（行政院教育改革審議委員會，1996），但其強調初期階段的多元參與決策，基層教師實質在政策參與上仍比例嫌少，導致課程在政策實施的推動上，也因欠缺教師們的普遍認同，顯得一開始即窒礙難行。

本文乃藉作者從擔任國中小九年一貫課程試辦輔導小組（國小組）北區召集人期間，實施訪視若干試辦及非試辦國小所提的實施困難問題加以分析，並輔以其後與台北市二所國小進行大學與國民中小學攜手合作深耕計畫中之觀察所得，嘗試提出因應解決策略，以供課程綱要決策執行修訂時之參考。任何國家的課程改革必須植基於自己的文化脈絡，才得以生根發芽，教師也才願意在教室中加以實踐。本文嘗試從課程實施的文化調適觀點，分析目前九年一貫課程實施所面臨的困境，並提出若干綜合建議，以做為評估此項課程落實可能性之依據。

貳 九年一貫課程的時代背景與內涵分析

台灣小學至高中階段的教育，由於過去五十餘年來的努力，在量的擴充上已有長足的進步，但若從社會變遷的環境架構下重新檢視，課程與教材的改革速度及幅度仍不敷社會變遷的需求。面對學校的課程與教材諸多與社會嚴重脫節的現象，社會各界人士及學者專家紛紛於近十年來，對學校課程知識提出批判與質疑。此外，在教育實驗的推行上，透過教改團體紛紛提出訴求課程改革，均是九年一貫課程誕生的有力推手。

九年一貫課程是為了因應 21 世紀——一個資訊經濟、科技傳播發達、社會變遷快速、國際關係日益密切的新時代，所制定之課程變革。相較於過去傳統課程標準所處之社會背景而言，九年一貫課程代表的是教育部為了因應台灣社會逐漸走向高度資訊化、科技化、工業化與國際化的「後現代社會」，所進行的課程改革工作。另外，台灣在「立足台灣，胸懷大陸，放眼世界」的全球性知識經濟網絡中，亦必須有所變革，並應考量到人與人、族群與族群、社會與社會、國家與國家之間的交流與互動。在這樣的背景下，教育部遂要求人與社會、環境間的結合，亦即如何與他人溝通、分享、尊重、合作、學習及了解等為重要課題。

依此，九年一貫課程政策所制訂的課程內涵之特色與要點，大致可歸納如下：

1. 中小學課程銜接：打破過去「國民小學」與「國民中學」之課程標準分別設計的模式，將九年國民教育課程作全面性和縱貫性的考量，以落實九年一貫國民教育的精神與內涵。目前也正著手進行縱向往下銜接學前教育課程之連貫與統整，往上以銜接高中階段的新課程綱要[1]，以及各學習領域課程教材內涵的橫向統整。
2. 課程規範的鬆綁：以「課程綱要」取代「課程標準」，以目標性、原則性的規範取代鉅細靡遺的規定，例如：過去的課程標準明訂時間分配表、各科教材綱要與教學實施細則等，在本次課程改革中則一律以鬆綁為原則。此外，並全面開放民間參與國民中小學教科書之編輯，促使國立編譯館負起教科書審查單位的專責機構[2]，不再如過往負有官方知識生產的主導地位。
3. 課程領域及其綱要：為培養國民應具備之基本能力，提供「語文」、「健康與體育」、「社會」、「藝術與人文」、「數學」、「自然與生活科技」，以及「綜合活動」等七大學習領域。學習領域為合科學習之主要內容，而不同於以前的學科名稱，故教師在實施教學時，宜兼顧合科課程統整原則。七大學習領域係統整 1993 年國小課程標準中的 11 科，與 1994 年國中課程標準中的 21 科之

1. 高中新課程綱要草案已於 2004 年頒布，並於 2005 年開始實施。
2. 後來，為因應社會對該學科基本學力測驗的疑慮，而編有國編版教科書。

單科課程設計形式，並試圖以十大基本能力的學習能力指標建構，以結合學科知識與學生生活經驗，養成學以致用的基本能力。

4. 教學節數及其安排：新課程以學年度為單位，分為「基本教學時數」和「彈性教學時數」。「基本教學時數」是指，各校至少必須授課的最低時數，其中的必修節數包含七大學習領域之內容；「彈性教學時數」即空白課程的設計，可供不同班級、學校地區彈性開設不同課程之教學節數。
5. 社會新興議題的融入：配合時代需要和社會變遷與趨勢，將台灣本土重要的六大社會新興議題（如資訊、環境、兩性、人權、生涯發展、家政）融入七大學習領域中，以提供學生養成現代生活必備的知識與能力，這一部分也反應了對學科知識社會建構的可能性，並企圖轉化傳統各學科的課程知識。
6. 學校本位的課程發展：學校可選擇適合學校、老師及學生學習的各種審定本教科書，亦可依照「課程綱要各領域能力指標」，自行設計和發展地區和學校所需的課程與教材，且學校必須組成「課程發展委員會」，各領域需設「課程小組」，鼓勵各校以課程行動研究之方式，發展學校本位特色的課程，並於每一學年透過行政程序向教育行政主管機關備查各校課程計畫，才核准實施，以充分發揮教育人員專業自主的精神[3]。而增加在基本授課時數外的彈性教學節數的安排，更可以引導學校發展其特色，以進行學生自主學習與輔導。
7. 協同教學群的重視：打破科與教師之間的人為藩離，同一學習領域的教師所組成的課程小組或學年班群教師，同時也是一個教學團隊，平時共同規劃與發展課程，教學時依學習主題或議題進行大單元或主題統整課程之教學，亦配合教師個人專長、教學時間與學校空間設備，進行任務分工或協同教學。
8. 基本能力的培養：基本能力的特徵是：(1)它必須是可以實作的最低

3. 數學、自然與生活科技國編版已於 2004 年著手編輯。

標準，為每個國民在接受國民教育後所必須學會的基礎能力；(2)所發展的能力指標可以指引課程設計發展；(3)它能夠反應當代社會生活所必備的能力。九年一貫課程綱要旨在透過學習領域主題軸與十大基本能力，培養學生奠定其義務教育階段的能力養成，並經由豐富多元的教學歷程，協助學生將知識轉化為能力表現，以奠定學習下一階段的基礎。

9. 本土化與國際化的觀點：為落實本土文化，鄉土語言（閩南語、客家話及原住民語）之學習，國小一至六年級採必選（三選一）方式，國中則採自由選修方式，以有效推動本土語言與文化札根工作。為配合全球化的來臨，提升國際語言的運用，新課程從國小五、六年級開始學習英語課程，以生活化、活潑化與趣味化的教學方針，激發兒童學習外國語言的興趣與效果，並希望透過語言學習，培養其國際意識[4]。

10. 訂定課程管理機制：在傳統的課程管理中，係由教育部在課程標準中詳列教材綱要，規範教科書的內容，以致於教科書充斥著特定的意識形態，無法適應地區的個別差異。在課程鬆綁後，首由中央訂定「學習能力指標」和「學科表現標準」，國家教育研究院籌備處現已著手規劃K～12年級課程綱要及擬訂各學習階段之「基本能力測驗」；並由學校負責訂定課程管理機制，組織「課程發展委員會」審查全校各年級、各領域的課程計畫，以確保課程品質。

參 台灣九年一貫課程實施的首演：一場眾聲喧譁的嘉年華會？

台灣從2001年9月起開鑼的「九年一貫課程」，與過去的課程標準相

4. 國民中小學九年一貫課程審議委員會2004年已決議，新修訂的英語課程綱要從小學三年級開始實施。

較，在課程政策方面，如地域性知識的學校本位課程、學習領域的統整合科、彈性課程、社會新興議題的融入，以及相較過去以學科專家為決策核心到各基層團體的多元參與決策，相較於過去的課程決策，更重視學科文化多元議題和反應去中心化及對抗記憶，跨越邊界的立論，多位學者以為係受到後現代思潮之影響（莊明貞，2000；陳伯璋，1999，2000；歐用生，2002）。

就課程實際面向來分析，台灣大多數的教學實務工作在職前養成階段，即接受 1970 年所發展的行為主義目標的養成，精熟學習的職前養成培訓，或者受到 1970 年代的能力本位師範養成教育的理念建構，其對課程的觀點大都仍受到 Tyler 目標導向的系統影響（Tyler, 1971）；大多數實務工作者進行課程設計時必須預懸行為目標，評量學生學習成就也必然運用常模參照的標準化評量；社會大眾及家長也習慣根據學生在其學習成果上，即讀、寫、算的教育測量成就來評估學校教師教學的績效表現。工具理性思維的影響所及，中小學大多數校長的領導，也較趨向科層化行政領導，而欠缺民主溝通互動的對話機制；教師雖同意課程專業自主觀念，但仍認同「工學模式課程」，少有課程自主專業之實踐（李妙仙，2002）。根據以上分析，可推測將課程界定為計畫、內容或教材、經驗，或者是一個研究領域（Beauchamp, 1981; Schubert, 1986; Skilbeck, 1984; Taba, 1962; Tyler, 1968），本是「現代性」的課程典範觀點，其假定知識基礎必須根源於傳統學科的課程內容，以學習學生所必要的基本技能，而現代觀點的教師角色，則在協助學生學習學科中的永恆知識和從事理性思考。這也就不難理解，社會大眾及家長習以傳統學科的成績表現，來論斷教師教學的良窳與學校的辦學績效。

有部分學者以為，雖然台灣現階段本土的課程政策，嘗試建構在後現代主義觀的課程樣式，但絕大多數的中小學教育工作者，甚至師資培育工作者或課程政策擬訂者，所思考的課程與評鑑觀點，仍跳脫不了現代性課程視野的典範，於是形成了當前本土課程政策站在後現代思維，但落實到課程實施層面時，卻碰到現代技術理性的矛盾與脫節（莊明貞，2002）。新課程綱要的政策既已下放到學校層級，學校各級課程領導者若以霸權語言之領導方式，或完全以量化績效考評來貫徹九年一貫課程的實施，其結果往往是教師無法形成對新課程的認同。九年一貫在匆促實施下，受到的衝擊是課程有限的專業對話空間，又因為統整教師孤立文化使然，彼此同儕教練互相專業成長機會不多。九年一貫課程在試驗階段因各試辦學校急於獲得成效，評鑑方式仍以量化評鑑方式或檔案成果，但欠缺評鑑實質的內涵，以量化評鑑試辦課程成效，評鑑成果僅重書面成果，欲欠缺歷程評估。其運作結果常是實務工作者以現代課程觀，即目標、成果導向及紙筆測驗，實施主題式課程統整，統整課程為強拉各階段學習領域的知識內涵，為統整而統整的結果，學校知識呈現支離破碎的樣貌。

另外，所謂學校本位課程乃在地知識的展現，然而，在不經過課程慎思與發展的課程歷程規劃，最後演變成再製其他學校課程的發展經驗，形成地方性巨型敘述的校本課程，或者在審定版教科書研發完成後，乾脆複製審定版書商所錄製的學校總體課程計畫光碟，送交地方教育局備查，蔚成地方的統一文本。在課程政策的要項方面，有關課程綱要七大學習領域階段的規劃設計原已不一，再加上學習能力指標對教師而言轉化不易，教師自行解讀困難，學校也各自解讀各領域方面的能力指標，但仍無法依此發展有效的教學設計。在彈性節數方面，教師不知如何規劃「空白課程」，最後在教室內的課程實施卻演變為集體午睡時間，讓學生睡覺睡到自然醒。課程政策的後現代思維，遇到教育現場的實務工作之工具理性思維或教師對教學習性的固著，呈現九年一貫實施「掛羊頭賣狗肉」的實質面貌，教師普遍心存「上有政策，下有對策」，造成九年一貫課程正式實施以來，教學現場觸目所見的是熱鬧滾滾的各種花俏統整之課程方案。此外，各縣市教學歷程檔案評量的實施，實質上是學習單的彙整，而「課程發展委員會」美其名為促進教師專業對話與進行學校課程計畫的決定，但實質上仍僅是簽到開會的形式座談，大多數教師將「課程發展委員會」組織的決定視為行政勞務。社會新興議題融入各學習領域是既定的課程政策，其實各領域教科書的發展中各單元活動，僅是若干重大議題能力指標的形式化教學設計，最後常演變成泡沫式融入；九年一貫課程的首演宛如一場眾聲喧譁的嘉年華會！

肆 課程政策實施的問題與解決策略

九年一貫課程從正式實施近四年以來，針對學校本位課程之實施雖然累積了不少成果，教師也從中學習與成長，並試著去修正自己過往依戀的教學原則，且因教學班群之協同設計，增加了彼此班級層次課程的互動，逐漸改變了學校教師孤立的文化。然而，因為九年一貫課程改革的實施，在台灣尚在萌芽階段，在課程的實施歷程中，也發現了一些問題，以下綜合列舉各校普遍存在的問題與困境，依序提出分析以及因應解決策略，以供課程綱要研究小組常態修訂與「課程審議委員會」在課程架構與實施方式決策的參考[5]。

一、學校課程願景規劃不明確

由於各中小學初期提出試辦計畫時，被要求勾勒學校願景，而當初學校所描繪的願景圖，乃是參考他校作法或由主其事者及少數行政人員構想出來，對願景的圖像不甚清晰，因是未經學校同仁及家長們凝聚共同理念所決定出來的學校教育總目標，執行上缺乏共識。其後，正式實施以來，雖有部分學校根據送審課程計畫之審查結果重新擬定或修正此願景圖，體認到藉由團體互動的歷程產生出的學校教育課程目標，才能凝聚教師們的理念與共同奮鬥目標。然九年一貫學校本位課程的實施，對許多小學而言，若干領域教學時間明顯不足（語文學習領域尤然），如果學校參照他校既有的課程計畫模式，抱持著他校如此做，我校也當，倉促堆積一些課程資料，只為了呈報行政當局，就缺乏了學校自主課程決定的實質意義。

校本課程是發展學校自主課程決定的核心，但有些學校在缺乏人力支援與固有文化傳統下，並沒有體認到這層涵義，致使有些學校的願景，並沒有經過教師代表、社區代表、家長代表及行政人員代表之充分討論、協商及對

5. 九年一貫課程綱要常態性之研修，是由國家教育研究院籌備處設立「課程綱要研修小組」進行研修，但需由教育部九年一貫課程審議委員會審議通過。

話的歷程，再參酌學校需求、社區特性及辦學理念所形成的共識，而是由校長或教務主任自行決定的願景。即便產生了願景，願景的達成也未必能與學校課程計畫及校本課程發展有關聯，甚至初期實施階段常發現，同縣市中某校的願景、特色與他校的雷同性相當高，每學期開始前的課程計畫核備也是交給教科書出版商代勞處理（因採用了該書商出版之教科用書），所以，學校教師的共同課程發展決定形同虛設，而校長及各級課程的課程領導之角色也無法發揮。

解決策略：若未經過由下而上之歷程所描繪出來之願景，建議學校重新擬定學校之願景，經由團體思考之歷程，凝聚共識，訂出學校共同奮鬥的教育願景，以形成全校共識。因學校規模大小、地區及社區所在資源不同，在願景的形塑過程中，皆需通盤考量，且需將社區意見納入學校願景規劃中。在校長儲訓及校長專業發展班增設「課程領導與管理」之課程，並加強課程轉化，鼓勵師資培育機構建立校長課程領導的在職碩士學位專班，長期培養學校課程領導專才。

二、學校各級課程領導者之角色無法執行

由於學校教師文化生態抗拒課程變革與傳統評量方式的改變，校長及各級課程領導者在推動課程政策之執行時，尤為艱辛。再加上大多數中小學校長之養成背景，欠缺課程理論與實務培訓，前述課程方案願景的建構較難有宏觀的哲學視野，又加上校長行政事務繁多，各校校長在課程領導的角色執行，大多感受到「時間不足」的困擾。此外，領域召集人不清楚學習領域小組設置的功能與目的，形成教師參與之意願不強，對於所擔任課程領導角色的任務也不清楚，導致各校領域召集人之課程領導運作不易（陳世修，2004）。

而學習領域召集人在推動課程領導時的困難，主要在學校課務行政配套不足（難找到共同時間）、小型學校成員不足、資深教師與年輕教師價值互異等，因而領域小組合作模式難以建立。

解決策略：校長（主任）宜設法調整教師抗拒革新之心態，並溝通變革的必要性，以推動新課程的實施。宜先組織校內各級課程發展組織，如「課程發展委員會」與教師研究會，讓教師參與課程規劃、設計與實施，並鼓勵

成員以課程行動研究方式改進課程發展。此外，規劃學校本位的教師專業進修（如大中小學九年一貫課程與教學深耕計畫及校本課程工作坊），帶領示範各領域及議題能力指標之解讀與轉化，以推動持續性的專業發展。領域小組鼓勵形成學習社群，並擬定完善的學習領域小組運作措施，明訂學習領域召集人相關資格，期使學習領域小組的運作更具制度；此外，以減課 2～4 小時之範圍或相關獎勵措施，以吸引校內各學科學有專長的教師願意擔任各級課程領導者，則是必要的配套措施。

三、「課程發展委員會」之組織與運作功能未能彰顯

目前中小學的「課程發展委員會」之運作，出現了一些亟待解決的問題。首先，「課程發展委員會」在學期初和學期末所召開的學期教學計畫之審查會議，由於各校委員會成員對九年一貫課程的認識不夠深入，又欠缺一套有效的學校課程評鑑審查規準，因此，「課程發展委員會」無法檢核校內的課程和教學計畫是否已完善。再者，委員會之下所組成的學年教師小組、各領域課程小組，最大的難題在於沒有共同的時間進行專業對話，也欠缺編制內的專業人員司職課程管理的專職，因而，一些迫切要進行的工作尚無法實際討論和規劃。學校科任教師常由兼任行政主管的教師擔任，平日忙於行政事務，無暇參與學年、學群之課程設計，以致於學校本位的統整課程設計，僅由少數班級教師的教學群合作設計而成，在課程實踐上自然不盡理想。部分學校雖然有召開課程編審及課程小組會議，但學校的課程發展卻常由少數行政人員或教師所決定，空有協商之名，卻無彼此對話之實；有些學校校長或主任因欠缺課程領導知能，如前述未能實際挑起校內課程領導的擔子，無法帶領學校課程創新，上行下效，學校文化再造形同口號。

解決策略：訂定各校「課程發展委員會」組織要點，依學校規模大小，訂定相關辦法。雖然教育部曾訂有「2688 專案」，補助各校推動九年一貫課程所需師資，但因不占專任員額，無法聘得專業教師，大都只能聘用專案教師，而流為行政協助工作。建議增加各校「研究教師」之組織編制，專職負責各校課程領導與管理工作，或進行校內組織編制調整，增設「課程組」（或調整「教學組」為課程組）設於教務處下，專職校內課程規劃，評鑑管

理業務。另外，建議在彈性教學時數中，賦予各校規劃教學研討時間的彈性，或學期開始時，即排定「課程發展委員會」成員固定研討時間，讓各學年教師群有共同時間能進行專業對話與課程研發。

四、模糊學校本位課程之定義，盲目複製他校的課程發展經驗

各校在初期發展時，未明瞭學校本位課程發展的定義，一味的模仿條件不一樣或組織規模不一的學校作法，造成水土不服，甚至反向作用，而教師只要看到其他學校成疊的教學檔案、成堆的學習單或自編教材就心生抗拒，形成了校內課程革新的另一阻力。

而為了落實學校本位課程的理念與精神，九年一貫課程之實施需要成立「課程發展委員會」，負責校內課程之規劃、實施與評鑑。課程實施要點的組織規定在正式實施後，各校大多能做到，但是有少數規模較小的山區或位於偏遠地區的學校因教師人數過少，造成若干領域專長師資不足或鄉土語言、英語、資訊師資不足的現象；各校在「2688 專案」中，仍無法聘得具有課程設計與領導專才的專業師資。至於配合學校所在地的資源與特色，發展學校本位的特色課程，並非每所學校都能做到，大多數學校是以「綜合活動領域」作為校本課程實施的主要場域，有的學校則採跨領域課程，進行校內課程規劃，大多數的國中小反應，校內無法形成共識，教師欠缺體察學校特色的動力，另一因素可能因無具有特殊學習領域專長的教師可以發展特色課程。另外，有部分台北縣學校在正式實施時，大多採取將舊課程標準（1993 年）的鄉土教材，修改為所謂的學校本位課程或社區有教室課程，並選擇在彈性時間實施，而未考量本土化的實質內涵，是否需融入各領域中加以實施。

解決策略：界定學校本位課程的實施時間除彈性節數外，尚可包括校內各領域自行發展的課程教材，但不強制要求進行主題式的跨領域課程。地方教育當局不宜做校際之間的評化，評鑑時亦不宜以資料的堆砌、教學歷程檔案的數量，或自編教材的多寡來評斷學校實施的績效，同時宜讓教育回歸本質，重視學生個別需求與加強師生的互動。此外，應加強各區資源中心與各

校充分溝通學校本位課程的意義，避免流於因為發展特色課程，而忽略了學生基本教育需求的分析，以及學校課程目標的擬訂。

五、協同教學運作，衝擊教室孤立王國

九年一貫課程是台灣課程沿革的重大改革，但同時也帶動了學校組織文化的改造。整體而言，要共塑一個學校願景，大型學校（37 班以上）涉及學校結構文化的因素較多；許多學校在初期實施階段，連「課程發展委員會」都無法成立。另一現象是參與成員係由各年級所推薦的代理代課教師與實習教師參與居多，各校領域召集人也普遍由初任或是年資淺者擔任，任期大多也以一年為限，無法形塑專業學科領導角色。

相較之下，小型學校（12 班以下）在政策執行上要比中、大型學校來得容易。以台北縣市為例，只要校長有改革熱誠，即使學校位處偏遠、師資流動率高，校長所領導的教學群對學校願景之形塑普遍有共識，課程實施阻力也較中、大型規模學校小；這也說明了校長的課程領導能力相當重要。

在新舊世紀交替的知識經濟時代，群策群力、團隊運作的時代已然來臨，但許多教師仍未能打破各自為政的教學習性，習以坐擁著班級王國的教師，要和其他教師組成班群並不容易，尤其在進行學校協同教學的運作中，深恐暴露出個人在課程發展及教學上的弱點。而且在部分學校的傳統生態文化下，一些教師即使熱心研發課程與創新教學，也可能受到其他同儕的排擠而心生放棄，最後演變為平庸文化當道，保守心態取代創新。

另外，在目前的教學組織中，教師很難找到專業對話的時間。在課程試辦期間，許多偏遠小型學校在進行校本課程研發工作時，校長及教師都是利用下班時間犧牲奉獻；從長遠的發展來看，這樣的毅力很難持續下去，因為一旦原有教師結構流動或依賴套裝課程教科書習性再度被呼喚出來時，持續的課程創新動力就非常有限。況且，小型偏遠學校經常得面臨年年教師流動率大的問題[6]，年年培訓新兵已形成常態，課程發展延續性受到影響。這些

6. 在新制師資培育制度實施下，初任教師遴選不易，也減低了偏遠教師調動率。

問題必須透過教師分級制度與偏遠加給等配套措施的實施，激發教師研發教材、激發專業成長的動力，才能祛除目前劣幣驅逐良幣的現象。

在發展學校本位課程的過程中，社區資源是否能整合進來，校長或主任有無發展課程領導管理的能力，學校裡七個學習領域召集人的課程領導能力是不是儲備足夠，亦是課程實施成敗的關鍵，這些都是學校本身組織文化如何創新的問題。

解決策略：每個學校的情境與教師成員，有特殊的運作方式，沒有一所學校的模式可以為其他學校所仿效。教師應有充分的時間進行課程與研究發展合作模式；此外，可透過校內合作行動研究及小型偏遠學校的校外區域聯盟方式，增強教師間協同合作能力。師資培育機構宜辦理校長及學校行政人員課程領導專業進修或碩士學位進修專班，培養中小學行政人員課程領導及管理的專業能力，並鼓勵教學群創意教學或行動研究成果之發表，透過彼此研討的賦權增能方式，以激發教師同儕專業成長的動力。

六、統整課程模式流於單一主題式的統整課程

以課程統整為主軸的學校本位課程發展經驗中，在九年一貫課程發展初期階段，發現大多數學校幾乎很一致的發展成「主題統整課程模式」，究其原因是國小低年級的教材內涵較為簡易，容易以主題概念涵蓋相關學習領域的課程內涵，但是低年級在第一學期期間，教學重點在注音符號的認念與寫，統整課程對低年級學生而言似乎用不到。未來需要加強的是，以各領域為核心的跨領域統整課程之設計，或其他適合國情的統整課程模式。

值得觀察的是，若干小型學校因容易調整全校日程表，幾乎採取跨領域的主題統整課程作為主要的課程取向，但對於主題與主題概念的連結與學習能力指標的對應情形，則一律採逆向操作方式進行，操作方式即「先發展出教學活動設計，再套一堆同一學習階段的學習能力指標」，將學習能力指標視為學習目標，是無法評估學生在單元活動的成就表現，逆向操作並無法實質評估學生實作表現，學習歷程檔案內容也無法反應能力指標的達成。而至於審定版教科書的統整雖較有系統，但國立編譯館在審查規準中，也無規範教科書書商其各領域學習能力指標的轉化方式為何，教師僅能在教學實作中

自行解讀意涵與摸索。

解決策略：課程統整模式有不少學界提出，其名稱雖多樣，但歸納起來，就學科而言，包括單一學科、跨學科、科際整合與超學科；就方法而言，包括主題及科際整合。課程統整模式雖賦有多樣性，但每一模式宜鼓勵學校在考量學校特性、學生特質、資源設備、人員能力，以試驗方案先行實施，再逐步評估其實施成效，修正實施方式。

七、課程綱要的各領域能力指標解讀困難，轉化不易

課程綱要的七大學習領域能力指標數百條，課程綱要各領域的能力指標敘寫方式不盡一致，當校內教師發展教學設計時，教學目標必須依據七大領域的學習能力指標來敘寫，但常困於學習能力指標解讀困難，轉化不易。以教育部（2000）原頒布的課程暫行綱要為例，各領域的能力指標寫法編目不盡相同，因此教師初期在自編教材、撰寫教學設計時，發生諸多的困擾。

且因各領域能力指標項目繁多，又欠缺能力指標解讀意涵與教學示例配套，有關學生能力的評量與檢核，雖已頒布「國民中小學學生成績評量準則」，然由於各領域能力指標解讀不易，轉化困難，國中教師對於各領域學生學習成果所呈現的意義，很難以個別質性文字描述，能力指標被當作教學目標也是常見的現象。將個別學生的能力指標轉化成學習檔案紀錄的評量方式，也有教學實務運作之困難。

解決策略：訂定統一的各領域能力指標意涵解讀的標準寫法，便利學校教師發展教學設計時之參考應用，撰寫教學設計時能有轉化策略的編寫教學目標。另國家教育研究院籌備處宜及早發展各階段領域之基本能力測驗，提供學校教師檢核各階段能力指標達成的參考依據。此外，各領域能力指標及六大議題能力指標雖已頒布「補充要點」，加強教師解讀和詮釋能力指標，但對於學習能力指標轉化的要領或融入重大議題的方式，宜有周全的配套。配套措施宜發展各領域能力指標轉化教學設計的示例手冊，提供國中小教師發展課程時之參考。

八、學校統整課程的縱向聯繫不足

九年一貫課程初期發展階段時，一些學校僅選擇低年級試辦新課程，導致中、大型學校之中、高年級有很多教師採觀望態度，而小型學校也因專任教師數不足，若干學校並未由全校教師全數參與。固然課程統整的範圍宜以年級內橫向聯繫為主，然而無論大型學校或小型學校以縱向式協同教學，跨越不同學習階段的縱向課程聯繫仍嫌不足，致使校本課程發展在同一年級內整合較佳，而各領域各階段間的九年一貫跨年級聯繫，甚至與國中學習階段的縱向連結尤顯不足，尤其數學領域的第三階段係跨國中小，新舊教材銜接在一、二、四、七年級跳接實施下，明顯成為教學的問題。大型學校在正式實施後，形成各年級橫向的課程規劃較完善，縱向課程規劃愈往高年級愈顯得後繼無力。此外，小型學校教師因編制不足，單靠班級教師參與課程統整及協同教師規劃，並無法滿足九年一貫課程縱向統整的要求，而國中更容易因教師實施領域內合科而產生壓力，心生抗拒。

解決策略：整合參與各縣市種子學校，例如：標竿一百學校的教師群專長，形成策略聯盟，在各區選擇國小、國中鄰近學校，主動聯合形成縱向課程發展聯隊，加強各領域銜接，尤其是數學領域的第三階段之銜接，國小教師更應將學生歷程檔案資料轉移給下學期階段的國中級任教師，以利教師掌握學生在各個學習階段評估學生學習或進行補救教學之參考，使其分工合作，各自發揮所長。

九、「彈性時間」成為高階學科領域延伸的場域

依據「九年一貫課程綱要」的精神，學校之特色課程主要是運用七大學習領域之外的百分之二十之彈性課程來發展的，然而，近一年來各縣市政府為了推動「資訊化」、「國際化」等教育政策，紛紛提早實施英語教學及資訊教育，而依據語文領域的內涵，並無法在一年級或三年級中實施上述兩種科目的教學（新修訂課程綱要是將英語延伸至小三），因此只好將這兩種科目放在彈性課程實施，加上語文領域的上課節數與舊課程相比，從原來的十

節，壓縮到只剩六、七節，在節數不足的情況下，各校的實施方式只好利用彈性時間加以運用；更有以「綜合活動」來進行語文閱讀教學或資訊教學的實例。因此，各校彈性課程的時間，目前已被其他高階學科領域（如語文教學等）或其他學校例行法令宣導活動所占滿，失去了原本「空白課程」的意義。

解決策略：英語課程原本是安排於語文領域中，並從國小五年級起學習，但大部分縣市（尤其是都會型縣市）則將英語的學習提早自小學三年級，甚至從一年級起開始學習。新修訂的英語綱要已延伸至三年級，彈性節數勢必受到擠壓，斧底抽薪的辦法可從課程綱要各領域節數重新調整，以確保有彈性時間做為學校空白課程規劃的保留節數。將英語課程改自小學一年級或三年級起實施，但因涉及整體課程結構和語文教育政策的問題，目前已規劃到三年級，暫解決英語課程實施各縣市不一的問題。資訊教育議題依政策應是採融入各領域中實施，實無須單獨設科教學，甚至占用了彈性課程之上課時數。換言之，彈性課程欲實施之補救教學應是提供各領域「學習遲緩」學生在學習評估不足後，補救教學之用，或融入社會新興議題轉化學科知識結構之用，而不宜做為其他學習領域教學的延伸場域。

十、課程評鑑指標之發展尚未健全，學習歷程檔案實施不易

各校為增加國語和英語的上課節數，教師常以挪用綜合活動、彈性學習及生活課程節數的方式來因應。而教師的評量方式卻仍循傳統之紙筆測驗，學習評量政策雖鼓勵實作評量，但低年級課程實施現場所見，仍是缺乏與能力指標對應的注音符號闖關遊戲與單元主題之學習單設計，教師普遍認為，能力指標的轉化是教科書編輯者的任務，在教學設計真實評量技術的應用能力上尤為薄弱。因此，在能力指標之轉化與實作評量之檢核上，專業發展能力較顯不足。另外，「九年一貫課程綱要實施要點」雖規定學校有學習評鑑的職責，但目前主導之決策單位（國家教育研究院籌備處）尚未發展各階段領域的基本能力檢核標準及基本能力測驗。學校若在同一學習階段中，換了不同版本的教科用書，就易形成基本能力落差與課程評鑑的問題。另外，學

校無法提供檢核能力指標達成的規準，以做為教師評量之參考依據。目前各校在學校本位課程的研發上，也欠缺有效的課程評鑑指標，以做為評估學校課程實施成效的依據。

解決策略：配合一系列新課程專業發展活動，設置各領域有關實作評量，教師及學習檔案評量實施之相關專業發展課程，並加強教師實作練習與回饋；鼓勵各校辦理各領域實作評量之行動研究方案，由各縣市列專款補助研發，另鼓勵地方辦理各領域教師歷程檔案優良作品之觀摩與研習。此外，及早由中央權責單位（教育部、地方課程推動委員會）委託學界與各縣市中小學合作研究，規劃不同學校規模適用之學校本位課程評鑑指標，以供各校發展校本課程與評鑑時之參考。

十一、新舊課程的銜接與補救

九年一貫課程實施，即是在強調落實國小和國中九年的課程教材銜接與統整，符合課程應有繼續性、順序性、統整性及銜接性的原則。然而，九年一貫課程自正式實施以來，即面臨課程無法正規銜接的窘境，究其原因，主要是九年一貫課程政策實施的年級是將一、二、四、七年級跳接實施，原來的三年級升四年級和原來的國小六年級升國中一年級的學生都處於新舊教材銜接之際，尤其第一輪小學六年級升國中一年級的學生更面臨著教材銜接的斷層，小六升國一在同一階段的數學領域有十個概念是無法銜接的。在課程實施的解決策略上，是儘速加強國中小的課程銜接與補救教學措施。

解決策略：九年一貫課程第一輪的國小四年級和國中一年級學生，因先前的學習是依據 1993 年版及 1994 年版的課程標準編輯教科書內容，面對九年一貫新課程各領域不同的學習內容，難免產生新舊課程銜接之落差。本文所提的補救策略為，各縣市依任務編派，可由各領域深耕輔導團或各校派代表，編輯各縣市國中小「新舊課程銜接手冊」，並審視審訂版各領域課程內容，列出可行之課程銜接實施方式，供各校教師實施各領域補救教學之參考。地方教育當局也宜規劃學習補救方案供中小學教師參考，以利課程政策之執行。

十二、教師專業發展活動不足或流於形式，影響教師教學創新

課程發展，不能沒有教師發展（Stenhouse, 1975）。九年一貫課程自正式實施以來，各校的實施重點是學校本位課程發展事宜，然而伴隨課程改革的教師專業成長的規劃、推動，仍顯不足。課程改革推動模式若缺乏教師之賦權增能，企求改變教師教學的固著習性，並積極建立教師專業認同，恐難成效。唯一可喜的是，若干縣市已著手規劃將自 91 學年度試辦「教師教學評鑑」，台北市亦持續辦理以「同儕教練」的教學評鑑種子教師之培訓，然種子教師若無法結合校內教師採取課程／教學行動研究，就很難生根發芽。教育部「大中小學攜手合作的深耕計畫」的推動政策，雖可帶動學校內教師孤立文化的鬆動，然而若僅著力於課程發展委員會成員或領域內參與成員，而不提供專業進階式的全面教師專業發展，作者以親身參與經驗，仍感受到創新課程改革者和教師之間對政策實施改變的落差，這或許說明了大多數教師不習慣擁有課程自主決定權去作課程決定，但卻有意願依教科書內容加以忠實實施。教師對於課程知識的應用，在教師的社會化歷程中早已荒廢許久，需要藉由在職專業活動加以活絡深根。若僅止於目前九年一貫嘉年華會式的課程觀摩成果展示或物流式的資料成果分享，九年一貫課程的實施易流於形式主義，而欠缺教師在課程與行動上的實踐與教學創新。

解決策略：鼓勵教師從事行動研究，各校宜辦理以學校為本的產出型工作坊、焦點工作研習，藉著行動研究之實施，教師對於自身所遇到的困難會有深層的反省，而在反省與探究解決策略時，自然能接觸理論並與實務辨證，而賦權增能得以發展。若教師之專業課程自主與行動研究相結合，則透過理論與實務的對話，將更能達到課程自主實踐的理想。各縣市宜制訂「教師教學歷程檔案」之實施辦法，鼓勵教師著手建置學程檔案，不僅可提升教學反省與自我批判能力，更可以促進教學理念之明確化，在不同學習階段記錄學生成長檔案，可做為補救教學之依據。而相關專業發展可由各縣市政府統一在行政網路教學設立專區，提供教師獲取教材資源與網路訊息之交流。

伍 結論與建議

從以上分析顯示，國中小九年一貫課程政策從 2000 年試辦以來至正式實施，目前已歷經五年，透過諮詢輔導、協同輔導、集體輔導、到局輔導、辦理工作坊、資訊輔導出版手冊、教育行動研究、績效評估、課程中小學與大學攜手合作等輔導策略，由中央至地方皆全力推動課程政策執行工作，以下乃根據政策執行的投入與素質改進做成結論與建議，以提供台灣課程改革政策實施擬定、配套措施與常態修訂課程綱要的參考。

一、發揮地方教育課程視導功能，設立各縣市九年一貫課程視導推動小組

從初期各區試辦學校的背景、特性分析、試驗成果來看，各區由於不同縣市教育局對於九年一貫課程所做的準備不一，再加上地方教育行政主管機關對教改政策推動的心態不一，其中難免參雜各縣市政黨政治理念不同與資源分配不一等因素，對新課程的認同也就不同，因此九年一貫課程實施成果在不同縣市有若干差距。

整體而言，初期階段在國小方面，89 學年度試辦計畫中預期達成的項目，例如：成立課程發展委員會並順利運作、成立教學群建立協同教學模式、規劃各領域授課節數、規劃學校行事節數與彈性教學節數、依七大領域設計學校課程、教學活動與評量方法、研究合科教師授課時數、用社區資源參與新課程之發展與實施、建立學校與家長溝通模式等，各校多已觸及，但成效上卻呈現個別差異。基本上，原先試辦學校目前已轉型為地方的九年一貫課程種子學校，或轉型為中心資源學校的設立，地方教育當局若能給予實施成效良好者實質獎勵，並從中遴選「理論與實務」兼具的種子教師，也可從卸任校長中遴選出可從事實質課程視導之人才，未來在各縣市各領域輔導團輔導員，可實質發揮進入各校的課程視導功能。另外，地方教育當局課程督學視導的建置，可負責全面推動各區域的學校課程創新。

二、建立完善的配套措施與法條增訂，以利課程政策實施之推動

台灣此次教育改革以課程革新為主，配套措施仍未及完全規劃，例如：前述攸關課程改革原動力的教師專業自主部分，即甚少著墨。單純改變課程的發展方式並不意味著教師專業熱誠與能力就能自主提升，有關教師分級證照制、教師教學評鑑或是教師專業自主機制設立等影響教師專業發展的相關法令均應同時調整，透過制度化的措施來鼓勵教師朝向教育專業的道路上邁進。

前述所提及的課程實施時所發現的問題，包括：經費支用、資訊不足、家長宣傳不足、研習整合、新舊課程銜接、形式資料評比、課程綱要修訂、課程計畫編寫與送審教師的工作負荷加重，以及對一綱多本教科書能否讓學生順利通過基本學力測驗等因素的恐慌，教育當局宜重視新舊課程之銜接、宣傳、訪視等配套措施之落實，九年一貫課程研發小組及推動工作小組宜針對課程實施問題加速推動相關配套措施，並可強化各項準備工作，然仍需教育部各項行政配合與法令制度配合修改，以利各項計畫能加速進行。

若既定配套時程延後，易使三年來正式實施凝聚的課程實施成效氣氛潰散、提振的教改心態鬆懈，更使積極推動教育課程的教育行政單位，與國中小教師所面臨抗拒改革文化的質疑及社會對教改期望的落差。因此，建議確實落實與加速各項行政配套措施，且依既定實施期程加以推動，並促成中小型學校以區域聯盟進行學校本位管理與進修，促進教師專業成長。

三、建立常態修訂課程綱要及各領域課程綱要內容的機制，以利各校有合理明確的依循

學校課程計畫以領域教學計畫及彈性節數均採教師自編為原則，但絕大多數學習領域教科用書均由出版商編輯且經過重重審查，學校課程計畫是否必須重新複製出版商教材，值得商榷。建議簡化學校課程計畫內涵，未來只要於每一學年送審所提供之學校本位課程特色、各學習領域教學目標，以及

自編校本課程教材之完整課程計畫等基本部分即可。

各領域能力指標編號不一致，只寫編號時無法了解它的意義，必須要查閱課程綱要始知其意義，因此，課程計畫表示例中（如：綜合活動）的相對應能力指標內，只寫編號而不寫指標內容，並不太適宜。

建議及早公布各學習領域能力指標及重大議題能力指標轉化示例手冊，供教師課程設計與發展時參考，並常態性根據中小學課程實施的問題檢討，例如：成績評量次數不統一規定，各校質量評量方式的實施也不一，有若干學校仍以百分等級作為評比，在國中階段亦形成基測走向領導教學，所以需針對「國民中小學學生成績評量準則」加以修訂之。

四、師資專業培育制度宜儘速調整與因應

在九年一貫課程中的英語、鄉土語言及資訊教學，在國中小普遍深感教材之選取及師資來源不足，部分學校師資由原有教師兼任，但教師本身自覺專業能力有限，從未接觸過的新課程工作會引起教師們的恐慌與焦慮，有時更因各領域教科書內容份量之準備需付出更多時間與精神，一下子適應不良而心生排斥。國中則普遍對於社會、自然與生活科技、藝術與人文之合科為一領域產生抗拒，對於領域內各科時數之配置時有疑慮，甚至因必須面對多班授課的多元評量之負擔而心生畏懼。尤其是各區偏遠地區小型學校在師資方面（尤其是英語師資）不具有吸引條件，教師流動率高，致使在課程發展經驗傳承下無法連續，每年的新進教師得重新學習摸索，在九年一貫課程的持續上難以札根。

師資培育機構應能有因應九年一貫課程師資之需求，在各師院設立相關科系，或大學設有教育學程者在各學習領域教材教法之課程調整，如此方能研發新的課程及教學方法，亦能容納職前及現職教師進修有關課程，加強第二專長的培訓；但師資培育機構規劃相關課程或進行科系之調整非一蹴可幾，校際間可以合聘或請具有該專長之教師兼任，開拓和結合社區民間資源的配合與推動，才是當務之急。教育部除已頒布鄉土語言、英語師資認證及介聘辦法，提供學校聘用師資之聘用法令依循參考外，對於各大學及師資培育學程新設科系之設置申請，也宜及早因應目前九年一貫課程實施方向所需

專業人才之培育。

五、減少教師授課時數，教師分級證照制度應儘早實施

九年一貫課程亟需教師們在課程設計與課程研究能力的發揮，但目前一位包班制國小教師，平均每週要上 20～24 節課[7]，此外還要花 2 節課的時間處理班級事務，即使教師有能力，也欠缺時間和精力來進行課程研發。其解決之道在於調整教師的工作時數，宜針對每位教師的教學時數斟酌情況減少，將課程發展設計的時間亦酌予計算在教學時數中。

此外，建議建立教師終身學習規劃制度，宜加速推動教師分級制度，將可以立足點平等為基礎，解決前述劣幣驅逐良幣的教師平庸文化，宜鼓勵教師逐級進階與生涯規劃，激發教師發揮專業學習能力與行動研究潛力。

六、增編各校研究教師員額，設立「研究組」或「課程組」員額編制

課程領導的網絡單靠學校校長或教務主任的力量是薄弱的，各學習領域課程小組召集人既是領導者，也是課程領導的靈魂人物。但是中小學面臨的是教師課程領導能力不足，以及專業背景、時間不足和責任的壓力下，多數無人願意擔任此職責。教育部頒布「2688 專案」雖員額補助各校，但緩不濟急，且因該專案金額無法延聘合格的專任師資，臨編師資卻無法擔任校內課程管理之職責。今後若各校能獲得合理之專任研究教師員額，即可設置「課程組」，讓有專業能力之課程研究經驗的教師帶領其他教師，形成學校教學團隊，推動學習型組織的氣氛，此將有助於各校課程發展與管理，並增進教師專業成長。由各校遴選的領域召集人應鼓勵教師在學科專長上持續專業發展，才能發揮學科領導的功能。

7. 台北市於 90 學年度已降至 13～16 節。

七、設立「課程領導與管理」專業發展方案，積極培養學校課程領導人員

校長、教務主任及領域課程小組召集人是推動教師課程發展的舵手，因此其課程領導的角色必須是掌舵者，負有課程與教學評鑑發展之任務。地方政府委請師資培育機構、校長發展中心或教師研習中心，規劃課程與教學領導之研習課程，責成學校課程領導者，均應具備有課程與教學研究之專業背景，以達到課程領導的專業導向。並設置各師資培育機構之課程領導教學碩士學位班，辦理課程領導行政人員專業推廣進修，培養未來各中小學所需之課程領導各級人員。

八、加強課程政策之溝通與宣傳工作，增加社會大眾對新課程的認同

新課程實施至今，許多家長反應，有關九年一貫課程的資訊宣導不足，不僅對教師宣導不夠，社區家長、社會大眾更欠缺了解。有家長反應，教師對中央的課程政策共識不足，對執行九年一貫課程所具備的理念與專業知能不足，無法說服家長了解課程革新理念，形成了教師與家長及專家學者三方面的認知差距，影響實施成效。迄今，社會宣導作用仍未擴大正面效果，檢討所及，乃各種平面與電子媒體的運用不足，未能擴大相關宣傳，提供大眾（含老師與家長）正確的資訊，否則訊息分歧，課程推動者常「各吹各的號，各唱各的調」，而造成教師及家長因不了解而心生莫名的恐慌。尤其是國中基本學力測驗，教師自編教材符應能力指標方面的資訊，更應加以澄清與加強專業的宣導與研習。政策執行機構雖有成立「課程推動委員會資訊傳播小組」，以結合政府及民間媒體資源，共同規劃、設計、包裝、媒體製作等宣導工作，希望透過網路、電視、平面、廣播等多元媒體，強化國內現行教育改革宣導的功能與目的，但九年一貫課程實質的專業品牌概念卻未建立及深植民心，導致社會大眾眾說紛紜，影響政策落實。未來更宜加強與實務工作者在制定課程政策的溝通與協調，

以強化現行教育改革在社會宣導的功能。

（本文原發表於 2004 年 7 月 23 日至 7 月 25 日，國立台北師範學院主辦之「第六屆兩岸三地課程理論研討會」）

參考文獻

中文部分

中國時報（2002，9 月 29 日）。課程九年一貫教師權益改變：近八成老師壓力指數高。**綜合版，18**。

王惠瑤（2003）。**國民教育九年一貫課程推動情況與實施成效之研究**。國立台灣科技大學工業管理學系碩士論文，未出版，台北市。

行政院教育改革審議委員會（1996）。**教育改革總諮議報告書**。台北市：作者。

李妙仙（2002）。**國小教師課程自主實踐之個案研究：以台北市大方國小兩位教師為例**。國立台北師範學院課程與教學研究所碩士論文，未出版，台北市。

李佳純（2003）。**高高屏地區國中地理新課程實施現況調查與分析**。國立高雄師範大學地理學系碩士論文，未出版，高雄市。

邱義烜（2001）。**國民小學教師知覺九年一貫課程實施工作壓力與因應策略之研究**。國立台中師範學院國民教育研究所碩士論文，未出版，台中市。

國立台北師範學院（2001）。**國民中小學九年一貫試辦工作輔導小組（國小組）九十年度成果報告**。台北市：作者。

教育部（2000）。**國民中小學九年一貫課程暫行綱要**。台北市：作者。

莊明貞（2000）。**當前我國課程重建的可能性：批判教育學的論述**。發表於私立南華大學教育社會學研究所主辦「第三屆台灣教育社會學論壇研討會」，嘉義縣。

莊明貞（2002）。後現代哲學的課程研究及其本土實踐之評析。**教育研究，102**，27-39。

許清和（2003）。**基隆是國民中學九年一貫課程實施現況**。國立台灣師範大學教育研究所碩士論文，未出版，台北市。

陳世修（2004）。**國民小學學習領域召集人課程領導運作現況之研究**。國立台北師範學院課程與教學研究所碩士論文，未出版，台北市。

陳伯璋（1999）。九年一貫課程的理論與理念。載於中華民國教材研究發展學會（主編），**邁向課程新紀元：九年一貫課程研討會論文集**（上）（頁 10-18）。台北縣：編者。

陳伯璋（2000，6 月 15 日～6 月 20 日）。**課程決策的意識形態分析：兼論台灣九年一貫課程決策的正當性**。發表於中國北京課程研究學會主辦之「內地、台灣和香港義務教育課程之比較研究研討會」，北京市。

趙秋英（2003）。**中部地區國民小學實施九年一貫課程難題與解決對策之研究**。國立台中師範學院國民教育研究所碩士論文，未出版，台北市。

歐用生（2002）。披著羊皮的狼？：九年一貫課程改革的深度思考。載於中華民國課程與教學學會（主編），**新世紀教育工程：九年一貫課程再造**。台北市：揚智。

潘道仁（2003）。**國民中學九年一貫課程實施現況調查研究**。國立高雄師範大學教育學系碩士論文，未出版，高雄市。

韓明梅（2001）。**九年一貫課程實施與教師專業之探究：以一所小學為例**。國立台東師範學院教育研究所碩士論文，未出版，台東市。

英文部分

Beauchamp, G. (1981). *Curriculum theory* (4th ed.). Itasca, IC: Peacock.

Schubert, W. H. (1986). *Curriculum: Perspective, paradigm, and possibility*. New York, NY: Macmillan.

Skilbeck, M. (1984). *School-based curriculum development*. London, UK: Paul Chapman.

Stenhouse, L. (1975). *An introduction to curriculum research and development*. London, UK: Heinemann.

Taba, H. (1962). *Curriculum development: Theory and practice*. New York, NY: Harcourt, Brace, Jovanovich.

Tyler, R. W. (1968). Purposes for our schools. *National Association of Secondary School Principals, 52*(332), 1-12.

Tyler, R. W. (1971). *Basic principles of curriculum and instruction*. Chicago, IL: University of Chicago Press.

第二篇

課程趨勢篇

第五章 敘事探究及其在課程研究領域之發展

壹 前言

敘事探究近年來在教育研究領域逐漸受到重視，並且蔚為質性研究典範強而有力的探究形式之一。從事敘事探究者咸認為，實徵研究方法論在現象詮釋上有其限制，咸信「說故事」（story-telling）是人類行動的核心，而所謂故事性思考即在看重脈絡複雜性，並將人的生命史視為整體，企圖將敘事提升為學術社群的合法化知識之一。

近十年來，敘事探究對社會科學的影響正與日遽增，此不僅因研究典範的轉移，使得研究視野由巨觀轉向微觀，人類的日常生活經驗開始成為學者研究的焦點，更由於在教育領域中，敘事探究常做為探究師資培育中教師思考與實務知識的工具。另外，課程再概念化學派論者（curriculum reconceptualists）也強調課程理解典範，提倡自傳文本，透過敘說的方法可讓教師再現他們的經驗、抉擇與判斷；從敘說的故事中，教師得以分享其教學經驗，也喚起研究者的記憶，在互為敘說的關係中，教師實踐知識得以發展。敘事探究（narrative inquiry）或敘事取向的質性研究文本發展，近幾年來也在國內蔚為風潮，隨著 2001 年國中小九年一貫課程的正式實施，敘事探究的視角也逐漸從初期教師及教學的個人實務知識之研究主題，轉向對教師與課程改革的關注，教師課程自主實踐漸成為研究焦點。本文旨在從這股敘事探究的風潮上，重新檢視敘事探究作為課程與教學領域的研究工具之合理性辯析，除論述敘事探究的相關限制為何，更進一步討論敘事探究所產生的

詮釋是否蘊涵方法論的瑕疵，以及為確立其作為教育研究合法性知識的研究信實度之考量，最後提出幾項對未來發展的思慮以作為結論。

貳 何謂敘說與敘事探究

社會科學關心的是人的生活，也就是人與自己、人與環境的關係。人的生活是由一個個的經驗所組成，所以研究人的生活即是研究人的經驗。經驗包含了時間、地點，以及人與社會，經驗就是人們的生活故事。了解經驗最佳的方式即是敘說，人們在敘說這些故事時，對其加以重新確認、修正，甚至建立新的故事，那些活過的和說出來的故事，可教育自己，也教育他人（Clandinin & Connelly, 2000）。

敘說（narrative）又稱為敘事，是人們思考和組織知識的基本方法，我們用敘說來進行思考、表達、溝通並理解人們與事件，說故事、聽故事本來就是我們日常生活的一部分，我們也生活在故事裡；故事，就像其他的文化事件，它表達或再現了文化自身。敘事，也是一種我們去認知某種事物的權利。L. Richardson（1990）曾論及：「敘事是人們組織自己的經驗，進入一連串意味深長的事件時空中最初始的途徑。敘事也是一種兼具推理與詮釋的模式，人們可以『理解』這世界的敘說，也可以『說出』關於這世界的敘說。」

而所謂敘事探究，即是一種了解生活經驗的方式。它是研究者和其研究對象在一個情境或一連串相關情境中，經過一段時間接觸或相處後，和其所處社會及其周遭環境互動合作的結果。研究者藉著進入由敘說者生活經驗所組成的故事，而走進敘說者的世界，研究開始於這些活著、說著、再生活一次和再說一次的生活故事中，也結束於其中。敘事探究簡言之，就是探究那些活著和口耳相傳的故事（Clandinin & Connelly, 2000: 20）。

因為它代表著我們所謂的敘說，既是現象，也是一種方法。敘事所指稱的是研究對象的經驗結構內涵，同時亦指稱其研究類型。為了便於區分，作者使用一個合理的策略，將現象稱為「故事」，把探究稱為「敘說」。因此，人們會自然地「陳述」其生活，並訴說著那些生活的故事，而敘事探究

者旨在描述這樣的生活，並寫下種種經驗敘說。

敘說是記述人類經驗的方法，也適用於許多社會科學領域的研究。整個研究領域通常被稱為「敘事學」（narratology），是一個貫穿文學理論、歷史、人類學、戲劇、藝術、電影、神學、哲學、心理學、語言學、教育學，甚至生物科學演化等領域的一個詞彙；介紹這個領域最好的文獻，是 W. J. T. Mithell（1981）的《論敘事》（*On Narrative*）一書。

敘事在文學中有一段悠久的歷史，其主要知識來源是文學理論（例如：Booth, 1961, 1979; Frye 1957; Hardy 1968; Kermode, 1967; Scholes & Kellogg, 1966）。事實上，故事本就暫指歷史之意，其主要是指研究時間的歷史哲學（特別是 Carr, 1986; Ricoeur, 1984, 1985, 1988）；在形塑社會科學中，敘事研究扮演著特殊角色，在治療學領域上也有很大的貢獻（Spence, 1982）。敘事於 1990 年才又在心理學中被發現，雖然 E. D. Polkinghorne（1988）宣稱，在本世紀初期更替時期，敘事相關的探究是心理學領域的一部分，但在第二次世界大戰後，卻被自然科學典範所壓制，沒有發展空間，以致於在該領域中消失。由於教育研究終究是道德和性靈追求，A. MacIntyre（1981）的敘說倫理理論，以及 S. Crites（1986）有關敘說之神學著作等，對教育目的則是特別有用的。

參 敘事探究即是課程／教學的理解

以敘事探究作為課程與教學研究的方法論來分析教學，與教師思考在教育研究社群之間的起源較早。提倡敘事探究者相信，「故事」研究提供了教師在特殊情境的脈絡中描繪自己豐富的教學經驗。這樣的描述對於教師從事主動的反思扮演了一個有力的冥想角色，即教師的思考。這些描述被認為是透過知識的闡明來指引實務，並且可實踐教學理論。敘事研究者宣稱，「故事」呈現一個龐大的資料庫，而這個資料庫對於描述教育脈絡中的現象彼此之間的關係形成新的理解。然而，實徵研究者也提出有關敘事探究可靠性與真實性的幾個問題加以質疑，也質疑這個研究取向的效度。在本質上，實徵研究者的質問指出：從一個教師嵌在脈絡中的故事，我們究竟能學到什麼？

這些關注的假定，質性研究社群最終會將敘事研究昇華到一個較為可行的方法論上。

故事或敘事探究屬於教室生態學的典範，這個典範包含了教學上的社會語言學研究，如同質性的、詮釋的與心理分析的探究之形成一般（Martin & Sugarman, 1993）。敘事探究是一種質性研究中民族誌的形式，包含了敘說與敘述。

敘事探究的思想脈絡深受John Dewey觀念的影響。近年來，敘事探究的研究焦點已由對學生學習的關注，轉變成對教師個人實務知識、學校場域及學校課程實踐的關注。Dewey（1938）所強調的經驗，是從敘事來探究教育現象時，一個非常重要的觀念。他也認為，經驗是個人的，也是社會的；人類雖然是單獨的個體，但是一旦脫離其所處的社會脈絡，則無法真正被理解。經驗可以幫助我們在思考問題時，除了考慮到個別因素外，亦將其他社會脈絡的因素考慮進去。此外，Dewey 認為，經驗是連續性的，經驗可以生出其他經驗，也可以導致進一步的經驗產生。這些觀念對我們從事教育問題探究時的視野是有實質上幫助。在探究一個問題時，我們必須來回穿梭於個人和社會，以及社會周遭環境的關係外，也必須將現在、過去和未來等時間因素考量進去。

在敘事探究的課程文本中，我們視教師敘說為一種教學關係的隱喻，於是在課程研究上欲了解教師與學生，就必須以生活經驗的敘說了解人類；生活的敘事於是形成學校情境意義的脈絡。

就因為敘事探究側重經驗及生活與教育品質，因此總被擺在質性研究的行列中。在E. W. Eisner（1988）的經驗教育研究評論中，即將敘事排在從事實驗哲學、心理學、批判理論、課程研究，以及人類學等質性取向的教育研究行列中。

M. C. Wittrock（1986）在《教學研究手冊》（*Handbook of Research on Teaching*）一書中提及：「教師訴說的故事和教師們的故事」（Teachers' stories and stories of teachers）。此一名稱為教師們或其他人所寫的有關教師個人、學生、教室及學校的第一手及第二手經驗說明，例如：R. Coles（1989）的《故事的召喚》（*The Call of Stories*）、B. Jacques（1945）的《美國教師》（*Teacher in America*）、P. Rieff（1973）的

《教師夥伴》（*Fellow Teachers*）、C. Booth（1988）的《教師職業》（*The Vocation of a Teacher*），以及 P. W. Jackson（1968）的《教室中的生活》（*Life in Classrooms*）等書，這些文獻皆在「教師們訴說的故事和教師們的故事」中扮演著催生的角色。

敘事研究強調學習如何教學，較早被使用於說明教師的思考方式。敘事探究的運用立基於一種信念，即教師的反思過程，而他們的行為，也是研究教師思考時必要的知識基礎。為體會敘事探究的價值，就必須理解敘事產生的知識與正式理論的知識，其本質是截然不同的。正式理論所產生的知識再現了特定的教室情境中交互作用的綜合體，而敘事的知識則試圖要在理論的脈絡下對可觀察的對象重新定義。在故事中，教師是分析的單位。

藉著突顯教師的角色，敘事的假定為，教師有一套特殊的社會關係與經驗會帶進教室，這些獨特的社會關係是知識產生的重要元素，而這些實踐知識的品質也與教師的專業知識交織在一起。然而，對教師實踐知識意義在詮釋時應格外謹慎，因為在經驗與覺察事件時，教師通常是孤立的，因為教師的覺察可能受限於他們自身經驗或偏見所致。此外，個體的多樣性會加強詮釋分析教師的困難度。相對的，其他人則認為教室經驗的交互作用與主動的反思，是教師強而有力的指導者，它促使教師信念的發展與自我的覺知，並幫助他們獲得實踐的知識（Connelly & Clandinin, 1986）。敘事研究經由強調教師的自主實踐與反思，而認可教師角色的重要性。

敘事探究的目的在於，藉由製造一個教師聲音以填補教學上學科知識本位的鴻溝，也提供了一個理解的詮釋結構之工具，使教師用以改進他們的教室實務（Cochran-Smith & Lytle, 1990）。敘事探究不僅強調教師個人對特定脈絡中教室的詮釋，也提供引發教師專業意識醒覺的途徑。

敘事探究也與社會學社群之形成息息相關。I. Goodson（1988）的教師生活史及學校教育課程研究的歷史性討論，將生活史的社會學導向運用在社會學、人類學及教育研究中。Goodson 把自傳視為生活史的一種形式，而課程再概念化學派則將課程字源「currere」，視為「持續不斷的跑」，W. F. Pinar 和 M. Grumet（1981）因此提倡發展課程研究的自傳文本，將教師在敘事探究中的課程實踐視為課程再概念化之歷程。N. K. Dezin（1989）則認為，解釋詮釋取向不以研究預設作為引導，而較注重研究對象主體意義的理解與詮釋，並將詮釋傳記分為三類：自我傳記、團體自我故事，以及對個人生活的了解之敘事。

另一支聚焦在故事上與敘事探究密切關係的線索是：口述歷史與民間傳說、兒童故事的訴說，以及學前和學校中語言經驗的故事運用。R. M. Dorson（1976）為口述歷史與口述文學作了區分：一種教學的專業民族誌知識區分之特質與根源區分。Dorson 為可能與課程研究有關之敘事探究，指出相當廣泛的現象範圍，諸如物質文化、風俗習慣、藝術、史詩、民謠、格言、情史、謎語、詩、回憶錄及神話。Dorson 認為，神話乃民間傳說與口述歷史背後的故事結構，是連結敘說與神話理論的一種觀察方式。

N. Applebee（1978）的作品則介紹孩童的故事敘說，及孩童希望從老師、課文和其他地方聽到的故事期待。B. Sutton-Smith（1986）對此文獻做出評析，區分出依賴「基模」（schema）與其他認知理論詞彙的結構取向，和詮釋學傳統上的意義。

上述文獻的課程觀點即是 H. McEwan 與 K. Egan（1995）所提議，學校課程研究主題宜以故事形式來組織，換言之：「鼓勵我們把一課或一個活動單元看成是好的故事來述說，而不單只是看成要達到的教學目標而已。」

肆 敘事探究在本土課程與教學領域的近期發展

本土有關課程與教學方面的敘事探究，近幾年來受到質性研究典範的興起也陸續受到重視，並展開社群語言的對話，以教師為對象的生命史研究最早發展出來，學位論文成果頗為豐碩，知識產量逐年激增（例如：吳慎慎，2002；李月霞，2002；沈慧萍，2003；周聖珍，2001；范揚焄，2002；張豐儒，2000；陳佑任，2001；黃燕萍，1999；劉嘉惠，2001；蔡瑞君，2002；謝佩珊，2003；Curran, 2002）。分析上述以教師為對象的生命史研究，其主要目的是藉著現場實務工作者的「發聲」，讓女性與男性教師的實踐經驗，得以透過「說故事」來再現主體經驗，讓教師在實踐過程中了解自我及身分認同。另外，有多篇係採取自傳研究方式呈現，研究主題大多呈現教師主體性、資深教師發聲、生手教師專業成長、邊陲族群（如代課教師、同志教師等少數族群）之教育經驗，以及教師性別身分認同（李玉華，2002；邱美菁，2001；洪塘忻，2003；倪美貞，2002；師瓊璐，2000；陳佑任，2001；曾慶台，2002；齊宗豫，2001；劉華娟，2000；藍富金，2003；Mattice, 2002; Smith-Campbell, 2002），其中以女性主義視角，探討男、女性教師如何藉由生命經驗自述，對所處位置與身分，進行自我反省與批判者居多。這些研究大抵在彰顯教師的主體性，也試圖呈現教師在不同的社會脈絡中，每個人生命歷程的差異性與多元性。

隨著國內自 2001 年國中小九年一貫課程改革的正式實施，敘事探究的視角逐漸從教師及教學的個人實務知識之研究主題，如吳臻幸（2001）及廖靜馥（2003）即從班風經營實務知識及自然科實務知識切入；阮凱利（2002）則從理論與實踐的辯證，敘說國小教師實踐知識之敘說性研究；張重文（2002）的《一位不會跳舞的老師怎麼教跳舞：我的專業成長與課程發展歷程探究》及林泰月（2003）《蝶變：一位國小教師課程自主實踐的敘事探究》的兩篇論文，則轉向到課程主體實踐；周梅雀（2003）、朱麗娟（2003）則聚焦在教師課程意識的敘事探究；蕭又齊（2003）探究「我的意識覺醒」，旨在描述一個國小老師敘說社會事件融入社會科課程的故事；何怡君（2003）描述教育改革中研究者與一位女校長領導學校課程改革的生命史；范信賢（2003）則以敘事探究取向，探討課程改革中的教師轉變。上述在課程與教學研究領域的敘事體文本所關切的，大抵上是在這一波的課程改革脈絡中，教師如何在教育改革主流文化中發展課程主體性、課程意識及專業身分認同，抗拒與調適課程改革的聲音又如何轉化為具體的課程實踐經驗，其又與學校內外的教師文化與社區文化，如何形成彼此互為主體的經驗。而上述這些研究文本的書寫風格，也因所屬的研究社群對敘事方法論的要求不一，或對撰述文本的書寫風格是強調可讀性（說服性）或學術性的企求不同，或強調教師行動（實踐）與學術性論文規範的宗旨不同，在理論與實務的辨證下，也逐漸顯出敘事文本眾聲喧譁的多元樣貌。敘事探究者扮演著課程改革脈絡中的說書人，將一本本學校教師課程實踐的劇本娓娓道來，但其對課程與教學研究領域合法知識庫的系統性建立為何？對知識論的假定又如何？則亟待建構敘事方法論後設論述之內涵。

伍 敘事探究的田野資料如何蒐集？

教育研究中的敘事探究是經驗敘說的一種形式，而其中經驗的資料是這項工作的核心。在資料蒐集過程中無可避免地會加入探究者的詮釋，但並不會使敘說成為虛構性的傳奇，雖然敘事探究的語言常是以傳奇性的文字來加以修飾。當參與者與研究者在合作關係下一起工作時，也可能會以不同的方法來蒐集資料。資料可用各種形式展現，例如：參與者經驗的實地筆記、日誌記述、面談紀錄、他人觀察、故事訴說、書信、自傳、諸如班級計畫和新聞通訊等文件，以及諸如規律、原則、圖片、隱喻和個人哲學觀等寫作。這種整體感是立基於聚焦在生活具體特殊事件上的敘說，以及豐富的資料來源（Clandinin & Connelly, 1988, 1990, 2000）。以下分別述說資料的來源及不同敘事資料的蒐集方式。

一、分享經驗的田野札記

透過參與者在實地觀察中所蒐集起來的現象紀錄，是敘事探究工作的主要工具之一。許多教師的敘事研究都善於運用現場筆記（Clandinin, 1986）。

二、日誌紀錄

參與者在實際場景中所做的日誌是敘事探究的另一資料來源。日誌紀錄可以是參與者或研究者所寫的。

三、訪談

敘事探究中另一個資料蒐集的工具是非結構性的訪談。訪談是在研究者和參與者之間所進行，以某種形式記錄，這些討論可運用於將來進一步的討論中，並且成為持續敘說的一部分。

四、說故事

運用個人生活故事當作敘事探究的資料來源，文獻中有許多有力的案例。通常研究者寫自己經驗的故事就是將自己置於當中，書寫關於自身經驗的故事；自身的故事可以用詩、散文、戲劇等形式出現。

五、書信

書信，一種在研究者與參與者間進行書面對話的方式（Clandinin, 1986）。

六、自傳及傳記寫作

敘事探究另一種資料來源是自傳或傳記寫作。自傳式的寫作有時會出現在教師們敘說的故事中，或出現在更引人注目的自傳寫作中。

七、其他敘說資料來源

敘事探究也用到其他的資料來源，例如：班級計畫和社團簡訊之類的文件（Clandinin, 1986），或是規則或原則之文字記載（Elbaz, 1983）、圖片、隱喻（Lakoff & Johnson, 1980），以及個人哲學觀（Kroma, 1983）等，都是敘事探究可能採用的資料來源。

一般而言，敘事探究者會依循 M. Connelly 與 J. Clandinin（1990）的敘事探究過程的三個階段：首先在田野中工作，其次將田野轉變為田野文本，最後將田野文本轉變為研究文本。為了蒐集資料，敘事探究也會運用口述歷史、故事、編年史、年誌、照片、個人的作品、訪談、日誌、自傳或傳記、書信、對話或活動、田野筆記與文件分析等，策略來蒐集資料。

然而，蒐集資料的方法是研究技術層面的問題，與其他質性研究方法相同，敘事探究、生命史、口述歷史、自傳與傳記等，都會使用故事作為研究重要的材料；然而，說故事的目的牽涉到研究背後的方法論議題，換言之，敘事探究也會因為運用不同的方法論，如現象學、民族誌、批判理論與女性主義等影響，而產生不同的詮釋意義。

陸 敘事探究即是教師行動

根據 McEwan 與 Egan（1995）以及 N. Lyons 與 V. K. LaBoskey（2002）的敘事實踐探究，他們所詮釋的敘事不僅可以視為研究方法，亦是一種行動。茲歸納下列六項教師敘事即是實踐的內涵。

一、敘事可以當作一種研究方法

早期教師的故事是被摒除在外的，只能當作軼事而已；教師的故事不被檢視，也沒有被理論化。而目前的敘事可以當作一種研究方法，它可以提供引人注意以及具說服力的教學觀點，因為故事就像教學一樣，具有豐富的脈絡性並且被個人所擁有。教師可以在教室與學校文化中，運用反省日誌、學生個案研究與自傳研究來敘述其經驗。有些學者，例如：Freire 與 Giroux，以及其他後現代與女性主義理論，都是以文化的批判主義與批判教育學觀點來描述，並且使用敘事方法作為研究的形式。

二、教師能以敘事方法具體化他們的知識，並且珍視其知識與觀點

隨著了解教師能以敘事方法具體化他們的知識，並且珍視教師知識與觀點，教師敘事已經變成教師發展的工具。除了不再將教師故事看作軼事，師資教育工作者開始運用故事探究，並邀請職前教師與在職教師從他們的教學生活中，來進行說故事、反省以及對話。這些故事至少發揮兩種功用：一

是，可作為教師敘事重要性的正當化理由；二是，這些故事作為說服學校改革得以形成，以及證明這樣的過程，教師改變是可能發生的。

三、教師敘事不只是一種抗拒與修正，更是一種行動

我們看到了敘事變成教師抗拒與修正敘事，以及個人與專業生活角色的一種方法。教師建構關於他們的學習經驗、生活經驗、學生在教育制度內與制度外的經驗，這些故事都變成女性主義 Teresa de Lauretis 所稱的啟蒙意識形態的批判工具。敘事探究使教師連結其專業學習，並作為教師實踐的工作；更積極的說，身分認同與實踐可能再次地被修正與再造。那麼敘事就不只是修正與改變教師的生活，而是促使教師組成、表達與重新解釋教師的生活，並付諸行動。

四、女性主義者與教師們的敘事行動

另外有一些女性主義者致力於意識覺醒的工作，並將敘事行動與許多女性的生活相連結。也仍然有其他的文學理論家與認知心理學家，在研究閱讀故事與說故事的影響，例如：Paul Ricoeur 說：「故事是再次描述世界的方式！」David Lodge 則說：「敘事對理解心智如何運作是很重要的！」閱讀學生的故事，能讓身為教師或學者的人，去瞥見學生的想法。對學生來說，理解故事與公開地進行故事是很重要的，如此他們才能去檢視、批判與修正自己的行動。

五、敘說生命史常會用回溯的方式、具體反省與觀看自己的生命史

認知心理學家認為，生命史敘說是去中心化的方式，它允許人們在旁觀望，並給予意義與感受。Huberman 認為，對一些現象學學者與批判理論者來說，相互的對話對教師的自傳是最佳的取徑，此不僅可以獲得教師態度的改變，並從慣有的思考方式中得到解放。探索一個人的生命史時，教師應該

也可以在教室中開放其他再建構的行動方法與策略，並從其中形塑另一種生命生涯的途徑。

六、教師必須先有批判意識，才能產生行動

當教師對於如何在文化中建立自己的認同，以及在教學的文化敘事中，如何形塑其個人與專業的主體性，並能從其中獲得批判性的觀點，那麼教師就有可能持續改變。當教師開始寫作、閱讀來詮釋他們的歷史時，他們組成的敘事才開始顯現出複雜主體性中的矛盾與衝突；這些矛盾會使教師去抗拒與修正支配自我的教學敘事。

綜上所述，敘事探究以故事本身作為研究的對象，其主要目的是在了解敘說故事者在敘事的過程中，如何將經驗條理及次序化，使得生命裡的事件和行動變得有意義。敘事探究方法論是在審視敘事者的故事，並且分析故事的組成，故事相關的語言學和文化的來源，以及故事如何能使一位閱聽者相信它是真實的。

柒 敘事探究在方法論的評議

一般對敘事的評議大多認為，敘說缺乏真實性的判別（Kleine & Greene, 1993），以及無法去區分對教室事件的學術性詮釋或僅是自我陶醉式的敘說或臆測觀察（Salomon, 1991: 10）。有些研究者臆測敘事研究的使用，乃是因為研究者無法運用實驗設計與資料分析的統計工具。敘事研究過去曾被描寫成是一個站不住腳的研究形式，因為其在資料蒐集的脈絡中流動變易性太大。即使是 Connelly 與 Clandinin（1990）及其同僚也受評議，認為其所倡導的敘事探究，僅提供一個研究任務讓「課程專家有些事可做」。其他的批評者則認為，敘事探究過於強調教師個人的意義與誇大作者的重要性。關於知識的基本假定，即提升教師的故事到權威的研究知識，則尚未有系統的被處理。

一般而言，敘事探究有以下幾項常受質疑的缺失（Behar-Horenstein, 1999: 94）：

1. 敘說與真實的關係並不必然存在有一對一的符應關係。
2. 為了教學目的所敘說的故事，傳達了一個教學上特定的概念；由於這些多元的意義，描述的複雜性有時會導致教學上的混淆。不同詮釋的可能性，也可能是參與敘事研究中學生的觀點與經驗的互異。
3. 故事未必是探究者與敘說者雙方同意或學術的課程，因此將敘事當作訓練教師的課程來運用，易引起何種知識是最有價值的討論。因為如果故事只是展現優勢文化的課程，這樣的課程如何提升教育的實踐，而這些實踐卻僅限於有色人種、女性、少數族群或是低下階層的。這種源自個案研究脈絡化的民族誌研究，如何幫助我們更了解教師在教室中應採取什麼樣的行動？
4. 由敘事產生的詮釋無法被驗證，因為它們發源自教師（受訪者）與研究者（訪談者）協同建構出來的信念。
5. 詮釋的普遍性與實用性存在著爭議。詮釋係受研究者信念系統所影響，而這套信念系統乃是個人文化架構下的產物。中立無偏見的觀點很難成立，我們能否宣稱詮釋所產生的證據是真實的，也符合客觀現實，或是表達任何普遍的有效原則？
6. 多元的研究方法論之價值也在敘說的詮釋中扮演重要角色。敘事被批評其誇大了道德的、自我陶醉的與全能的表述。A. Hargreaves（1994）建議，經由敘事探究所表達的教師聲音應將教師視為一個整體；他指出，新進的教師並不需表達他們對學生的「關懷」。教師思考與聲音的敘說研究是充實了有人性的與關懷的教師，而不是那些憤世嫉俗、缺乏知識或教育學哲學理念的教師。Connelly 與 Clandinin（1990）也認為，敘事的價值存在於其作為主體的特質，以及呈現生活經驗的能力。但是虛構的謊言也可能替代了敘說的事實與意義。

敘說的詮釋在方法論上的謬誤，可能發生在試圖將故事的事件予以普遍化，也可能是經由杜撰事件的敘述，歪曲與修改了事實的真相。基於敘說閱讀的流暢性，可能會隱匿一些事實或是忽略一些該被敘說的問題。M. Greene 曾說，成見與偏見不能置之不顧，因為他們對於形塑詮釋影響極深（Greene, 1994: 438）。

由故事資料所蒐集來的詮釋也未必符合教師實踐的訊息，因為故事中的意義未必真正被讀者所理解。J. Nespor與J. Barylske（1991）認為，當研究者運用敘說作為建構知識的工具時，他們是在對真實存在的客體進行描述、發現與定義。然而，研究者將教師的意義建構塑造為符合研究者的需求，在這樣的情況下，敘事常被用來作為表達研究者們權力與政治關係的工具，而不是發現事實或展開對於教師實踐研究多元知識基礎的建立。

捌 敘事探究的信實度議題

在質性研究典範中的研究形式，實沒有必要用量的研究典範分析標準來解釋所得到的資料。敘事不僅是質的研究，而且它的分析範疇是來自於敘說文本本身，而不像量的研究之分析範疇，在研究一開始就固定了否證原則。在敘說的訪談中，研究者的目的是希望說故事的人能詳細闡述到底發生了什麼事，所以這些說故事的人，應當被視為自己即是專家與權威。從敘事探究的本質來看：(1)沒有兩位研究者會用相同的方式來記錄一個生命的故事；(2)也不會用相同的方式來分析故事的資料；(3)研究者會基於其自身所選擇的標準、在研究過程中的經驗，以及所受的獨特之學術訓練與理論傾向，而對敘說的呈現與詮釋會有所不同。

由此可知，信效度並不是適切的敘事評價標準。敘說觀點的可能性是多樣的，而且不同的研究者所完成的敘說也只是某一個視野的再現，不管我們是從側面或是從前方來對某個肖像作畫，它仍然是一個如實的肖像（Atkinson, 1998: 59-60）。傳統的信度觀點並不適用於敘說研究，而效度也必須徹底再概念化（Riessman, 1993）。

前述敘事的兩難，在於研究者無法提供判斷敘事內容或事件的真實性，以及社會同意的標準。雖然在決定敘說的效度上，沒有正式的程序判準，因為敘說過程的本身是相當互為主觀的，也是意義建構的歷程，但R. Atkinson（1998）嘗試提出敘事探究還是有些相當有用的方法與標準：

1. 內部的一致性：在敘說中的某一部分不應和另一部分有矛盾存在，敘說中的事件應該會以某種方式有所關聯，這樣的生命才有意義。這種一致性也就是一種在敘說中所浮現的前後連續與定向的感覺。
2. 確證性：這裡的確證性指的是主觀的確證，畢竟說故事的人才是第一作者，所以當轉錄與編寫好的故事完成時，應先讓他們過目，以確定這樣的說法是他們的原意嗎？他們支持這樣的說法嗎？這也相當合乎倫理的考量。
3. 說服力：說服力是一種客觀的方法，藉由這種方法，敘說對他人而言是合理的與令人信服的，例如：根據我們自身的經驗，這個故事能不能引起我們在情感上的共鳴？如果我們沒有這樣的經驗，那它有沒有可能發生在別人身上？

此外，K. C. Riessman（1993）也在《敘事分析》（*Narrative Analysis*）一書中，論及敘事探究研究的有效方法有下列四種：

1. 說服力：我們都有過這種經驗，在閱讀一份研究資料時，儘管它的內容有些違反常理，但是當我們透過多方思考後，似乎又覺得它的道理還能說得過去，而理論的宣稱又能夠受到閱讀者的支持與敘說者的證明，這時此份研究資料的說服力就會大增。
2. 符合度：當敘事探究的成果被這個研究的所有參與者所認同，並了解文本中引用的文句被適切的詮釋時，它的可信度相對的就會提高。
3. 連貫性：探究者必須不斷的修正敘事者總體、局部、主題連貫性的理解，當然這是艱難的，因為並不是所有的敘事者都能理性的、有條不紊的敘說自己的故事。
4. 實用性：敘事探究可以從四個方向提供訊息，讓其他人決定研究成果的信度如何：(1)敘事解釋是怎麼形成的；(2)讓其他人清楚的看見敘事研究的過程；(3)詳細說明如何成功的轉換；(4)提供其他研究者相關的基本資料。

其他如 S. Crites（1986）也認為，好的敘說應能「邀請」其他研究者共同參與，E. G. Guba 與 Y. S. Lincoln（1989）也有同樣的想法。引人入勝的敘說故事該具有哪些特色呢？D. Tannen（1988）認為，讀者是藉由下列方式與故事發生關聯：即認知特殊事例、藉由想像特殊事例可能發生的場景，及藉著從記憶中相類似的特殊事例之聯想，來重構他們的主體經驗；也就是這樣獨特而非普遍的過程，才能引發情緒、感動人們及提高所謂的「真實性」。

Robinson 和 Hawpe（1986: 111-125）在問及「敘說思考是由什麼所構成？」時，他們確認了三個有用的寫作規準：「經濟性」、「選擇性」及「熟悉度」。根據這些規準，他們認為故事是介於一般與特殊之間，介於一般科學需求與個人的、實際的、具體的生活需求之間。故事扮演著論證的功能，在這些論證裡，我們藉由了解過去的實際生活或社群，來學習一些人類的東西。敘事探究者扮演著由始至終的中介角色，並在敘說文本中盡可能讓這些面向變得具體、鮮活（引自 Riessman, 1993）。

如果我們運用上述所描述的規準，來檢驗教學脈絡中的學生與教師生命中的重要事件，我們就可以了解敘事探究者的工作。就如同敘事探究者的工作般，生命是一種辯證性平衡的舉動，我們追求這種不同的完美，卻又時時感到不足；而有時候卻又在敘說線索和客觀規準間的競逐中達成和諧。

玖 未來的發展方向——代結語

儘管在教育研究中，敘事探究已經蔚為新興的研究趨勢，但個別教師的故事卻常無法提供我們去形塑新的理解，而這種理解是植基於知識權力與研究典範的基礎之上。為了闡明故事對研究的潛在貢獻，L. S. Behar-Horenstein（1999）曾建議，要建立脈絡中的參數，需先了解故事中潛在的信念，有效的方式是運用對故事場域的「巨觀化」（macrolizing）。巨觀化係參照量化資料庫的過程，並藉由評估場域中的話題、模式或特性，來分析特定場域中所發生的故事；巨觀化指的是採取巨觀或全球化的視野，以理解教育情境中的個別故事。

由於本土的課程與教學研究領域採敘事探究仍在初期發展階段，有必要評估哪些學校教師的故事，並評估故事的潛在效用，且將敘事方法論帶到更精緻豐富的層次。舉例來說，假使我們獲得幾所課程革新學校中教師的課程實踐敘說，並創造多元故事的資料庫；根據這些資料庫，研究者可組織在敘事探究中描述性的發現，並編輯分析與分類系統，依此用來理解變項間的關係。在資料分析的過程中，教師行動的模式或分類系統會顯示教師如何運用敘說，或教師的專業思考如何指引他們去從事教學實踐。對這些行動分類系統的分析，也因此可突顯教師思考或教師課程的思慮過程，以及其實踐間的交互作用關係。掌握這些資料所得結果，理論與實踐之間的連結就有可能形成。藉由將敘事資料組織成為邏輯的範疇與多元的敘事架構，就如同將教師自我覺醒的事件與學校脈絡的、人口的變項加以符應，敘事探究的應用性價值或許就可被證明。

其次，敘事之所以重要，因為他們提供了一個教學知識得以合法化的競技場。敘事探究使教師的專業知識易受理解，並提供其他形式的課程探究方法所無法得知的教與學理解之觀點。考量前述敘事的限制或許會聚焦於敘說詮釋性的本質，以及探究結果往往缺乏指引教育改進，或判斷是否有效性的客觀標準。為了要達到有效性，敘事探究應以「標準」的考量被評鑑，否則敘事探究易流於個人主觀經驗的表述；有了這些標準也可確保教師實踐變革的持續性發展。教師需要發展具有其獨特性的理論，或練習運用這些教室實踐的標準來改進自己的教學。再者，前述關於對敘事探究一些不成熟的評議也應該在未來研究過程中被考量。作者以為，運用敘說作為課程研究方法論探究的一種形式之必要條件，仍在於使敘事被學術社群所認可，也就是有嚴格的方法論程序、清晰的概念架構、關鍵研究問題的規劃，以及有明確的意義闡示與實用價值。

為確立敘說的合法化知識，更進一步應使敘說的知識容易被理解，檢視不同脈絡與變項中的循環模式是不可或缺的。為了包含在這個過程中，敘事概念的架構應含有四個過程取向的準則：(1)將教師的故事置放在其他故事的情境中；(2)將故事脈絡化；(3)對敘事提出有關社會的與倫理議題的質疑；(4)對故事予以重新札根研究（Hargreaves, 1994）。

總體而言，敘事探究對理解教師行為的確具有價值，對以敘說促進教師反思、思考、行動與實踐並作為專業發展的工具，已逐漸成為師資培育的有效途徑，然而如果僅強調敘事行動，而未謹慎處理敘事探究力圖作為合法性知識所企求建立的研究方法論，則此種研究形式易流於未受嚴謹方法訓練的獨白與文學虛構的循環論證，未來發展除加強理論與實務連結的故事資料庫之建制以外，更宜展開對此一新興探究，在形成課程與教學新的理解所面臨的研究倫理與研究信實度等相關議題的論述。

（本文原載於《教育研究月刊》，2005 年，第 130 期，頁 14-29）

參考文獻

中文部分

朱麗娟（2003）。**教師課程意識之自我探究歷程**。國立東華大學教育研究所碩士論文，未出版，花蓮縣。

何怡君（2003）。**交織一片藍天：我與一位女校長投入課程改革的生命史研究**。國立台北師範學院課程與教學研究所碩士論文，未出版，台北市。

吳慎慎（2002）。**教師專業認同與終身學習：生命史敘說研究**。國立台灣師範大學社會教育研究所博士論文，未出版，台北市。

吳臻幸（2001）。**我的班、我的故事：國小導師形塑班風歷程的敘說性研究**。國立台北師範學院課程與教學研究所碩士論文，未出版，台北市。

李月霞（2002）。**大華春秋：一所學校生命史研究**。國立台東師範學院教育研究所碩士論文，未出版，台東市。

李玉華（2002）。**解開「生氣」的鎖鍊：一個小學女老師的探索、實踐之路**。國立新竹師範學院課程與教學碩士班碩士論文，未出版，新竹市。

沈慧萍（2003）。**過去／現在／未來的交會：一位國中特殊班老師生命史研究**。國立中正大學教育研究所碩士論文，未出版，嘉義縣。

阮凱利（2002）。**理論與實踐的辯證：國小教師實踐知識之敘說性研究**。國立台北師範學院課程與教學研究所碩士論文，未出版，台北市。

周梅雀（2003）。**尋找心中的那朵玫瑰花：一趟教師課程意識的敘事探究之旅**。國立台灣師範大學教育研究所博士論文，未出版，台北市。

周聖珍（2001）。**呼喚祖靈：原住民青年之生命追尋**。國立花蓮師範學院多元文化研究所碩士論文，未出版，花蓮市。

林泰月（2003）。**蝶變：一位國小教師課程自主實踐的敘事探究**。國立台北師範學院課程與教學研究所碩士論文，未出版，台北市。

邱美菁（2001）。**七色花的故事：一個女性教師生命角色轉換之處境探究**。國立新竹師範學院課程與教學研究所碩士論文，未出版，新竹市。

洪塘忻（2003）。**喧嘩劇場：國小女性教師聲音之敘說性研究**。國立台北師範學院課程與教學研究所碩士論文，未出版，台北市。

范信賢（2003）。**課程改革中的教師轉變：敘事探究的取向**。國立台北師範學院國民教育研究所博士論文，未出版，台北市。

范揚焄（2002）。**一位男性國小資深教師的生命故事**。國立新竹師範學院輔導教學碩士班碩士論文，未出版，新竹市。

倪美貞（2002）。**移民：一個國小女教師主體探索的故事**。國立新竹師範學院課程與教學碩士班碩士論文，未出版，新竹市。

師瓊璐（2000）。**橫越生命的長河：三位國小女性教師的生命史研究**。國立台東師範學院國民教育研究所碩士論文，未出版，台東市。

張重文（2002）。**一位不會跳舞的老師怎麼教跳舞：我的專業成長與課程發展歷程探究**。國立新竹師範學院課程與教學研究所碩士論文，未出版，新竹市。

張豐儒（2000）。**女性代課教師的生命史研究**。國立花蓮師範學院國民教育研究所碩士論文，未出版，花蓮市。

陳佑任（2001）。**他們的故事：三位國小男性教育人員的生命史研究**。國立新竹師範學院課程與教學碩士班碩士論文，未出版，新竹市。

曾慶台（2002）。**面面俱到？處處保留？：一個國小男性教師的自我敘說**。國立新竹師範學院課程與教學碩士班碩士論文，未出版，新竹市。

黃燕萍（1999）。**我是誰？：一個女準教師性別主體意識的啟蒙過程**。國立新竹師範學院國民教育研究所碩士論文，未出版，新竹市。

廖靜馥（2003）。**國小教師自然科實務知識在教學創新中的展現：敘事探究取向**，國立台北師範學院數理教育研究所碩士論文，未出版，台北市。

齊宗豫（2001）。**男性身分、自我探索與教育實踐：一位國小準校長的成長之路**。國立新竹師範學院國民教育研究所碩士論文，未出版，新竹市。

劉華娟（2000）。**成為一個老師：一個生手教師追尋教師意涵的歷程**。國立東華大學教育研究所碩士論文，未出版，花蓮縣。

劉嘉惠（2001）。**絕覺決：一位女性國小教育實踐工作者在父親斷裂生命記錄中的省思與行動**。私立輔仁大學心理學系碩士論文，未出版，台北縣。

蔡瑞君（2002）。**傾聽我們的聲音：三位國小教師的自我生涯歷程敘說分析**。國立花蓮師範學院多元文化研究所碩士論文，未出版，花蓮市。

蕭又齊（2003）。**我的意識醒覺：一個國小老師敘說社會事件融入社會科課程的故事**。

國立台北師範學院課程與教學研究所碩士論文，未出版，台北市。

謝佩珊（2003）。**回首杏壇總是情：描繪一位即將退休的國小教師生命史**。國立台北師範學院教育心理與輔導研究所碩士論文，未出版，台北市。

藍富金（2003）。**落入與不昧：一位國小男老師的主體性探究**。國立新竹師範學院課程與教學碩士班碩士論文，未出版，新竹市。

英文部分

Applebee, N. (1978). *The child's concept of story: Ages two to seventeen*. Chicago, IL: University of Chicago Press.

Atkinson, R. (1998). *The life story interview*. Thousand Oaks, CA: Sage.

Behar-Horenstein, L. S. (1999). *Contemporary issues in curriculum*. Boston, MA: Allyn & Bacon.

Booth, C. (1961). *Critical understanding: The powers and limits of pluralism*. Chicago, IL: University of Chicago Press.

Booth, C. (1979). *The rhetoric of fiction*. Chicago, IL: University of Chicago Press.

Booth, C. (1988). *The vocation of a teacher: Rhetorical occasions*. Chicago, IL: University of Chicago Press.

Carr, D. (1986). *Time, narrative, and history*. Bloomington, IN: Indiana University Press.

Clandinin, D. J. (1986). *Classroom practice: Teacher images in action*. Philadelphia, PA: The Falmer Press.

Clandinin, D. J., & Connelly, F. M. (1988). Studying teachers' knowledge of classrooms: Collaborative research, ethics, and the negotiation of narrative. *Journal of Education Research, 22*(2A), 269-282.

Clandinin, D. J., & Connelly, F. M. (1990). Narrative, experience, and the study of curriculum. *Cambridge Journal of Education, 20*(3), 241-254.

Clandinin, D. J., & Connelly, F. M. (2000). *Narritive inquiry: Experience and story in qualitative research*. San Francisco, CA: Jossey-Bass.

Cochran-Smith, M., & Lytle, S. (1990). Research on teaching and teacher research: The issues that divide. *Educational Researcher, 19*(2), 2-11.

Coles, R. (1989). *The call of stories: teaching and the moral imagination*. Boston, MA: Houghton Mifflin.

Connelly, M., & Clandinin, J. (1986). *On narrative method, biography and narrative unities in the study of teaching*. Paper presented at the Alberta Advisory Committee for Educational Studies.

Connelly, M., & Clandinin, J. (1990). Stories of experience and narrative inquiry. *Educational Researcher, 19*(5), 2-14.

Crites, S. (1986). Storytime: Recollecting the past and projecting the future. In T. R. Sarbin (Ed.), *The storied nature of human conduct*. New York, NY: Praeger.

Curran, M. E. (2002). *Authoring selves: Narrative as a pedagogical tool*. Unpublished PhD dissertation, The University of Wisconsin-Madison, WI.

Dewey, J. (1938). *Experience and education*. New York, NY: Collier.

Dezin, N. K. (1989). *Interpretive biography*. Thousand Oaks, CA: Sage.

Dorson, R. M. (1976). *Folklore and fakelore: Essays toward a discipline of folk studies*. Cambridge, MA: Harvard Uinversity Press.

Eisner, E. W. (1988). Seeing the forest and the trees: Preparation of curriculum scholars in research universities teaching. *Education, 2*(1), 87-90.

Elbaz, F. (1983). *Teacher thinking: A study of practical knowledge*. London, UK: Croom Helm.

Frye, N. (1957). *Anatomy of criticism: Four essays*. Princeton, NJ: Princeton University Press.

Goodson, I. (1988). Teachers' life histories and studies of curriculum and schooling. In I. F. Goodson (Ed.), *The making of curriculum: Collected essays*. London, UK: The Falmer Press.

Greene, M. (1994). Epistemology and educational research: The influence of recent approaches to knowledge. *Review of Research in Education, 20*, 223-264.

Guba, E. G., & Lincoln, Y. S. (1989). *Fourth generation evaluation*. Newburg Park, CA: Sage.

Hardy, B. (1968). *Charles Dickens: The later novels: Bleak House*. London, UK: Longmans.

Hargreaves, A. (1994, April). *Dissonant voices: Teachers and the multiple realities of restructuring*. Paper presented at the annual meeting of the American Educational Research Association, New Orleans, LA.

Jackson, P. W. (1968). *Life in classrooms*. New York, NY: Holt, Rinehart and Winston.

Jacques, B. (1945). *Teacher in America*. Boston, MA: Little, Brown and Company.

Kermode, F. (1967). *The sense of an ending: Studies in the theory of fiction*. London, UK: Oxford University Press.

Kleine, P. F., & Greene, B. A. (1993). Story telling: A rich history and a sordid past- a response to Berliner. *Educational Psychologist, 28*(2), 185-190.

Kroma, S. (1983). *Personal practical knowledge of language in teaching*. Unpublished doctoral dissertation, University of Toronto, Canada.

Lakoff, G., & Johnson, M. (1980). *Metaphors we live*. Chicago, IL: University of Chicago Press.

Lyons, N., & LaBoskey, V. K. (2002). *Narrative inquiry in practice: Advancing the knowledge of teaching*. New York, NY: Teachers College Press.

MacIntyre, A. et al. (1981). *School broadcasting in Scottish schools*. Report of the Inter-College Research Project on School Broadcasting.

Martin, J., & Sugarman, J. (1993). Beyond methodolatry: Two conceptions of relations between theory and research in research on teaching. *Educational Researcher, 22*(8), 17-24.

Mattice, V. M. (2002). *I am, therefore, we are: A narrative inquiry into the stories of experience of three women teachers of Balochistan and the northern areas of Pakistan*. Unpublished doctoral dissertation, University of Toronto, Canada.

McEwan, H., & Egan, K. (1995). *Narrative in teaching, learning and research*. New York, NY: Teachers College Press.

Mithell, W. J. T. (Ed.) (1981). *On narrative*. Notre Dame, IN: University of Notre Dame Press.

Nespor, J., & Barylske, J. (1991). Narrative discourse and teacher knowledge. *American Educational Research Journal, 28*(4), 805-823.

Pinar, W. F., & Grumet, M. (1981). Theory and practice and the reconceptualisation of curriculum studies. In M. Lawn & L. Barton (Eds.), *Rethinking curriculum studies* (pp. 20-42). London, UK: Croom Helm.

Polkinghorne, E. D. (1988). *Narrative knowing and the human sciences*. New York, NY: State University of New York Press.

Richardson, L. (1990). *Writing strategies: Reaching diverse audiences*. Newbury Park, CA:

Sage.

Ricoeur, P. (1984). *Time and narrative* (Vol. I) (Trans by K. McLaughlin & D. Pellauer). Chicago, IL: The University of Chicago Press.

Ricoeur, P. (1985). *Time and narrative* (Vol. II) (Trans by K. McLaughlin & D. Pellauer). Chicago, IL: The University of Chicago Press.

Ricoeur, P. (1988). *Time and narrative* (Vol. III) (Trans by K. McLaughlin & D. Pellauer). Chicago, IL: The University of Chicago Press.

Rieff, P. (1973). *Fellow teachers*. New York, NY: Harper & Row.

Riessman, K. C. (1993). *Narrative analysis*. London, UK: Sage.

Salomon, G. (1991). Transcending the qualitative-quantitative debate: The analytic and systematic approaches to educational research. *Educational Researcher, 20*, 10-18.

Scholes, R., & Kellogg, R. (1966). *The nature of narrative*. London, UK: Oxford University Press.

Smith-Campbell, S. I. (2002). *Exploring the work of black women middle school principals*. Unpublished PhD dissertation, Michigan State University, MI.

Spence, D. P. (1982). *Narrative truth and historical method: Meaning and interpretation in psychoanalysis*. New York, NY: W. W. Norton.

Sutton-Smith, B. (1986). The development of fictional narrative performances. *Topics in Language Disorders, 7*(1), 1-10.

Tannen, D. (1988). Hearing voices in conversation, fiction, and mixed genres. In D. Tannen (Ed.), *Linguistics in context: Connecting observation and understanding*. Ablex, NJ: Norwood.

Wittrock, M. C. (Ed.) (1986). *Handbook of research on teaching: A project of the American Educational Research Association* (3rd ed.). New York, NY: Macmillan.

第六章
國小社會學習領域教科書「全球關聯」知識內涵之分析

壹 前言

近年來，社會的快速變化讓人目不暇給，走在街上，看到的盡是來自世界各國各式各樣的商品，與你摩肩接踵、恣意談笑的路人正説著你聽不懂的話語。當你想要停下來買罐飲料解渴時，或許你會發現自己正站在一間寫著東倒西歪、蝌蚪般文字招牌的小店前，而你卻彷彿只是時空錯置下的局外人，置身在一個不屬於你的地方。世俗的經驗説明了我們的世界正在改變，一個不同以往的世界正在形成，這種在地與遠方時空的緊密連結，將個人與社會、國家、跨國企業、國際組織，以及全世界，交織成一種複雜的關係網絡，任何人、任何社會生活領域都不能免於此一關係網絡的影響，而這正説明了全球化現狀已在不知不覺中進入到我們的生活中。

體察全球化趨勢所帶來的衝擊與影響，九年一貫課程除了明列「鄉土與國際意識：包括鄉土情、愛國心、世界觀等」為基本理念外，更在社會學習領域中加入「全球關聯」主題軸（教育部，2003），這不難看出九年一貫課程對全球化議題的重視。惟課程綱要僅為抽象之規範，教科書中對於「全球關聯」相關知識內涵之呈現情形，將影響學生對全球化的認知與態度，因此有必要加以檢視分析，以了解其實際狀況。本文首先針對全球化對課程之意涵加以探討，其次對「全球關聯」主題軸轉化為知識內涵做文本分析，最

後根據「全球關聯」能力指標的知識內涵分析結果做成結論。

貳 全球化與課程

全球化（globalization）乃是一種藉由資本主義不斷積累與向外擴張的趨力，透過交通與資訊傳播科技快速革新的催化，使全球各地的人們互動機會增加，產生鄰近感與親密感，進而在客觀上形成時空壓縮現象，使得全球互賴愈形增強。在主觀上則強化了「視世界為整體」之意識，世界地球村遂逐漸形成。

一、全球化對課程之意涵

綜合相關文獻，作者認為全球化對課程之意涵有以下幾點。

（一）課程知識再概念——從技術崇拜回歸以人為本

N. P. Stromquist 與 K. Monkman（2000: 11）指出，全球化使學習產生了新的改變——「技術崇拜」的出現，有關道德與文化價值等議題普遍被忽視。某些傳統的理想被任意改變，只因他們與市場需求的關聯太過微弱。知識所產生的問題不再是「它是不是真的？」或「它可以促進人類進步嗎？」，而是「它有何用途？」以及「它如何提升人類與組織的能力？」（陳儒晰譯，2003）。

在一片提升競爭力的聲音當中，課程除了滿足此一需求外，更應把握「以人為本」的教育核心價值，如果我們執著於眼前的近利，我們將會失去更多。

（二）課程研究新型態——從國家地域性到全球空間性的探究模式

課程探究也從國家地域性的探究模式轉為全球空間性的探究模式。N. Gough（2000: 88-92）認為，課程是一個被建構出來的符號，並不是一種本質存在的事實。全球化下的課程是一種跨國的想像與空間性的隱喻，這樣的空間是藉由傳播科技的運用而形成的虛擬性網際空間，是一種無限擴展的空間，不因個體身在何處而受到侷限，這也意味著個體的學習經驗不再是以真實性的經驗做為依據。要言之，課程探究不再侷限於國家地域，而應擴展為全球空間性的探究，更重要的是知識與空間的連結關係。課程研究者在進行課程理解時，必須具備全球化視野，同時也要考慮到「空間性」隱喻可能的衝擊。

（三）課程功能新任務——從文化損失到文化再生

在全球化過程中，由於文化的流動與交融，形成了文化殖民與文化損失的現象。葉維廉（1995：143）指出，台灣長久以來，在外來品味的滲透和外來意識形態的內在化，已經導致「文化原質的失真」情形大幅顯現。

此一文化損失現象，對於半邊陲與邊陲國家而言尤其明顯，我國亦然。課程必須反應出社會現況與需求，其功能亦應適時調整。如何發揮課程功能、減少文化損失、促進文化再生，是課程發展上特別需要著重的地方。

（四）課程目標新方向——風險社會的因應

陳建甫（2003）指出，面對全球化所產生的許多不確定性與危機時，全球化風險意識的建立與培養就顯得特別重要。風險社會意謂著，「過去」失去了對「現在」的決定權，取而代之的是「未來」，亦即不存在的、虛構的、想像的事物成了現時經歷與行為的原因（孫治本譯，1999）。

在此風險社會裡，如何透過課程的實施，讓學生學會面對風險、增進對風險的處理能力，以及培養責任倫理的態度，也就顯得十分重要。

（五）課程內涵新取向——全球教育課程的重視

全球化對國民教育階段影響最大的是「全球教育」的出現，L. F. Anderson（1990）認為，全球教育不僅適合國家或是地方教育，更認為全球趨勢是不可避免的，因為教育必須反應出社會現況與需求。

Fujukane 主張，全球教育應該包括國際理解教育、發展教育、多元文化教育，以及和平教育；在國內，許多研究（王錦蓉，2003；蔡佩芳，

1999；顏佩如，2004）亦指出類似之見解。簡言之，全球教育課程已普受重視而成為課程的重要內涵之一。

二、「全球關聯」主題軸之內涵分析

欲了解社會學習領域全球化之內容，就必須從「全球關聯」能力指標的分析著手。而其面向可分成兩個部分：其一是從個別角度對能力指標進行個別分析；另一部分則是就全球化之內涵特徵進行整體觀察分析。以下分別說明之。

（一）「全球關聯」主題軸能力指標之分析

在課程綱要中，與能力指標相關聯之概念，包括：十大基本能力、領域課程目標、主題（單元）課程目標、教學目標等，彼此之間的關係可用圖 6-1 表示之。

由圖 6-1 可以發現，在課程設計方面，相關概念之位階由上而下分別是：十大基本能力→各領域課程目標→分段能力指標→主題（單元）教學目標→具體學習目標。十大基本能力直接影響著各領域課程目標之內涵，同時間接影響分段能力指標、主題（單元）學習目標，以及具體教學目標；同理，各領域課程目標直接影響分段能力指標之訂定，同時也是主題（單元）教學目標及班級單元教學目標訂定之根據。彼此相依相繫，構成一緊密的系統關係，而能力指標則屬於中間的關鍵位置。

（二）「全球關聯」能力指標之解讀

能力指標之解讀可做內涵分析之依據，本文對能力指標之解讀主要係經由文獻探討後，以「詮釋解讀法」為基礎，兼採「參照、歸納法」，以求準確掌握各能力指標相關的概念性內涵，解讀結果如下：

1. 第二階段「全球關聯」能力指標內涵分析，如表 6-1 所示。
2. 第三階段「全球關聯」能力指標內涵分析，如表 6-2 所示。

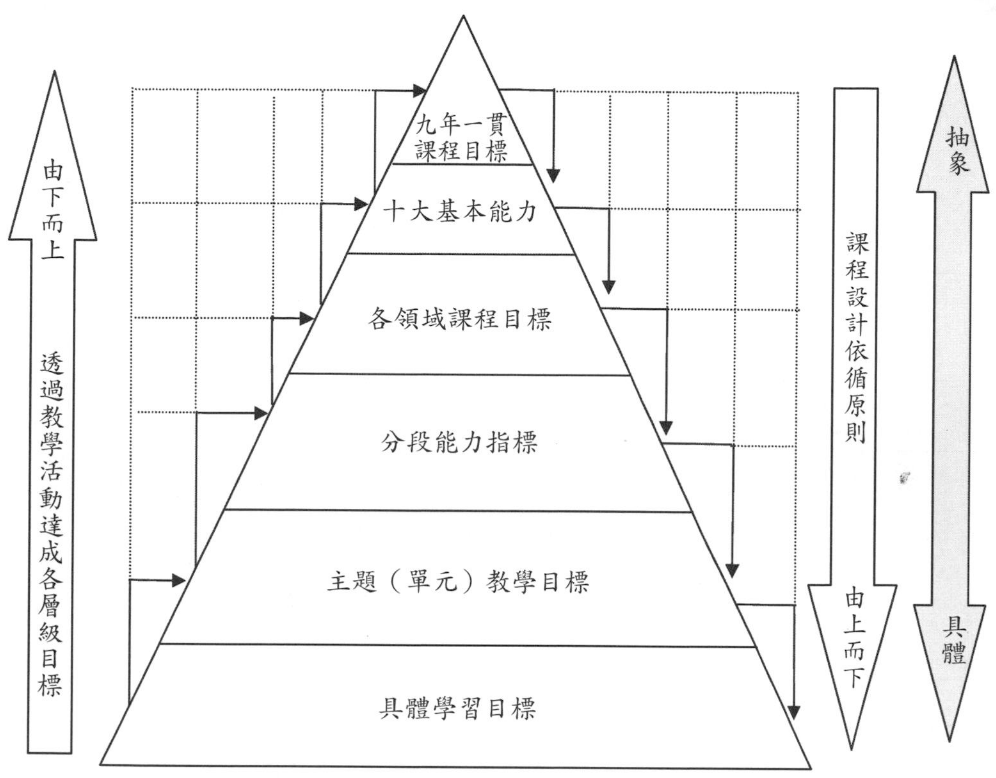

圖 6-1　能力指標與其他相關概念位階圖

表 6-1　社會學習領域第二階段「全球關聯」能力指標內涵一覽表

能力指標	主要學習內容	主要概念性知識分析	備註
9-2-1	認識各種關係網絡。 各種關係網絡的全球化所造成的影響。 如何面對各種關係網絡的全球化。	關係網絡 全球化 相互依賴 科技	
9-2-2	比較各種不同文化背景者闡釋經驗、事物和表達的方式。 尊重、接納、欣賞各種不同的文化。	文化 多樣性 欣賞	
9-2-3	外國事物的傳入。 外國事物對文化、生活的影響。 對待本土與外來事物應有之態度。	外來事物 文化 生活方式 消費	

➲表 6-2　社會學習領域第三階段「全球關聯」能力指標內涵一覽表

能力指標	主要學習內容	主要概念性知識分析	備註
9-3-1	全球生態環境相互關聯 開放的生態系統 生態環境面臨的問題 面對生態環境問題應有的作法	生態環境 互動 開放系統	
9-3-2	文化的接觸和交流 文化衝突、合作與創新的例子 面對文化交流的態度與作法	文化交流 衝突 合作 文化變遷：創新或消失	
9-3-3	國際間衝突、對立與結盟之原因及其實際例子	競爭 衝突：經貿、政治、軍事衝突……等 對立 結盟	
9-3-4	全球所面臨的重要課題 解決全球重要課題的途徑	國際組織 需求 交換 相互依賴	
9-3-5	主要的國際性官方組織及其成立宗旨 主要的國際性民間組織及其成立宗旨	國際組織	

三、就全球化之內涵特徵觀察

參酌全球化相關內涵分析及社會學習領域「全球關聯」主題軸能力指標之群聚關係，「全球關聯」可歸納成以下四個層面：

1. 全球關係網絡：由於科學技術的快速發展與應用，逐漸在人類社會生活中產生各種類型的關係網絡，把全球各地的人們緊密連結在一起。此部分可探討的有：關係網絡的類型及影響、如何面對全球關係網絡等，其能力指標有：9-1-1、9-2-1、9-4-1 等。
2. 全球重要議題：由於全球化發展形成許多跨越數個國家或地區，甚至是全球性的議題，這些議題影響各地的人們，而為全球所共同關切。其可探討者包括：有哪些全球重要議題、風險社會與責任倫理，以及如何面對這些等，其能力指標有：9-1-3、9-3-1、9-3-4、9-4-5、9-4-7 等。

3. 跨文化理解：人類文化本有其差異與相似之處，全球化發展使得文化流動更加頻繁，因此，跨文化的理解與尊重、互相學習與欣賞，全球文化方能更多元而燦爛地並存下去。可探討者包括：文化異同、文化包容與創新、外來事物與文化宰制及符號消滅等，其能力指標有：9-1-2、9-2-2、9-2-3、9-3-2、9-4-2、9-4-3 等。

4. 國際互動關係：全球化使得國際間之衝突與合作情形日益深化，而國際組織的形成改變了國際互動關係，值得深究。可探討者包括：國際組織與國家角色、台灣之國際互動情形等，其能力指標有：9-3-3、9-3-5、9-4-4、9-4-6 等。

參 國小社會學習領域教科書「全球關聯」能力指標知識內涵之分析

本文分別從能力指標之個別分析及全球化內涵特徵之整體觀察等兩個層面著手，以探究國小社會學習領域教科書中「全球關聯」能力指標知識內涵之呈現情形。以下就各版本教科書能力指標概念內涵之呈現情形，以及能力指標知識內涵轉化之綜合分析逐一探討。

一、各版本教科書「全球關聯」能力指標概念內涵之分析

（一）各版本教科書「全球關聯」能力指標所呈現之概念內涵相當多元

各版本教科書所呈現之概念內涵的一致性（在兩個版本以上之教科書中出現相同的概念），因能力指標之不同而有不同，較高者如能力指標 9-2-1

達 42.8%，較低者如能力指標 9-2-3 只有 17.6%，顯示各版本教科書所呈現之能力指標概念內涵或局部一致性差異甚大，可說是相當多元而豐富。

（二）採「主題式」呈現方式者，其呈現之能力指標內涵較豐富

各版本採「主題式」呈現方式者，其內容較豐富，是主要的核心與重點所在。能力指標以主題式方式呈現者，其所呈現之內涵項目較多，呈現的面向也較廣，且多為該版本教科書呈現該能力指標的主要核心所在，例如：翰林版四年級下學期第二單元、「家鄉的行業」：第二課、行行出狀元，採「主題式」的呈現方式，使用的能力指標有：5-2-5、9-2-1、9-2-3，呈現之內涵則有外來商品、消費來源與消費價格、本土產品的自信與認同等三項，內容相對豐富許多。

各版本採「融入式」呈現方式者，其內容較簡略，教師不易掌握相關課程內涵。能力指標以融入式方式呈現者，其所呈現之內涵項目很少，大多只有一項，且與能力指標之關聯性普遍不高，內涵不易掌握，只能依賴教師的詮釋與轉化，教學上的掌握難度頗高。

（三）能力指標之敘寫方式，影響教科書內涵之呈現

能力指標之文字敘述愈具體者，概念內涵一致性愈高；愈抽象者，一致性愈低。各能力指標所呈現之內涵一致性較高者，其能力指標之文字敘述多屬較明確具體，例如：能力指標 9-2-1「各種關係網絡」（如交通網、資訊網、人際網、經濟網等）、9-3-4「全球關心的課題」（如環保、飢餓、犯罪、疫病、基本人權、經貿與科技研究等）。能力指標之文字敘述較抽象者，內涵之一致性較低，例如：9-2-2 及 9-2-3 中「文化」此一概念可涵攝的範圍甚廣，故其內涵之一致性也較低。

能力指標文字敘述所列舉之實例對教科書編輯具有顯著引導作用。如前所述，一致性較高者，如能力指標 9-2-1、9-3-4、9-3-5 三者在能力指標文字敘述中，均明確敘明實際之例子以供參考，而這些例子也都在教科書中出現，顯見能力指標本身所明示列舉之內容，對教科書之編輯具有顯著引導作用。

（四）能力指標、學習目標與課程內涵三者之間缺乏系統性之連結

部分能力指標在單元之引用上過於勉強，並不適合將該能力指標列入。此種情形主要發生在採「融入式」之小單元，例如：能力指標 9-2-1「翰林版第二冊：面對村里的危機」、能力指標 9-3-1「南一版第八冊：打開世界之窗」、能力指標 9-3-2「南一版第八冊：活力新台灣」、「康軒版第五冊：東瀛來的統治者」，以及「翰林版第六冊：唐山過台灣」等。

部分課程內涵不夠明確，掌握困難，有待教師之詮釋引導。此種情形主要發生在採「融入式」之小單元，例如：能力指標 9-2-2「康軒版第四冊：現代的節日」、能力指標 9-3-1「南一版第八冊：愛與關懷的世界」和「翰林版第八冊：讓地球生生不息」，以及能力指標 9-3-2「翰林版第六冊：光復後的政治發展」等。

二、「全球關聯」在社會學習領域教科書知識內涵之文本分析

（一）全球關係網絡

1. 關係網絡的類型

在關係網絡的類型上，三個版本所呈現之內涵差異不大，不脫能力指標所列舉的範圍，比較特殊的是南一版特別指出，由於全球化影響，使得生活的種種均與全球的各種網絡密不可分，而產生了生活網，也就是將生活中所接觸到的許多外來事物與全球網絡相連結，而稱之為生活網。

> 家鄉利用各種網路和其他國家聯繫，這些網路和生活密不可分，形成廣大的生活網。圖片舉例包括球賽轉播、國外新聞報導、國外財經資訊及國外流行資訊，如圖 6-2 所示。（南一版課本，第四冊：46）

康軒版主要是從交通工具的革新、資訊科技的發展，來說明各種關係網絡的全球化，呈現了交通網、資訊網、經濟網等內涵；翰林版呈現之全球關

圖 6-2　國外流行資訊圖片呈現了影片（瞞天過海、魔戒及哈利波特等）以及流行雜誌
資料來源：南一版課本，第四冊：47

係網絡則有交通網與資訊網。

2. 面對全球關係網絡

在全球關係網絡所帶來的影響方面，南一版著墨頗多，除了經濟層面外，更包括文化的變遷，其呈現之內涵有競爭更多、外勞與失業、強勢英語與弱勢母語、重西洋節日輕傳統慶典等。

> 奶奶說我整天滿口 ABC，泰雅族的母語都忘光了。
> 爺爺說現在的年輕人喜歡過西洋節日，對家鄉傳統的慶典反而不太重視。（南一版課本，第四冊：71）

康軒版對全球關係網絡所帶來的影響方面，主要是從技術革新帶來交通便利的角度，說明「天涯若比鄰」時代的來臨，而忽略了較深層的文化層面；翰林版則從家鄉行業的改變探討全球化之影響，其內涵包括消費受其他國家影響、行業的發展受外地競爭挑戰的影響。

> 在全球緊密關聯趨勢下，家鄉居民不但要學習和各地人群分工合作，同時也面臨激烈的競爭挑戰，以及更多元複雜的人際關係。（翰林版本，第四冊：32）

3. 全球化趨勢下宜有更深層的省察

從技術崇拜回歸以人為本在全球化趨勢下，其所帶來的不僅是競爭與就業趨勢的改變、行業的發展受外地競爭挑戰的影響等經濟層面的外顯現象，更裡層的是外來文化的滲透和外來意識形態的內在化，所導致「文化原質的失真」情形（包括外來文化的中心化和對本源文化的邊緣化）。知識遠比人們所想像的還要狡猾，部分版本對於關係網絡的全球化僅著重於經濟及科學技術層面的探討，卻忽視了文化層面更深層的變化與影響，頗為可惜。

（二）全球研究重要議題

1. 教科書呈現之全球重要議題

三個版本所呈現之內涵多元而豐富，其中值得注意的是，南一版有關全球化趨勢下文化課題的探討，是其他兩個版本所沒有的。自由貿易下商品所夾帶的文化傳播迅速蔓延開來，造成了當地文化的衝擊與改變值得重視。

> 因為有些跨國公司產品的外觀、包裝與企業形象都是統一或相似的，所以各地的商品和商店就變得愈來愈像，於是有些具有地方特色的文化便會受到影響，如圖 6-3 所示。（南一版教師手冊，第八冊：69）

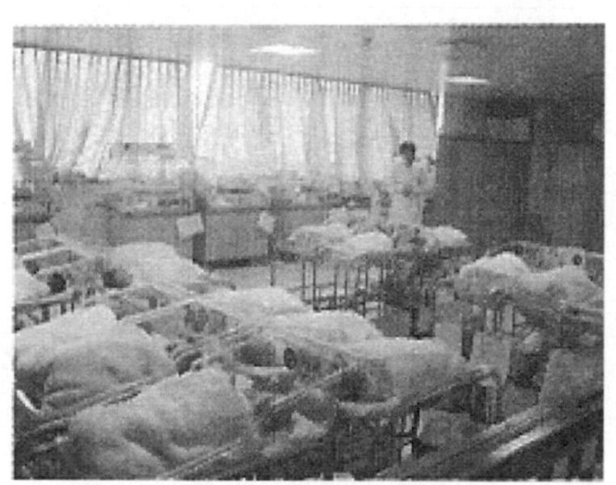

性別的自然比例，如果受到人為過度干預，可能會影響性別的自然平衡。

圖 6-3　科技濫用：性別干擾
資料來源：南一版教師手冊，第八冊：69

康軒版與翰林版主要是從科技議題著手，大多數的內涵也都與科技有關，對於如何面對科技所帶來的可能危機，兩個版本的所持見解也頗為一致，都認為應透過法律的規範來確保科技的正確使用，包括國際公約的簽訂及國內法律規章的制定，並都以專章的方式做深入探討。

> 各國也紛紛在國內制定相關的法律規章，提供人們共同遵循的原則，並遏止不當的使用科技方法，以避免科技迅速發展，對人類造成不良的影響。（康軒版課本，第八冊：49）

> 科技如果缺乏管制或運用不當，往往會造成負面的效應。所以這時候，制定良善的法律加以規範，才能保障人類社會的福祉，如圖 6-4 所示。（翰林版課本，第八冊：52）

因為牽涉到倫理的問題，複製羊出現之後，
應不應該研究複製人，引起社會的爭議。

圖 6-4　科技濫用：複製產生倫理問題
資料來源：翰林版課本，第八冊：54

2. 風險社會的新思維——責任倫理

科技的革新給了全球化強而有力的推進能量，但科技的濫用則帶來不可測的風險。全球化的發展可説是成也「科技」，敗也「科技」，而其中的關鍵在於「人」。也就是説，單純的法律規範是不夠的，更重要的是要透過教育的力量改變人們的觀念與思想，讓大家了解在這個全球化的風險社會中，每個人都要警覺到自己的公眾責任，必須要為他人設想，建立風險社會中的責任倫理，我們才有可能超越全球化所產生的危機與威脅（張錦華，2005）。但很可惜的是，教科書在面對全球化所形成的風險社會及其危機所採取的策略仍持傳統的觀念，僅止於片面式的法律規範而已。即使談到「倫理危機」，其意涵也都侷限於傳統人與人之間的倫理秩序關係，例如：生物科技複製人所可能帶來的人倫危機，並無「責任倫理」之觀念，殊為可惜。

（三）跨文化理解

1. 教科書所呈現之文化內涵

⑴南一版

南一版除了從不同的服裝、語言、飲食、建築、思想觀念等之比較、探討來說明文化差異之外，還加入了隱而未顯的思想、偏見的討論（如性別平權觀之變遷、新舊家庭觀之比較、自然環境觀念的改變），此部分值得肯定。

在外籍配偶與外籍勞工最多的東南亞國家文化介紹上，南一版介紹了印尼頗具傳統特色的「抓飯」，以及如何平等對待因語言、習俗之不同，在生活上常遇到困難的外籍新娘。

> 抓飯是我們印尼某些地方的傳統，只有招待貴賓和最親近的朋友，才會請他吃抓飯，如圖 6-5。（南一版課本，第一冊：76）

圖 6-5　印尼特殊文化：抓飯
資料來源：南一版課本，第一冊：76

> 在吃抓飯的國家或餐廳裡，按照他們的禮儀用手抓飯吃，是一種禮貌，可是在沒有這種習慣的地方抓飯吃，可能就不禮貌了。（南一版課本，第一冊：77）

教師宜提示用餐方式各有各的喜好或傳統習俗，因此不能以「好」或「不好」來判斷。（南一版教師手冊，第一冊：136）

近年來，外籍配偶大量來到臺灣，如何加強親族之間的連繫，並善待、重視這些新興的家庭，都是今後我們需要努力的方向，如圖 6-6、6-7 所示。（南一版課本，第七冊：90）

圖 6-6　外籍新娘上課學習適應新環境
資料來源：南一版課本，第七冊：89

外籍新娘進門 雞同鴨講障礙多

外籍新娘學華語 搭起溝通橋樑

圖 6-7　外籍新娘因語言、習俗等不同，生活上常會遇到問題
資料來源：南一版課本，第七冊：89

⑵康軒版

康軒版與南一版差異不大，惟在與外籍配偶、勞工有關的東南亞文化部分，較為不足，只有在第二冊第 15 頁有越南傳統女性服裝（如圖 6-8 所示）、第八冊第 23 頁有印尼的傳統舞蹈表演（如圖 6-9 所示）之圖片，內

圖 6-8　越南傳統女性服裝（約占版面二十分之一）
資料來源：康軒版課本，第二冊：15

圖 6-9　印尼傳統舞蹈表演（約占版面二十分之一）
資料來源：康軒版課本，第八冊：23

容似乎少了些。相形之下，有關西方主流國家之文字與圖片可就多了許多。以第八冊第一單元、第四冊「多元文化的地球村」為例，在第 22 與 23 兩頁介紹的世界各地不同文化之圖片中，西方或白人世界國家占了一半以上，包括希臘、澳洲、紐西蘭、盧森堡等。另從圖片處理方式觀察，以第三冊第 75 頁耶誕節、萬聖節之圖片（如圖 6-10 所示）與第七冊第 23 頁印尼傳統舞蹈表演為例，前者版面約占四分之三頁，後者則約為二十分之一頁的版面大小，呈現方式懸殊，顯見所受待遇之差別。

康軒版較特殊的部分是藉由不同節日所蘊涵之意義來比較文化之差異，其中介紹了耶誕節、萬聖節等西方主流國家的節日，卻缺乏外籍配偶最多的東南亞國家節日，十分可惜。

圖 6-10　聖誕老公公發禮物、西洋萬聖節化妝舞會（幾近全版面的呈現）
資料來源：康軒版課本，第八冊：75

⑶翰林版

翰林版主要是從鄰里與家鄉的範疇來介紹不同文化。在與外籍配偶及勞工有關的東南亞國家文化的部分，除了第八冊第一單元第二課「台灣的鄰居」有相關內涵，以及第三冊課本第 57 頁雲林國際偶藝節中呈現之泰國人偶演出圖片一張外，似乎較為不足，如圖 6-11 所示。

圖 6-11　雲林國際偶藝節泰國人偶表演
資料來源：翰林版課本，第三冊：57

目前在台灣的東南亞人士日益增多，因此常可見到許多南洋風情的節慶、商品等，為社會帶來不同的風貌，如圖 6-12、6-13 所示。（翰林版課本，第八冊：17）

圖 6-12　東南亞節慶活動：潑水節
資料來源：翰林版課本，第八冊：17

圖 6-13　提供外籍配偶或勞工購物的專賣商店
資料來源：翰林版課本，第八冊：17

從上述說明可以發現，翰林版有關東南亞國家文化之介紹，在量的方面比康軒版豐富，但深入觀察，卻可發現對於文化的實質介紹仍有不足。翰林版則從「台灣的鄰居」此一主題出發，缺乏視東南亞外籍配偶為台灣此一大家庭一份子的新視野，相較於南一版第七冊從「新舊家庭觀」的角度，探討外籍配偶融入台灣社會的文化適應問題，「外籍配偶因為語言、習俗等不同，生活上常會遇到問題。……如何加強親族之間的連繫，並善待、重視這些新興的家庭，都是今後我們需要努力的方向」（南一版課本，第七冊：90）。兩個版本對此之處理態度，顯然有很大的差異。

2. 東南亞國家在哪裡？

從上述分析，外籍配偶與外籍勞工日益增多，可說與我們的生活密切相關，東南亞國家在地理位置上又是我們的近鄰，可是在教科書上，相關國家的文化介紹除南一版尚稱足夠外，另外兩個版本仍略顯不足。相較於對主流西方文化的呈現，教科書顯然在此扮演著「過濾者」（filter）以及「守門人」（gatekeeper）的角色，成為指引學生的「路標」和「嚮導」，只不過，此處的路標明顯是指向著歐美等主流國家的方向。這並不完全符合台灣在地的真正需要，而東南亞國家在部分版本中似乎是被「符號消滅」與隱而不見了。

（四）國際互動關係

1. 教科書所呈現之國際組織

在國際組織部分，各版本呈現的內涵，包括：聯合國、世界衛生組織、東南亞國協、世界貿易組織、聯合國教科文組織、紅十字會、慈濟基金會、世界展望會、國際反地雷組織、國際奧運會等，可說十分豐富多元，其中值得注意的是，南一版將慈濟基金會列入國際性民間組織，以及康軒版有關東南亞國協的介紹，兩者別具意義。

就前者而言，將慈濟基金會列為國際民間組織或許有爭議，但對提升國人融入全球化大家庭中，建立做為全球公民的責任感與認同感是有幫助的；就後者而言，東南亞國協的組成分子可說是與我們在地理位置上距離最近且互動密切的重要國家，尤其是該組織由保護區域安全進而加入經濟合作議題，對我國影響日益增加，實在沒有加以忽視的理由，但可惜三個版本中只有康軒版有所著墨。

> 1967 年，東南亞地區一些國家，組成東南亞國協，希望以集體的力量，保護區域的安全與和平。1980 年後，東南亞國協為了擴大經貿的競爭力量，不但陸續接納更多國家加入，其功能也逐漸轉以經濟合作、改善

貧困、打擊跨國犯罪為重心。（康軒版課本，第八冊：68）

2. 台灣與國際之互動

在台灣與國際的互動方面，除南一版外，康軒版與翰林版並無相關內涵之呈現，這也使得學生少了認識自己國家的國際地位與在國際間的互動情形之機會，對於國際互動關係的理解產生了重大缺口，至為可惜。

南一版呈現之內涵包括國際互動中台灣的角色、台灣的挑戰，以及台灣目前努力的成果，深刻描述台灣與國際互動的艱困關係，同時也指出應努力的方向。

> 從政府遷台後才加入的國際組織，如 APEC 及 WTO，每一個成功的案例都跟經濟議題脫離不了關係。……強大經濟的實力，能夠確保台灣國際地位的不被忽視。（南一版教師手冊，第八冊：199）

為了不被孤立於國際社會的大舞台之外，台灣努力加強與各國的互動關係，包括互設經貿文化辦事處，展開國際的人道關懷與救助，並積極參與各種國際組織及相關活動。

> 例如，在打擊犯罪、保護智慧財產、農業科技及醫療等方面與各國密切合作；結合愛好和平的民主國家，促進人權價值等，提高台灣在國際上的能見度。（南一版課本，第八冊：69）

3. 缺了角的國際互動關係

國際互動關係對於學生而言，是比較遙遠而陌生的領域，若能由自己國家的角度出發，不但易於理解與學習，也有助於對國家角色之認識與認同。在三個版本中，有兩個版本僅介紹各種國際之間的交往情形，忽略了台灣與國際社會的互動，雖然符合能力指標相關內涵，但取材上似可再斟酌。另外，在國際組織的介紹方面，僅有一個版本介紹了與我們最為接近但常被忽視的東南亞國協，在外籍配偶與勞工日益增加的今日，教科書是否也應反應社會現況以滿足學生的需求呢？缺了角的國際互動關係，尚待填補。

肆 結論與建議

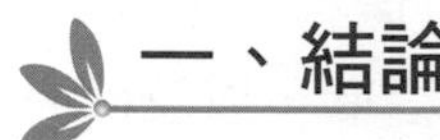

一、結論

（一）「全球關聯」能力指標有效轉化為學習目標之比例差異大

1. 部分能力指標無法有效轉化為學習目標，且轉化情形差異頗大。
2. 教科書內涵呈現方式影響該能力指標轉化為學習目標之情形，採「主題式」者明顯優於「融入式」者。

（二）各版本教科書「全球關聯」能力指標呈現之概念內涵多元而豐富

1. 能力指標採「主題式」呈現方式者，其呈現之課程內涵較豐富，採「融入式」呈現方式者，內容較簡略，教師不易掌握相關課程內涵。
2. 能力指標之敘寫方式，影響教科書內涵之呈現：
   ⑴能力指標之文字敘述愈具體者，概念內涵一致性愈高，愈抽象者一致性愈低。
   ⑵能力指標文字敘述所列舉之實例，對教科書編輯具有顯著引導作用。
3. 能力指標、學習目標與課程內涵三者之間缺乏系統性之連結：
   ⑴部分能力指標之引用過於勉強，並不適合將該能力指標列入。
   ⑵部分課程內涵不夠明確、掌握困難，有待教師之詮釋引導。

（三）缺乏全球在地化觀點、全球化視野的「全球關聯」知識內涵之呈現

1. 面對關係網絡全球化的影響，部分版本缺乏深層的省察與探析。對

於全球關係網絡所產生的影響，部分版本僅從經濟或科技層面取材，缺乏對文化之深層省察，在教科書之課程發展與決定上似宜再斟酌。

2. 在全球化重要議題的探討上，忽視了風險社會中責任倫理的重要。三個版本的教科書在面對全球化所形成的風險社會及其危機所採取的策略仍持傳統的觀念，僅止於片面式、被動地以法律規範而已，而未能從責任倫理的角度看待此一新的轉變，似有不足。
3. 跨文化理解中隱含「符號消滅」現象：東南亞國家在哪裡？在我們日常生活中，接觸來自東南亞國家民眾的機會已經高於其他地區，對其文化的了解、尊重與欣賞有其需要及迫切性，但教科書中未能反應此一現況，題材仍是以西方主流文化為多，頗為可惜。
4. 缺了角的國際互動關係：被遺忘的台灣，有關國際互動關係的探討，忽略了台灣與國際社會的互動，雖然符合能力指標相關內涵，但缺乏台灣在地化的觀點與想法，似宜再斟酌。

二、對教科書編輯之建議

1. 社會學習領域能力指標之引用，宜審慎考量課程內容之適當性。各出版社在使用能力指標之標準及次數差異很大，產生了有能力指標卻無相關內涵，或有內涵但內容卻過於簡略的現象，宜加注意。
2. 採「融入式」之課程設計者，宜於教師手冊中做適當的引申與說明。採「融入式」之呈現方式者，其內容大都較為簡略且欠明確，且教師手冊對此之闡釋與說明亦嫌不足，以致對於內涵之掌握相對困難許多。為有效落實能力指標，宜於教師手冊中做適當引申與說明。
3. 詮釋「全球關聯」知識內涵，宜有在地化與全球化雙重視野。在全球化趨勢下，其所帶來的影響不僅是經貿層面的外顯現象，更裡層的是外來文化的滲透和外來意識形態的內在化，所導致「文化原質的失真」情形。教科書編輯者在課程決定與教材選擇時，宜有更深層的思慮，以免有所疏漏。在全球化的風險社會中，每個人都應警覺到自己的公眾責任，必須要為他人設想，以建立風險社會中的責任倫理，這樣一來我們才有可能超越全球化所產生的危機與威脅。外籍配偶與勞工等新移民是台灣大家庭的新成員，對其文化的理解、欣賞與尊重格外重要。教科書中有關跨文化理解相關內涵之呈現，實宜具備「文化公民權」之視角，尊重每個人特殊的文化背景與生命脈絡，從文化審美的角度理解和接納不同文化，以避免符號消滅現象之產生。

4. 在「國際互動關係」的探討上，宜重視在地化需求。在各版本教科書中，有關國際互動關係的探討，大多僅介紹各種國際之間的交往情形，而忽略了台灣與國際社會的互動及其困境。另外，在國際組織的介紹方面，亦應考量台灣在地需求，以符應社會脈動。

❖註釋

1. 本文原載於《教育研究月刊》，2008 年，第 170 期，頁 44-58。
2. 本文第一作者為嚴朝寶：國立台北教育大學課程與教學研究所博士班研究生，曾任國小教師、主任，現任桃園縣新埔國小校長，榮譽：2009 年教育部教學卓越金質獎、2008 年教育部閱讀磐石學校獎、InnoSchool 2008 全國學校經營創新獎特優、InnoSchool 2009 全國學校經營創新獎特優。第二作者為莊明貞。

中文部分

王錦蓉（2003）。**國民小學社會科教科書世界觀教育知識之內容分析**。國立屏東師範學院國民教育研究所碩士論文，未出版，屏東市。

孫治本（譯）（1999）。U. Beck 著。**全球化危機**（Was it globalization?）。台北市：台灣商務。

張錦華（2005）。**風險社會中的責任倫理**。2005 年 12 月 15 日，取自 http://www.epochtimes.com/b5/3/5/7/n309041.htm20051215

教育部（2003）。**國民中小學九年一貫課程綱要**。台北市：作者。

陳建甫（2003）。**因應全球化風險的另一選擇**。2003 年 4 月 23 日，取自 http://www.ed.tku.edu.tw/~develop/_previous_data/futureCh/teachers/faculty5/901101-2.doc

陳儒晰（譯）（2003）。R. Edwards & R. Usher 著。**全球化與教學論：空間、位置和認同**（Globalization and pedagogy: Space, place, and identity）。台北市：韋伯文化。

葉維廉（1995）。殖民主義、文化工業與消費欲望。載於張京媛（編），**後殖民理論與文化認同**（頁 123-152）。台北市：麥田。

蔡佩芳（1999）。**世界觀融入國小社會科教學之合作行動研究：以四年級為例**。國立嘉義大學國民教育研究所碩士論文，未出版，嘉義市。

顏佩如（2004）。**課程圖像重建：學校全球教育課程發展之研究**。國立台灣師範大學教育研究所博士論文，未出版，台北市。

英文部分

Anderson, L. F. (1990). A rationale for global education: In global education: From though to action. In A. Kenneth (Ed.), *The 1991 Yearbook of the Association for Supervision and Curriculum Development* (pp. 13-34). Alexandria, VA: ASCD.

Gough, N. (2000). Globalization and curriculum inquiry: Locating, representing, and performing a transnational imaginary. In K. Monkman & N. P. Stromquist (Eds.), *Globalization and education* (pp. 77-98). Boston, MA: Rowman & Littlefield.

Stromquist, N. P., & Monkman, K. (2000). Defining globalization and assessing its implications on knowledge and education. In N. P. Stromquist & K. Monkman (Eds.), *Globalization and education* (pp. 3-26). Boston, MA: Rowman & Littlefield.

第七章
全球化趨勢下新移民女性在社會領域教科書中的族群意象分析

壹 前言

全球化是一種「民族國家疆界跨越」的現象，其中最重要的趨勢就是人口的全球流動，近十年來這股人流潮也進入了台灣社會，移民潮已是國際社會中常見的一種現象。聯合國於 2000 年開始，將每年的 12 月 18 日訂為「國際移民日」，而根據內政部 2008 年的統計數據報告，我國的婚姻移民人數已逾四十一萬人，若再包含外籍勞工、白領移住人口，以及其他原因移住我國者，則已逾九十萬人。由此可知在全球化的趨勢下，人口的跨國境移動是無法抗拒的潮流。

全球化讓不同類型的跨國流動急速增加，包括投資、貿易、文化產品、概念與人口，S. Castles 與 J. M. Miller（1993）在其著作中稱現代為「遷移的時代」，具有「全球化」、「多樣化」、「加速化」、「差異化」、「女性化」等特徵。國內勞動力的減少導致工廠轉移到發展中的國家，如中國大陸、東南亞等，這些產業外移的問題在一定程度內是政府單位可以應對，但國內也有一定勞動力的需求，像是科技業的作業員需要大批的外籍勞工；少子化、高齡化的國家首先需要向外要求看護工等人力。再者，特定社會階層的男性結婚阻力提高，中產階級女性意識抬頭，雖然有程度上的區別，但此已是先進國家共同面臨的問題（何青蓉，2005；夏曉鵑，2002）。

在人口移動的時代下，除了明顯感受到世界各地的人穿梭於地球村之中，也是邁向人的「定居」時代（宮島喬，2007）。因為結婚而移動的人們通常會是長期性的定居者；或是在外國工作的人們，因職業需求請家人全部移居；留學生修得學位後，也出現直接留在留學國就業的情況等。

亞洲身處全球人口流動的一環，移民的女性化及移民產業（migration industry）的發展為亞洲國際移民的特色。在亞洲的國際移民浪潮中，女性的比例遠高於男性，移民女性除了企求富足生活與向上流動的理由外，這些亞洲女性選擇移民，也代表逃離其傳統農村和家庭束縛的期望，期盼藉此得到性別、社會階級與族群的跨越，同時也給自我增權賦能（empowerment）的機會。

本文主要是從全球化的趨勢，分析東南亞新移民女性的社會文化位置，並企圖從族群、性別與社會階層的跨越，分析其在國小社會學習領域教科書的族群意象，以了解其透過正式教科書的知識建構，所再現的意象為何？並企圖了解其在潛在課程中的影響，而透過教科書文本的內容分析，歸納研究發現並作成結論與建議。

貳　台灣社會中對新移民女性意象的文本論述

台灣社會中的新興族群大多是來自中國大陸及東南亞的新移民，他們的第二代豐富了台灣的族群樣貌。族群意象（ethnic images）意指，藉由集結相同族群身分者，對於某種社會建構屬性的歸類、標籤化，並在個人記憶或認知中，形成對某些社會群體概念化，進而建構出該族群所屬的意象（陳美芝，2011）。族群意象的產生，易讓人集中注意於某些類似的特質或分辨特徵上，而不會注意其他的差異。族群刻板印象的形成過程，會將隸屬某社會團體、性別、族群、階級等的每個成員，都化約描述為同一個樣貌（陳麗華，1998; Banks & Banks, 2007）。

來自東南亞的婚姻移民，由於其母國的教育與經歷通常較不被台灣社會所認可，加上語言隔閡或是文化歧視，她們的就業機會常常受到多重阻礙，因此，來台後能選擇的工作不外乎是看護、幫傭、打掃、洗碗等，多數台灣人認為無技術的非正式工作。沒有出外就業的外籍配偶，多與公婆同住，經常要為務農或經營小生意的夫家提供無酬勞動（藍佩嘉，2005）。

新移民女性多半是隻身來台，她們的婚姻與本國婚姻最大的差異，在於並非兩個家庭的結合，加上其原有人際互動和社會關係，在來台結婚後無法形成新移民女性的社會支持系統，造成其封閉的人際網絡與疏離的社會關係。目前的台灣社會，似乎仍有人對新移民女性存有異樣的眼光，認為其婚嫁來台的動機只是為了解決原生家庭的經濟困境，或視其為提供生育下一代的母職工具，這些錯誤觀念容易造成新移民與本國居民間的人際疏離，而被視為主流社會中的「他者」。

在台灣官方、媒體和一般民眾，往往將新移民女性污名化，將之與「假結婚、真賣淫」畫上等號，並將其婚姻視為「社會問題的製造者」，近年來更將其與「人口素質問題」，以及「占用社福資源」等負面的媒體報導有關聯，造成婚姻當事人及其子女在日常生活中有著極大的壓力，甚至創傷（邱淑雯，2005；夏曉鵑，2003）。這些族群偏見的背後，可能隱含著台灣人對新移民未經深刻反省的刻板化印象。

我國的新移民因為跨國聯姻的商業化包袱，加上東南亞國家經濟發展落後於我國，使得許多國人對於這些來自落後國家的新移民帶有歧視的眼光，甚至視之為傳宗接代的工具；迎娶新移民的男性往往也會感受到外界的異樣眼光（陳亞甄，2005；蘇雅雯，2007）。

台灣的主流媒體，常將跨國婚姻做為社會問題之論述，詮釋這些新移民族群的負面形象，也易連結到台灣對東南亞國家的歧視。新移民被標籤在低落、缺乏家庭責任的定位，社會觀感就直接認為他們的下一代是學習遲緩、智能較低、文化資本不足的負面形象（張敏華，2005；黃浩榮、黃靖芬，2002）。

再者，新移民子女受到報章雜誌的偏頗報導，影響其在學校容易受到污名化的傷害，學校同學受到刻板印象或媒體的不當報導之影響，可能會直稱「某某人的媽媽是『外勞』、『菲傭』」，而造成其自尊心受損，或有些甚至因外表、口音腔調與本地人不同，而遭受歧視。這些皆可能使新移民之子被標籤化、污名化，進而產生自我認同不足，缺乏自信、感到自卑（吳錦惠、吳俊憲，2005；Grant & Lei, 2001）。

以黃浩榮、黃靖芬（2002）分析2001年報紙中「外籍新娘」的媒體形象再現為例。其研究發現，媒體上所再現的「外籍新娘」之正面族群意象為：「勤奮向上」、「溫順乖巧」，以及「愛家」等；負面意象則有：「社會問題來源」、「買賣婚姻中的商品」、「知識水準低落」，以及「缺乏家庭責任」等。報導用文字與圖像的方式描述其行為特徵，影響閱聽人對新移民的觀感，直接引導甚或誤導國人對新移民的主觀認知。

在新移民加入後的台灣社會，也在不知不覺當中將不同國籍或族群者的優劣做了一些排比。何青蓉（2005）研究指出，在一般社會大眾的認知裡，明顯地將自東南亞國家移入者稱為「外籍配偶」，而相對於歐、美、日、韓國家的「洋／日韓女婿」和「洋／日韓媳婦」稱謂；其後雖以「新台灣之子」為名，但如前述東南亞「新移民子女」仍被視為「素質低落者」，更突顯了早期台灣人與洋人所生之「混血兒」的優勢。

至於教科書文本中的性別與族群形象研究，多半是以少數族群為研究的焦點，也有以台灣整個族群為分析對象。張耀宗（1996）探討「教科書中的原住民圖像」，以二～六年級國語科和社會科統編本教科書中，在面對強勢文化的侵襲下，教科書賦予邊陲地位的原住民何種圖像。研究發現，教科書中原住民內容的比例偏低且零碎；將原住民九族視為一整體，忽略其各族差異；流於博物館式的習俗介紹；偏離史實，刻意抹煞原住民的原住事實，以漢文化為中心；原住民的傳統服飾與漢族的現代裝扮形成對比，是否暗示其族群落後之嫌。

廖明潔（2008）在其「國民小學社會科教科書中的原住民族形象研究」中，透過內容分析法，探討自1975～1993年的課程標準，迄於當前的「九年一貫課程綱要」，這三個時期國民小學社會科教科書中所呈現的原住民族形象，有何延續或轉變，並檢視其間意識型態的涉入。其分析結果發現，原住民族現代形象不足且過於偏狹；忽略原住民族文化的變動性；隱微的漢族中心意識型態。就族群關係形象演變而言，原漢關係從主位階的比擬變成通婚融合的強調，衝突矛盾始終被淡化，漢族中心意識型態愈來愈隱微；原住民族的慶典歌舞愈來愈被突顯，生活困境則愈來愈被忽略。

莊明貞、林碧雲（1997）針對1993年國小社會教科書進行性別角色偏見之分析，研究發現「男主外、女主內」的傳統性別區分、男女性別的刻板化印象、「男尊女卑」，或是以男性為主體而女性被視為配角、男性呈現的角色廣泛多元、女性的角色則狹隘侷限等情形，在各版本中仍普遍存在（如男童動作呈現較多樣化、負面行為的角色，女童角色則傾向聽話、乖巧、文靜、動作優雅、規矩及多從事文靜、不耗體力的活動）。另外，比較各家出版社，發現男女角色的出現，差距有漸趨於拉近，此顯示教科書中性別失衡的現象有逐步改善之情形。基於新移民女性在族群意象研究中的重要性，究竟現行國小社會領域教科書中對新移民女性的形象描述為何？其所形成的潛在課程易形塑台灣新生代學習的共同記憶及認知意象，是值得進一步探討的問題。

參 研究方法

在多元文化社會的知識建構過程中，對於教科書文本中的性別與族群偏見和歧視的檢視需持續地實施，其範圍包含教科書、習作、測驗、補充教材、教具、媒體及其他種種教材。基於此，本研究採用內容分析法，主要探究的問題為：「國小社會領域各版本教科書中，在外貌特徵、行為特質及社會文化特徵中，所形塑之新移民女性族群意象為何？其隱含之族群刻板化印象及偏見又為何？」故根據前述研究問題，首先，以「課」為單位，從學生用書，包含課本及習作中出現新移民相關之圖、文、表等分別進行分析。在分析過程中，亦與兩名以上檢視員共同討論，並選取國小社會領域三個主要審定版（康軒、南一與翰林）中，有關新移民相關的圖文資料，以求資料之檢視信度；其次，根據分析結果詮釋國小社會領域各版本形塑之新移民女性在外貌特徵、行為特質和社會文化特徵的族群意象，並進一步探究各版本新移民相關圖、文、表中所隱含之族群意象。

肆 族群與性別的跨越：國小社會領域教科書中的新移民女性意象之分析

不同種族的外貌特徵會有差異的存在，在國小社會領域教科書中所呈現的新移民女性照片中，新移民的身體特徵及服裝打扮，都可能會影響國小學童對新移民的印象，進而對新移民女性產生特定的族群意象，因此，所形塑的潛在課程之影響不容小覷。以下就國小社會領域各版本教科書中，所出現的新移民女性外貌與行為特質及社會文化特徵加以分析，有以下幾項發現。

一、五官深邃與黝黑的新移民女性

外籍看護（如圖 7-1 所示）是社會領域教科書中新移民女性的其中一種外貌特徵代表，教科書使用者透過內文中的照片人物察覺其外觀，如膚色、髮色，以判斷新移民與台灣族群同屬亞裔，有著相同的黃皮膚與黑髮，但因種族的不同，在外貌上仍可察覺其差異性，例如：有些馬來裔新移民的膚色較黝黑，五官也較深邃。

在南一版四下中介紹「台灣的媳婦」，其中新移民學習中心的照片（如圖 7-2 所示），雖無法從照片人物的外貌來判斷照片中的人物是新移民或是本國籍，但一樣同為黃皮膚、黑髮的亞裔臉孔，並且是以女性為主要的照片人物，與圖 7-1 相比對，膚色是較白皙的；因此，我們可以從圖 7-1 與圖 7-2 中發現，教科書所描繪的新移民膚色多元，是從黝黑到白皙之間皆有的多元亞裔族群臉孔。

圖 7-1　外籍看護
資料來源：康軒版課本，六下 A：32

圖 7-2　新移民女性在學習中心
資料來源：南一版課本，四下：45

二、傳統與現代服飾兼具的新移民女性

進一步分析可知，社會領域各版本教科書中，所出現新移民穿著現代服飾出現的場合，多是在工作場所或參與政府舉辦的輔導班。在新移民的現代服飾打扮的特點上（如圖 7-3 所示），從照片中可以看出，新移民女性穿著一般的外出服，牛仔褲、T 恤和 POLO 衫，以及碎花上衣服飾，因其場合是在新移民的關係關懷據點，故其穿著也偏向休閒服飾。

圖 7-3　嘉義縣東石鄉新移民關懷據點
資料來源：翰林版課本，六上 B：49

另外，從圖 7-4 顯示，兩位新移民女性包頭巾和穿著現代服飾，從照片人物的頭巾打扮，服裝為現代服飾，推知其應為來自東南亞國家信奉回教的新移民，因目前東南亞國家中有信奉回教

的國家，如印尼、馬來西亞等國。回教女性仍有戴頭巾的傳統，可做為辨識回教信仰的特徵；與台灣婦女的外出服相較，新移民現代服飾其實並無太顯著差異，整體看來，新移民女性在社會領域教科書的穿著是現代服飾且較為樸素的打扮。

在傳統服飾部分，教科書中的傳統服飾是族群標誌的象徵，因此，透過教科書中身穿傳統服飾的新移民女性，可突顯新移民母國文化的特徵。如翰林版六上安排的新住民嘉年華會（如圖 7-5 所示）和新春聯誼活動中，新移民女性都是穿著東南亞傳統服飾，並手持傳統家鄉菜（如圖 7-6 所示）。

而在「我會交朋友」（康軒版，三上：7）的單元中，以認識不同族群的服飾為主題（如圖 7-7 所示），其中越南女性的傳統服飾，與客家婦女服飾，以及鄒族勇士的傳統服飾同時出現，在此將新移民女性的傳統服飾做為台灣多元族群文化的再現。

另外，圖 7-8 是以身穿印尼的傳統服飾──巴迪克（BATIK）的女性出現，課文中描述一名新移民子女介紹其母親，在插圖中的對話框出現一名穿著傳統服飾的女性，編輯群為突顯新移民女性的特徵，因此以印尼傳統服飾作為其母國的象徵。

圖 7-4　包頭巾的印尼籍新移民女性
資料來源：翰林版課本，四下：45

圖 7-5　新移民女性穿傳統服飾參與演出
資料來源：翰林版課本，六上 B：79

圖 7-6　文化體驗活動的新移民女性
資料來源：南一版課本，四上：56

圖 7-7　不同族群的女性傳統服飾
資料來源：康軒版課本，三下：7

圖 7-8　印尼籍新移民女性
資料來源：康軒版課本，三下：27

三、新移民女性是融入台灣語言文化的外來者

國小社會領域各版本教科書皆有提到新移民為融入台灣生活，學習台灣語言和台灣文化，更努力學習能在台灣生活的各式技能；在教科書中常見到新移民女性參與輔導班，學習電腦、語言等課程。南一版三下「學習與生活」單元中有一段敘述如下：

> 此外，學校為了照顧地方的新移民，會配合辦理相關課程，讓他們學習和了解本地的語言和生活方式，更快適應新生活。（文：南一版課本，三下：30）

如圖 7-9 所示，在教室的場景中，新移民女性手持國語課本，學習我國語文。編輯群以照顧新移民的立場出發，以學校做為提供新移民成人婦女教育學習的機構，讓新移民婦女學習台灣文化，加速其融入台灣生活。

圖 7-9　新移民女性語言學習輔導班
資料來源：南一版課本，三下：30

四、新移民女性具賢妻良母的傳統特質

新移民女性在課本中，所形塑的母親形象往往是伴隨著孩子的教養問題，社會領域教科書中的描述，也傳遞出新移民女性可能會因為適應不良，而影響其親子關係。在南一版四下「家鄉生活的古往今來」單元中，社會放大鏡「我也是台灣的媳婦」之文中描寫如下：

> 新移民阿莉說：……孩子們在學校被同學歧視或嘲笑更讓她覺得難過，還好政府辦理的語言學習輔導班，讓她及其他新移民透過學習，可以用簡單的國語和人溝通；有些地方還成立新移民諮詢處，讓她們的問題能夠得到妥善的解決。（文：南一版課本，四下：44）

母職角色之突顯在文本中更是清晰，從各版本教科書選取的圖中，觀察到母子形影不離的現象，照片中的人物，有不少新移民媽媽是帶著孩子出席各場合，例如：新移民推著嬰兒車（如圖 7-10 所示），或語言輔導班帶著孩子一起上課的情形（如圖 7-11 所示）。

另外，在翰林版四下的照片中，可看見新移民女性推著嬰兒車，其場景應是在公共場所，呈現出母親照顧孩子的樣貌（如圖 7-10 所示）；翰林版五上新移民識字輔導班的照片（如圖 7-11 所示），是某處上課的情境，新移民女性手持課本學習，其中有一、兩位孩子也出現在上課的場合，顯現出新移民女性賢妻良母的傳統特質。

圖 7-10　照顧孩子的新移民
資料來源：翰林版課本，四下：45

圖 7-11　新移民女性識字輔導班照片
資料來源：翰林版課本，五上：57

夏曉鵑（2002）曾分析媒體中新移民家庭被塑造為「破碎家庭的圖像」、「離婚」與「逃家」的污名化，與過度渲染的婚姻暴力事件等，都強化了新移民母親在家庭中弱者的地位；教科書中所塑造出的好媽媽形象，對新移民母親來說，除了正面的肯定，仍然逃不出家庭的母職藩籬。

傳統婦女的特質期待，可能隱含著社會領域編輯群對於新移民女性另一形式的偏見，新移民女性多侷限在家庭中的母職角色，他們可能普遍認為，新移民女性的母職為最重要的使命，以家庭為重，而忽略了新移民女性本身的自主性。就像以前台灣傳統婦女的意象，照顧家庭、逆來順受、刻苦耐勞等特質，為家庭犧牲自我；不過因社會變遷，台灣女性開始走入職場，家務這一塊的勞力空缺，卻漸漸由外籍幫傭或是外籍配偶所遞補。

五、新移民女性突破勞動階層，並為自己發聲

除了勞動階層的職業外，社會領域新修訂版本分別有不同於以往的職業類別，例如：透過烹飪技術與台灣民眾飲食交流的講師（如圖7-12所示）；翰林版則是99學年修訂版增加的照片，呈現新移民媽媽到班級中教導印尼話的場景（如圖7-13所示）。

另外，在康軒版中安排了一張外籍勞工在台爭取合理工作權益的照片（如圖7-14所示），讓以勞動階層為主要職業的新移民，給予其在台勞動權益的尊重；而其中也間雜有女勞工，能為自己的權益發聲，讓台灣民眾看

圖7-12　新移民女性教導本土居民做家鄉菜
資料來源：南一版課本，三下：49

圖 7-13　新移民女性到學校教印尼話
資料來源：翰林版課本，六上 B：79

圖 7-14　外籍勞工走向街頭遊行
資料來源：康軒版課本，六下 B：32

見外籍勞工的需求與處境，打破了新移民被定位在勞動階層默默付出的壓迫者形象。

伍　結論與建議

一、結論

（一）新移民女性處於性別、族群和社會階層的「他者」位置

綜合以上分析，本研究發現在社會領域教科書中所呈現的新移民女性之形象，其外貌上膚色多元且五官深邃，膚色由深到淺均在課本中清晰再現。在服飾部分，新移民女性身著現代服飾多於傳統服飾，並發現現代服飾的穿著打扮是較樸素的，編輯群所選取的圖像多是穿著現代服飾的新移民女性，其在學習台灣文化的場合，或是在工作的場合。至於傳統服飾的打扮，則是參加正式場合才會出現；本文亦發現，三版本中出現的新移民傳統服飾以越南的出現頻率最高。當傳統服飾作為族群標誌的象徵時，各版本教科書的插畫家筆下的新移民女性，也不約而同都是身穿傳統服飾的形態出現，來達到突顯新移民女性性別、族群與社會階層的「他者」位置。

（二）新移民女性傳統母職角色形象的再現

此外，社會領域教科書各版本的女性外籍配偶，在編輯群的認知中，都是以母職的形象出現，其擅長烹飪、照顧小孩、能參與孩子學校的活動。除了肯定新移民母親的正面形象，讓台灣傳統婦女期待的特質，轉而投射在這群新移民女性的身上，也與媒體研究所形塑的新移民行為特質，如勤奮向上、溫順乖巧、愛家、照顧家庭、勤儉持家等，是不謀而合的。

社會領域教科書各版本在描述新移民女性時，皆鋪陳「唯有學習台灣的語言和文化，才能儘速融入台灣社會」，這樣的呈現方式無疑是從「文化同化」的角度出發，主觀以為新移民女性以融入台灣社會文化為首要，而忽視了尊重不同族群差異的多元文化視角。

二、建議

（一）新移民女性圖像的多元化，給新移民在社會領域教科書中的合宜位置

教科書中的圖文傳遞出的族群與性別意像，對於使用者的潛在課程是需要謹慎處理的。從本研究發現，社會領域教科書中仍存有既定的刻板印象，如編輯群所選擇的照片與插畫，為特定的東南亞國家女性，出現場景為學校和政府機關活動。因此，建議未來社會領域教科書編輯業者在課程發展上，應力求突破潛在的族群刻板印象，並能思考圖文背後可能傳遞出的訊息，是否受限於漢族對新移民女性的狹隘認知；亦應加強編輯群對於新移民族群圖文的考證與選擇之背景知識，如實呈現新移民在台灣生活的不同面貌，使得不同族群的學童能有機會從教科書中認同跨國新移民的多元文化內涵，並破除自身跨國階層化的迷思，重新定位台灣、東南亞與世界間的關係，將東南亞連結到世界的一環，給東南亞移民應有的母國文化位置。

（二）突顯新移民女性典範學習的角色

其次，在現行各版本的國小社會領域教科書中，關於新移民女性楷模人

物的描述是懸缺不見的，與原住民和漢人的楷模人物相呼應下，關於新移民女性貢獻的描述，隱藏著台灣社會對新移民女性存在既有弱勢及無能力的刻板印象。在教科書中，過於單方面的呈現出「我們」為「他們」做了什麼，卻忽視了新移民女性為台灣社會和家庭的既有貢獻。

建議在未來編輯方面，宜增加新移民在各領域的傑出表現事蹟，對人物的選擇也要顧及角色的多樣性，透過多元化的新移民楷模人物，不僅能幫助新移民子女建立雙重族群認同，也能使主流族群的學童更了解新移民在台灣社會各領域的付出與貢獻。

（三）加強新移民在台灣生活帶來的文化創新與多元風貌之論述

目前的社會領域教科書中，新移民女性議題多侷限在生活適應之描述，常流於零星的節慶題材。在台灣近十年的新移民潮，以及全球化浪潮之下，加速了不同地區、族群、社會的文化產生交集、融合、混雜、對立與衝突等現象，都伴隨有歧異與複雜的課題，值得再深思；特別是台灣與東南亞國家間，在文化相遇混雜與融合之間所產生的文化創新，是值得再深刻地著墨。建議在教科書中可多呈現新移民各種不同的面貌，以建構新移民合宜意象；且破除對特定族群的刻板印象與附屬角色，能理解在同一塊土地上的每個人都有不同的面貌與生活方式。基於此，教科書編輯群若能在國小社會領域教科書中，呈現台灣與東南亞國家之間文化交流所帶來的文化創新或文化差異的面向，就更能展現新移民女性在台灣日常生活多元的角色，以呈現新移民在台灣社會的主體風貌。

❖註釋

1. 本文原載於《國民教育》，2011 年，第 51 卷第 6 期，頁 6-17。

2. 本文第一作者為莊明貞；第二作者為陳美芝：國立台北教育大學課程與教學研究所碩士，現為新北市鶯歌區鳳鳴國小代理教師。

參考文獻

中文部分

何青蓉（2005）。解構跨國婚姻移民問題化思維：性別、族群與階級觀點。**成人及終身教育，5**，54-81。

吳錦惠、吳俊憲（2005）。「新台灣之子」的教育需求與課程調適。**課程與教學季刊，8**，53-72。

邱淑雯（2005）。**性別與移動：日本與台灣的亞洲新娘**。台北市：巨流。

夏曉鵑（2002）。「外籍新娘」現象的媒體建構。**台灣社會研究季刊，43**，153-196。

夏曉鵑（2003）。從全球化下新女性移民人權反思多元文化政策。**女性電子報，157**。2010 年 5 月 1 日，取自 http://forum.yam.org.tw/bongchhi/old/light/light155-3.htm

宮島喬（2007，11 月 24 日）。**全球化當下的人的移動與民族**。發表於國立台北教育大學主辦之「全球化移民現象與教育回應：台、日國際經驗學術研討會」。

張敏華（2005）。**新台灣之子的媒體形象外籍配偶子女之新聞框架研究**。國立中正大學電訊傳播研究所碩士論文，未出版，嘉義縣。

張耀宗（1996）。教科書中的原住民圖像。**原住民教育季刊，4**，43-49。

莊明貞、林碧雲（1997）。國小社會科新課程性別角色偏見之分析：以第一、二冊為例。**國民教育，38**（1），7-20。

陳亞甄（2005）。**外籍配偶先生的婚姻觀與婚姻生活**。私立慈濟大學社會工作研究所碩士論文，未出版，花蓮市。

陳美芝（2011）。**國小社會領域教科書中新移民族群意象之分析研究**。國立台北教育大學課程與教學研究所碩士論文，未出版，台北市。

陳麗華（1998）。族群意象與族群距離：都市小學班級裡的原漢族群關係探討。**初等教育學刊，6**，81-110。

黃浩榮、黃靖芬（2002，11 月 23 日～11 月 24 日）。**「外籍新娘」的媒體形象再現：以 2001 年報紙新聞報導為例**。發表於私立輔仁大學主辦之「媒介與環境學術研討會」。

廖明潔（2008）。**國民小學社會科教科書中的原住民族形象研究**。台北市立教育大學課程與教學研究所碩士論文，未出版，台北市。

藍佩嘉（2005）。階層化的他者：家務移工的招募、訓練與種族化。**台灣社會學刊，34**，1-57。

蘇雅雯（2007）。析論台灣新移民問題。**網路社會學通訊期刊，64**。2010 年 12 月 1 日，取自 http://mail.nhu.edu.tw/~society/e-j/64/index.htm

西文部分

Banks, J. A., & Banks, C. A. M. (Eds.) (2007). *Multicultural education: Issues and perspectives*. New York, NY: John Wiley & Sons.

Castles, S., & Miller, J. M. (1993). *The age of migration: International population movements in the modern world*. London, UK: Macmillan.

Grant, C. A., & Lei, J. M. (Eds.) (2001). *Global construction of multicultural education: Theories and realities*. Mahwah, NJ: Lawrence Erlbaum Associates.

第八章
性別、知識與權力：九年一貫社會領域教科書中性別文本的論述分析

壹　前言

我國的性別平等議題在本土中小學課程發展的沿革，曾歷經幾個重要的政策立法與課程沿革之階段，最早可溯源於 **1996** 年，行政院教育改革委員會將「兩性平等教育」明載於總諮議報告書中，然政策的法源卻在同年的《性侵害犯罪防治法》中，明令中小學每學年需實施四小時的兩性平等教育相關課程，該時期，大多數的學校係以「活動課程」或「補充教材」的添加式取向為主要的課程實施方式。但因將性別議題置於《性侵害犯罪防治法》中，學校的課程實施亦以性騷擾或性侵害防治等課程內容為主；當時學校雖設有性別平等教育委員會，但推動主軸卻仍以性教育及兩性教育為主。直到 **1998** 年，「國民中小學課程綱要總綱」中明訂，將社會重大議題：資訊、人權、性別、環境、宗教等採融入方式進行後，我國的課程史才首度在正式課程綱要中，將官方知識課程所忽視或懸缺的幾個社會新興議題納入其中，並明訂實施。惟因六大議題能力指標在融入學科課程綱要的過程中，歷經性別、學科課程、不同利益團體之間對多學科統整為一學習領域有不同的觀點與立場，致使性別議題課程的融入學科在政策決定的過程中，始終處於知識與權力的競奪中（莊明貞，**2002a**，**2002b**，**2008**）。

2000 年，教育部公布「國民中小學九年一貫課程總綱」，隨後又公布「國民中小學九年一貫課程暫行綱要」，並於 2001 年公布「國民中小學九年一貫課程綱要」；在課程綱要中，將「兩性教育」列為重大議題之一，且採取融入七大學習領域之中來實施。這是國內首度針對「性別平等教育」所頒布的課程政策，也揭開了我國課程發展史的歷史新頁。此政策確保了國民中小學對於性別平等教育的實施，同時也在國中小課程架構中，揭示了性別平等教育的定位，至此，性別平等教育已成為我國合法性的官方知識。然而，2001 年之性別平等議題的能力指標，在最初公布的「國民中小學九年一貫課程綱要」中，並未能有效整合至七大學習領域中，因此，其後才與其他議題改採重大議題課程綱要的方式，另行獨立公布。

九年一貫課程政策的主軸是企圖在國民中小學教科書發展以及中小學學校本位課程發展中適時融入，此階段性別議題的課程建構主要採「轉化取向」。然而，在上述課程政策與實施融入的方式中，作者仍發現，性別議題能力指標未盡能適時融入在七大學習領域教科書文本中，因而形成性別教育在學科知識建構的困難；無論是現行中小學各審訂版教科書或學校本位課程中，雖零星出現性別教育議題的學習能力指標，但作者在一項國中小教科書評鑑規準以檢視社會、綜合與健體教科書的知識內容中，卻發現若干性別平等教育能力指標在現有國小各版本教科書中，融入的次數懸殊過大，且尚有許多性別平等議題能力指標未能有效轉化為單元學習目標與領域教科書的知識內涵（莊明貞、呂明臻，2009）。

台灣近十年來最大規模的國民教育課程改革就是九年一貫課程改革，然而，「國民中小學九年一貫課程綱要」內容的制訂卻充斥著文化政治性，成為各方知識社群的文化角力場域，這是因為各方知識社群與利益團體均試圖將它的政治勢力伸入課程中，希望能占有一席之地。社會新興議題代表了傳統以來，國民教育階段的懸缺課程過往被義務教育所忽略，性別平等教育位列重大議題之一，因而首度有了課程發展的契機（莊明貞，2008）。九年一貫課程從 2001 年正式啟動迄今，已正式完成實施一輪，並於 2007 年起開始進行課程綱要的微調研修，並已於 2008 年 5 月 23 日公布修訂課綱。性別議題作為重大議題之一，雖在 2004 年《性別平等教育法》通過後，受到政策上較多的關注，但就其知識對學科內容的轉化上，或者理解課程為性別文本上，卻始終停滯在論理層次；相較於許多高階學科，性別議題在學校課程的位置仍屬於邊陲地位。檢視學校所發展的各學習領域課程計畫與教材研發，在性別主流化的理念持續推動下，學校文本所呈現的性別知識往往在學科中是零星與斷裂的，離性別文本轉化為學科知識的理念難以有效落實。

知識生產的再概念化，是課程革新的原動力，在持續進行的性別平等教育課程變革過程中，作者也嘗試去尋找理論與實踐互動的架構，以做為性別平等議題在中小學學科知識建構的可行途徑。但究竟這些性別平等議題能力指標，在課程編訂時被各學習領域選擇融入的情形為何？其又如何被選擇與組織，性別議題的主題軸與能力指標被各學習領域教科書發展者解讀後，其在各學科知識再現的情形又為何？其中，性別文本是否在知識重建中泡沫化或邊陲化？諸如此類的問題，在過往有關性別與官方知識的文獻中，皆指出國定課程知識與權力之政治性，其不僅反映在政策面，也可能反映在教科書編輯與學校教師的學科教學中（Paechter, 2000）。性別議題融入課程的政治性，常反映在各國課程改革的文獻上，並直接影響學校的性別分化之建構（Riddell, 1992）。換言之，一旦性別議題被納入國定課程，其在學校所產生的效應常為一刀兩刃，可以是解決途徑，也可能被引導至死胡同中，而無法獲得有效解決。

整體而言，性別平等教育作為多元文化教育的一環，從課程發展的實際及中小學課程結構而言，並不適合如高等教育的婦女與性別研究，採單獨另設一門學科的方式，即便是高等教育的性別研究，也多採跨科際課程的整合方式建構學程。過往的多元文化教育學者（Banks & Banks, 1997）皆主張，不宜將所有族群的文化資產全納入現行的學科課程之中，因為這將造成學校課程的無限膨脹，導致課程負荷過重，而且也未必能使文化間有充分的涵化與互動。多元文化教育的課程設計與發展理想之作法，是將各族群的文化精華或特色融入現有的課程綱要能力指標中，在各學習領域的學習能力指標中蘊涵多元文化的知識內涵，但又不增加學生原有的課程負擔。

目前本土在性別與知識的再建構上，九年一貫課程各學習領域在融入性別議題的作法，基本上是透過 Banks 等人所提的轉化課程取向之應用；轉化課程取向雖有其政治性，但卻是許多國家在多元文化課程改革應用在學科知識轉化常用的策略之一。由此顯見，我國於 1991 年頒布的《性侵害犯罪防治法》中規定，每學年中小學至少需實施四小時的兩性平等教育活動課程，已不合時宜。雖然現階段的性別平等教育課程發展，與 M. K. T. Teterault（1993）所論及之性別均衡課程階段有一落差，課程決策當局在融入社會新興課題之立意雖然良好，但若要整體課程架構達成性別平等文本重建之理想，則需要透過各學習領域課程發展者，或學科教科書編輯者，從科際統整的理念加以慎思課程之規劃。教科書編輯者若還是堅持沿襲傳統的學科知識本位，性別平等教育的理想恐將難以落實。

我國的《性別平等教育法》於 2004 年 6 月 23 日立法通過，雖然賦予了性別平等教育在課程發展的契機，但因為 1998 年「國民中小學九年一貫課程綱要」早已公布了「兩性教育」議題，所以政策當局希望因應法源而能適時改名，基於回歸課程法源基礎的正當性，已於 2008 年微調修訂完成，並於 2011 年正式實施「性別平等教育議題」課程綱要。在課程變革上，為對性別研究的知識概念範疇加以擴增，且增加對若干能力指標的補充說明，卻裁減 2001 年版的課程綱要學習能力指標總數，並以各階段能力指標能融入各學習領域為主要目的（教育部，2008）。未來期能與後期中等學校性別平等教育課程綱要作一向上銜接，始能建構十二年一貫的性別平等教育於國小至國中、高中的一貫課程。

國中小教科書融入性別文本是國內重大的知識變革，國定教科書在融入性別議題後，其知識生產過程中如何選擇？知識轉化情形又為何？有何知識與權力的控制機制？而性別議題在融入國中小社會學習領域知識文本中，是否有呈現邊陲化現象？諸如以上問題，皆為本文欲分析理解的研究目的。

貳 研究目的與問題

本研究基於以上本土國中小課程沿革背景的分析，有以下幾項主要的研究目的，並以論述分析方法進行分析：

1. 2001 年版的兩性教育議題課程綱要之學習能力指標，在其後的社會學習領域審訂版教科書中如何被選擇？
2. 經融入的性別能力指標，在三個審定版社會學習領域教科書中的知識內涵轉化情形為何？性別議題能力指標在融入上述社會學習領域的知識布局又為何？

3. 經由以上針對三個審定版社會學習領域教科書的性別文本分析，提出社會學習領域教科書在融入性別議題的改進建議。

參 文獻探討

本研究在理論層次上，擬從課程重建學派、多元文化女性主義論述，以及知識社會學等論理基礎，來理解國內在課程改革脈絡下，將課程理解為性別文本所產生的文化政治性議題。茲將本研究的理論基礎與國內外相關研究敘述如下。

一、課程理解為性別文本

課程理解為性別文本，即在理解性別和課程之間的關係。課程論述以女性主義角度分析，或以基進的酷兒理論（queer theory）性別分析，上述分析都關注由社會性別和生理性別所產生的不平等待遇，其關注的是社會建構所造成的不平等方式。基於性別的不平等有可能影響到生活的各層面，據此，女性主義者極力要根除鑲嵌於性別之間，交互作用的不平等之權力關係。女性主義理論和實踐挑戰建構，以及再現女性從屬關係的意識形態和論述，這些係源自於先天的生物性差異，並支配特定的性別角色。從女性主義的角度觀之，學校教育所提供給女性的經驗和結果，其教育品質仍值得投入大量關注（Gale & Kensmore, 2000）。

性別議題長久以來受到忽視，課程重建學者 W. F. Pinar（1998）即指出，早期的一些教育體制即呈現明顯的性別不平等情形，例如：男女同校制、廣招女性教師，或提出「女孩成為好母親、男孩成為乖孩子」的觀點，其次是以男性為中心的課程，加強對性別的管控，而這些課程均強調性別分工，也就是男孩做工藝、女孩做家政。同樣的，S. Delamont（1983）也發現，學校教育在性別對待上是保守的，例如：性別隔離非常嚴格，將男孩和女孩分到不同的課程領域中，或是提供過時的性別角色模式，強調男性為養家活口者，而女性則為非就業的家庭主婦，或是無法挑戰學生自己的性別角色刻板印象，甚至誇大地強化不同的衣著、舉止、言語使用，以及活動。

1960 和 1970 年代間，出現了一場 Juliet Mitchell 稱之為「有史以來最具革命性的運動」，這場運動開始命名為「婦女解放運動」（Women's Liberation Movement），其後在學術發展上習稱為「女性主義」（feminisms）。一般而言，針對學校和教育的女性主義或「性別政治」的分析和評論，歐美自 1970 年代即開始，它有兩個不同的互補層面：在第一個層面上，以女性主義進行批判分析學校教育的物理環境、教科書、規則標準、課堂互動、正式和非正式的學校政策中，其所體現的性別歧視和性別刻板印象，其主要關注的是平等（equity）；而在另一個層面上，1970 年代的批判論述分析和評論研究，主要在學校和社會中性別差異如何產生，包括：教育、教育研究、知識觀、關於認知者，以及認知對象之間等方面的衍生影響。這種課程研究分析取向更傾向於理論化，與「基進女性主義」觀點有異曲同工之處，此一取向最終引發了性別分析，並對課程重建學派產生了巨大的影響。這種女性主義理論所強調的性別生產與再製，與課程政治研究的再製或符應理論相似。1970 年代，基進女性主義者把他們的注意力轉向到「父權制度」之挑戰（Pinar, Reynolds, Slattery, & Taubman, 1995）。從基進女性主義者之解讀，父權制度被視為是女性受壓迫的根源，換言之，這種壓迫是男性權力的產物。女性主義教育學者已指出，傳統教育研究存在性別盲（gender-blindness）現象，甚而教育中的男性—女性關係，在晚近的教育社會學中也常被忽略。新教育社會學則主要關注於知識的分配和組織、關於階級結構再製的文化和意識形態，其後的發展，社會主義女性主義者嘗試把性別關係的再製納入，而擴展了社會再製理論（J'o'nsson, 1992）。

此外，L. Grant（1992）也引用了「性別霸權」這個概念來說明，例如：性別偏見等性別不平等之肇因，建構於男性特質和女性特質變化形式的過程類型，從權力和威望的角度，即以階級制度方式來配置性別，並在學校內創造勞力的性別分化。種族主義和性別主義是連鎖的支配系統，它們彼此互相支持和維持（hooks, 1990）。學生在相互競逐的形式中做選擇，以形成性別認同和學校的性別霸權。

二、課程分化與性別分化

學校教育立足於公共和私人領域的交叉點，體現了在這兩個領域所發現的性別矛盾。在小學教育的歷史中，學校的物理空間和課程或許並沒有正式地按照性別來區分；然而，在成人組織的學校生活中，性別卻是一個可見的標誌，因為學校教師很習慣採取男生和女生為開頭的稱呼，例如：「男生先來……，再來是女生……」，教師有時候甚至會將性別作為排列孩童和組織活動的一個基礎。性別是一種再現，並且是一種可見的社會類型，它粗略地將人口區分為二，而且對於女孩和男孩的區分已滲入學校和操場的歷史和知識中（Thorne, 1992）。

在國內研究的部分，楊清芬（2002）從社會建構的身體（衣著、氣質、侵犯與保護、身體變化）、學校組織中的個體（依性別擺置個體、男生與女生各司其職、為未來職業奠基）、個體在社群中的游移（師生關係、男生與女生的空間距離）、空間中的個體（校園遊戲、對校園的認知、女賓止步、男生的空間比較大）等項目，來檢視校園生活中所充滿的性別不平等情況。M. Sadker、D. Sadker 與 L. Long（1993）則將教材內容的性別分化區分成四大類，包括：性別刻板印象、男女性出現次數差距太大、常用男性專屬語言，以及偏差失衡。

然而，性別分化從課程論述分析來入手應該是可行的，因為課程組織的規劃與安排，主導著學校教育活動的運作，其中所傳達的知識內容也形塑了孩童對於性別平等概念的建構，其肩負著性別生產與再製的機制，其重要性不言可喻。

課程組織對於性別認同和性別關係在許多分析研究，似乎呈現了三種趨勢，即檢討男生和女生對於課程提供的近用權、對不同性別期待的考量，而這種考量環繞在學科適切性這個概念，以及探究性別分化的意識型態，而如何滲透和融入在班級中所利用之文本和論述的形式（Walker & Barton, 1983），也是 1980 年代的研究重點。

雖然美國的 Title IX 法案之公布，已提供對所有學生在課程領域的合法近用權，但是傳統的性別角色期待，仍持續影響了各種的課程領域要由誰來參與。在學校教育中，不同性別經驗到不同的課程，以及對於相同的課程，不同性別也有不同的經驗。學校課程和性別相關聯的重要議題，即是學術性學科與教材。

性別分化確實藉由課程的傳達而存在，這早在 S. S. Klein（1985）所編的《經由教育獲致性別平等手冊》（*Handbook for Achieving Sex Equity through Education*）一書以及近期修訂的文獻中即指出，在小學期間，學校傾向於以一種性別中立的方式來建構課程，換言之，所有的內容都要教授給全部學生。然而，統計學生在學校的參與情形，卻顯示出在某些學科領域，不同性別之間有明顯的落差現象。而依性別來檢視學生對課程的參與，有數個普遍的假設：其一，各種不同學科課程領域的學生成就，會隨著不同的性別群體而下降；其二，某些學科領域的學生參與量（選修量）會有性別差異；其三，對於課程的態度或信念，不同的性別群體之間會有差異。這些研究結果皆顯示，學校的不同學科學習會形成課程在性別上的分化，這也是本研究想要檢視與比較的不同學科在性別平等議題的知識負載情形，因性別分化對學生的學習與生涯選擇將產生重大影響。

三、性別文本的教科書論述分析研究

回顧性別議題的正式教科書檢視研究，從早期 1988 年婦女新知基金會體檢教科書肇始，其發現在教科書的圖文內容中，男女比例過於懸殊，男性角色多元、位階高，女性除了以操持家務的賢妻良母角色受到再現之外，女性角色的社會位階普遍較低，而且提供的素材主要在教導傳統社會中的男女刻板印象，與現代的性別角色差距太大，對於女性生涯觀與現代婚姻倫理的轉化會造成偏見與歧視之影響。其後，受到性別研究社群與不同學科課程研究學界的重視，諸如：歐用生（1985）、黃政傑（1988）、謝小芩、王秀雲（1994）、莊明貞（1997）、蘇芊玲、劉淑雯（1997）、方德隆（1997）等人，也都曾陸陸續續對國內在不同時期所發展的不同學科教科書之意識型態進行檢視與分析。上述的文本分析研究，大多在檢視 1975 年的課程標準，以及 1993、1994 年課程標準所發展出來的國編本及審定版各科教科書，發現其中充滿了許多性別角色的刻板印象，有的甚至從量化數據以突顯女性角色楷模之隱而未見。近年來，課程變革後的教科書研究，例如：粟慧文（2003）檢視九年一貫課程國小語文領域教科書性別角色內容分析發現：課文中的人物刻板情形已有改善，但兩性職業與家務分工仍存在著明顯的刻板印象，而教科書中的女性特質仍舊是溫柔的、戀愛的，男性則是強壯的、愛冒險的。

揆諸以上性別在教科書文本的研究成果，相較於以往對教科書性別意識形態的分析，有系統而長期縱貫比較不同時期性別議題在知識文本變革之研究，卻相對付之闕如，而對於近期國內課程變革中，性別平等議題能力指標中的知識概念，如何轉化與再現於新版教科書的研究，更是鮮少，而分析性別議題在自然與科技學科的文本分析研究，相較社會科又更少，故本研究在此知識變革快速的時代，擬從事新課程文本論述分析，更突顯其重要性。

值得注意的是，教科書文本的性別意識形態之檢視，雖有消極、避免教材中的性別、種族及社會階層等意識型態及性別角色刻板化的再製問題，但終究無法建構一個「無性別偏見的課程文本」。有鑑於性別研究促進課程知識的再概念化，從 1988 年起，大量的性別議題研究在學術知識社群中逐漸產出，受到九年一貫課程將性別平等議題融入至國定課程的影響，研究的取向逐漸脈絡化。近幾年，許多博碩士學位論文（例如：林昱貞，2001；林淑芳，2002；林碧雲，2001；殷童娟，1999；高志芳，2004；張如慧，1998；張志明，2003；陳靜琪，2003；楊蕙菁，2000；蔡淑玲，2002；鍾佩怡，2000）皆關注於性別平等教育議題的融入和課程實踐上，多數將性別議題融入傳統學科中，而加以進行課程實踐行動研究，企圖整合文化價值轉化學科知識成為性別均衡的學校課程文本。這方面的知識產出，在學校場域中顯現出，實務工作者結合其性別意識所試行的課程研究，正逐漸受到重視。

楊蕙菁（2000）、吳雪如（2002），以及高志芳（2004）的合作行動研究，則是在「國民中小學九年一貫課程綱要」的架構下，採取主題統整課程的設計，將性別平等教育議題融入於正式課程中，並在各學習領域中實施。其課程設計的方式，打破了與單一學習領域的結合，並採取主題統整式與各學習領域的概念結合，在適合的學習領域中融入。另外，蔡淑玲（2002）也採取行動研究的方法，但整個課程設計方案是在輔導活動課程中實施，並未融入九年一貫課程學習領域的架構之中。林淑芳（2002）則是以「性侵害防治」為主題的課程方案，在《性侵害犯罪防治法》的脈絡下實施，此項研究較傾向在九年一貫課程架構之外，另行設計主題式的統整課程。吳秀玲（2007）則結合了敘事探究與合作行動探究，敘說國小女教師性別意識覺醒及其自我在學校場域課程實踐之歷程，此類研究皆是以教師理解課程為性別文本的脈絡性研究。

而在國際性別課程的文獻顯示，美國學者 Teterault（1993）在建立多元文化社會的性別平衡課程架構中，曾提出了一個課程發展階段論，此階段論係在學科發展的分類系統中，編入女性的傳統歷史和經驗課題。而關於此性別均衡的課程階段模式，依次為：男性界定課程、貢獻課程、雙焦點課程、女性課程、性別平衡課程。對此五種課程階段的假設，係認為某一階段取代另一階段是繼續存在的，而非直線式的代替，在相互反應與互動交織中，由前一階段（如補丁式的）慢慢演化至下一階段。教師、課程學者及教科書發展者，對特定階段的文本與閱聽者的互動理解與意義的詮釋，對多元文化教育的發展是格外重要的。

以我國現有的性別議題與知識變革之發展，大致上的發展軌跡也是如 Teterault 所提的課程發展階段一般，依據以往 1993 年課程標準與課程架構，性別教育的課程實施在課程設計上並未改變既有的課程架構，而是以添加取向的方式，從貢獻的模式漸進入添加的模式。早期大多為添加式的課程，對主流知識體系影響不大，2001 年「國民中小學九年一貫課程綱要」公布後，地方縣市教育局所編撰之「性別平等教育補充教材」，大多依循教育部（2001）第一次所公布的「國民中小學九年一貫兩性教育議題」課程綱要，但這些補充性教材相對於學校學科的課程知識，對學生的影響仍是有限，大多數的學科課程無論是教師指引，或是學生使用教科書的發展，會朝著性別足以充實與轉化學科知識而加以編輯。

根據一項加拿大國家大型課程性別充實課程的課程轉化研究指出，將性別融入教育科技、自然科學、職業教育，以及社會與語文等科目課程，是一項前瞻性試驗，但也是一項充滿知識革命的政治性計畫（Gaskell & Willinsky, 1995）。

而在教材部分，國外研究的成果大致指出有幾個問題：首先是隱而不見

（曝光率低），即是女性在教材中呈現的次數遠低於男性；其次為刻板印象，也就是對女性存有偏見；第三為不真實（位置性），亦即女性圖片被放置的位置及以核心家庭當作範本；最後為分裂／孤離，也就是在教科書中安插一些關於女性表現的內頁，以回應婦女運動的要求，或在章節末尾提到女性的貢獻，但卻未修改主要的文本內容，即以貢獻取向來處理。分析上述在教材中關於女性的再現，主要有二個問題：首先是職場中的僵化性別角色之意象；其次為在文學課程中是否要包括一些不同群體的文章？及至小學教育為止，男孩和女孩知覺到某些內容領域似乎具有「男性氣質」或者「女性氣質」，這種把某個課程領域認同為某個特定性別的疆域，將影響學生對他們自己的職業生涯選擇之期待。有些學生就算給予選擇權，也將會迴避某些學科課程內容領域，因為它體現了與他們的性別角色期待互相衝突的特質（Sadker et al., 1993）。

Bailey（2002）在其所主編的《性別與教育》（*Gender in Education*）一書中，有關性別平等的課程研究大多指出，在中小學階段的課程並非性別中立的，不論是女孩、男孩或老師都認為，閱讀與寫作屬於「女性氣質」，連全球性的閱讀測驗都顯示，女孩的成績比男孩好。而研究顯示，數學和科學更是明確被認為是屬於「男性氣質」，若給予選擇權，女孩比男孩較不可能選擇高階的學科，例如：數學和科學。這種課程依性別群體而分類的結果，不同性別在大學和其後的職業選擇將變得更為明顯。在職業領域分化則更為明顯，其為學校教育學科課程刻板印象的再製：女性被鼓勵選擇養育以及與孩童相關聯的工作，例如：幼教工作；而男性則要選擇科學類的職業，例如：電腦科技工程師等。

綜上分析，從國內相關性別平等教育的課程研究知識庫可理解，性別課程發展逐漸從傳統課程中男性界定的課程，逐漸發展到性別平衡課程，並從添加取向的課程轉變為轉化取向的課程，其最終目標在於社會的整體改革。

此外，課程研究典範因受到女性主義教育學之啟發，性別與課程研究也逐漸從概念實證取向轉向為質性典範的研究，並重視實務工作者的實踐知識之課程行動研究，漸蔚為風潮。然而這些研究均側重工具知識的產出，即較多的研究興趣在於性別議題如何融入學科課程，即便是研究者過往在政策性的委託案，亦是課程轉化取向的應用（莊明貞等，2005，2006），但對於不同領域內學科課程設計者如何理解課程為性別文本，性別議題在高階學科的知識再現之論述分析則較少著墨，在後現代主義或後殖民主義的論述分析上更是闕如，這是本研究想要進一步補足的地方。

性別的知識關涉價值，其所屬議題也關涉政治、倫理、哲學、法律所處理的知識論範疇，其可包含男性主義、種族主義、教條主義、沙文主義、霸凌主義、多元文化主義、女性主義等，這些理論所指涉的知識假定，都將在性別知識的文本分析中進一步討論。因學校學科教科書，往往是教師課程決定知識的主要來源，也是學生獲取知識的主要來源，其重要性不言而喻，這也突顯了本研究的意義與價值。

本研究基於上述理論視野的分析，有鑑於微調修訂的性別平等教育議題課程綱要之審訂版教科書已於 2011 年正式實施，在此教科書逐年修訂之際，為掌握時效，以了解 2001 年版社會學習領域教科書如何被選擇，企欲理解性別議題在 2001 年版的國中小社會學習領域審訂版教科書如何被選擇？性別議題能力指標在社會學習領域的分布情形為何？經融入的性別能力指標在社會學習領域的知識轉化情形為何？並論述前述學習領域之中，各學科權力角逐情形對性別議題融入學科知識，有否造成性別議題邊陲化之影響。本研究擬以此研究目的作為主題，以開拓性別研究與課程知識文本研究的新視野。

肆 研究方法與設計

一、批判論述分析

本研究採用 Fairclough 的批判論述分析（Chouliaraki & Fairclough, 2002; Fairclough, 2002a, 2002b），來理解本土性別議題融入學科領域所產生的知識、權力與控制議題，特別是在社會學習領域、健康與體育，以及綜合活動等學習領域的知識文本分析，所涉及眾多傳統學科其知識疆界之重組更為明顯，再加上性別議題的融入係屬跨越邊界，特別突顯其文化政治性，以 Fairclough 的 CDA 文本與論述分析來蒐集與分析本研究資料，可詮釋上述研究目的，茲將 Fairclough 的批判論述分析其研究方法與流程分析如下。

Fairclough 的取向是一種論述分析的文本取向，試圖統合以下三種方法論傳統（Jorgensen & Phillips, 2002）：

1. 在語言學的範圍之內，詳細的文本分析。
2. 社會實踐的鉅觀—社會學的分析。
3. 在社會學之內的微觀—社會學的分析，詮釋的傳統（包括民族誌方法論和對話分析）。

於此，每天的生活被視為是人們行動的結果，其中他們遵循一組共享的「共識」規則和程序（如圖 8-1 所示）。

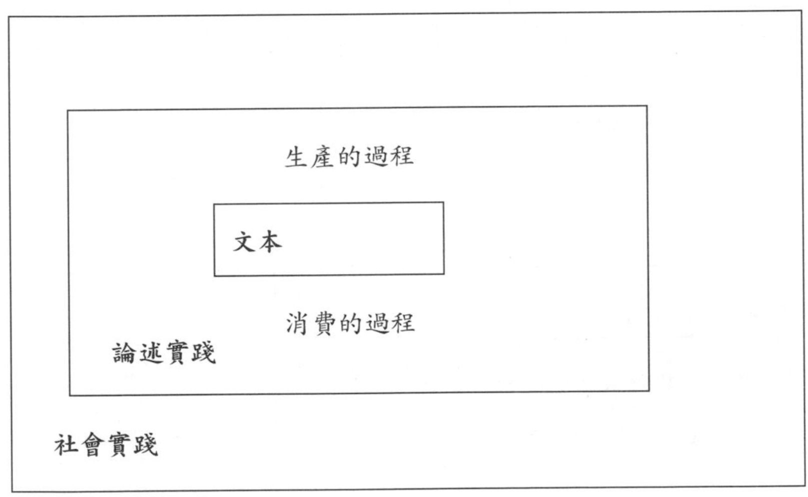

圖 8-1　Fairclough 的 CDA 三向度分析模式

Fairclough 的 CDA 模式，包括了三個交互關聯的分析過程，而它們是與三個相互連結的論述向度相聯繫。這三個向度是：⑴文本的語言性特徵，即語言結構的分析（文本的層次），包括：語言的分析和互為文性分析（包括口語、視覺或者口語和視覺的文本）；⑵與文本的生產和消費相關的過程

（論述實踐的層次），即論述和文藝作品類型的分析，它們是在文本的生產和消費中被清楚表達的，也就是文本被生產和為對方所接受（書寫／説話／設計和閱讀／聆聽／觀看），例如：教科書編輯者的文本生產與教師運用教科書的觀點；⑶文本所隸屬之更寬廣的社會實踐，即決定論述實踐過程的社會—歷史條件（社會實踐層次）。思考這種論述的實踐，是否再製了或重新建構了既有的論述規則，以及這種實踐對於更廣泛的社會實踐可能產生的影響（Fairclough, 2002c; Janks, 2002; Jorgensen & Phillips, 2002）。

Janks（2002）認為，Fairclough 的 CDA 取向有用之處在於，它使得這種分析聚焦於組成文本的意符，特殊的語言選擇，包括它們的並列、順序和布局。然而，它也需要讓這些選擇的歷史性決定是被認知的，以便了解這些選擇是與可能的條件相聯繫。換言之，文本是一種受到社會所控制的論述之示例，而且文本的生產和接受的過程，也是受到社會所限制的。Fairclough 的 CDA 取向之所以廣為應用的原因，在於它提供多元的方法分析切入。問題在於分析者所發現的，需要加以描述、詮釋和解釋的類型，往往是交互關聯的（如圖 8-2 所示）。

在圖 8-2 中，不同盒子的鑲嵌強調這些向度的交互依賴，和不同分析類型之間向前、向後來回移動的錯綜複雜性；若同時用三個向度來思考，就很

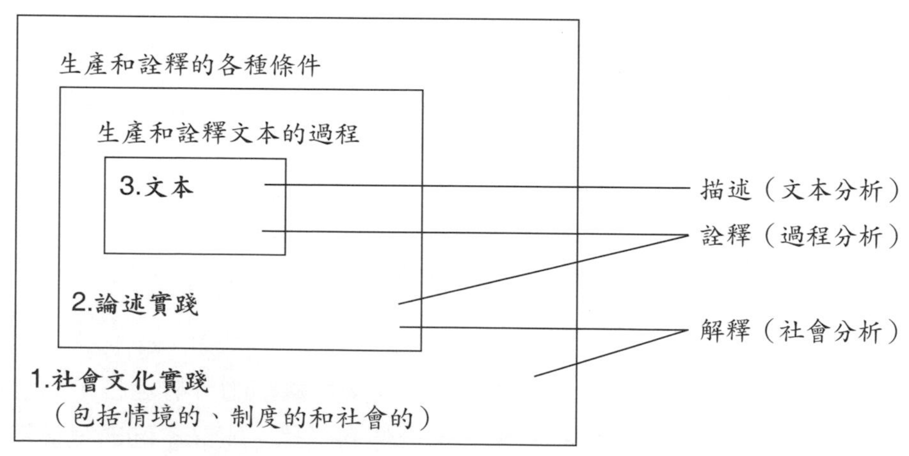

圖 8-2　Fairclough 的論述和論述分析的向度
資料來源：Janks（2002）

容易掌握 Fairclough 所言：盒子的交互依賴性，因為這些盒子是相互套疊而非同心圓。這種三個向度的想像，使得我們可以了解一個分析的步驟，以檢視一個單獨的盒子，就需要打破這些盒子之間的交互依賴，且需要接下來的步驟，把該盒子重新置回到它交互關聯的位置中。

Fairclough所揭示的互文性分析，總共有三個主要的分析策略：首先是「論述再現的分析」，它所處理的主要是檢視主導再現者的論述，與被再現者的論述之間的邊界如何被維繫與調整。用在傳播事例的分析上，主要即是檢視報導者與被報導者之間聲明與立場的分際，例如：檢視文本中不同的被報導者，他們個別的立場、意見與辯駁是否有機會被完整呈現？是被特別突出，還是被減縮淡化？是被直接引述，還是被間接溶入報導者的論述中？若被引述或報導，其出現頻率、出現順序，以及所占比例又有何不同？Fairclough認為，在宣稱客觀平衡報導的媒介文本中，都可巧妙的利用這種對邊界的操作，隱藏其實質的政治偏好與立場。

互文性分析的第二個分析策略為論述型態的文類分析，它所處理的主要是各個類型的論述在文本中如何被配置的問題，例如：在報導文本的內容安排上，哪些內容被配置在標題、導言、主要段落、附屬段落與結論中？哪些內容作為故事部分形成敘事（narrative）？哪些部分另納入說明部分？作為敘事內容的部分，哪些被配置為背景？情節安排如何？哪些當事人又被安排為主角或配角等？在 Fairclough 看來，不同類型的論述，都可能會有完全不同的配置方式。第三個分析策略則是就文本中的論述加以分析，它所處理就是文本中不同的立場與觀點，特別是關乎意識形態部分的配置，例如：檢視文本內容中哪些是屬於採訪報導對現場經歷的具體記述？哪些是屬於報導者刻意延伸，挾帶立場或觀點的部分？支配論述與對立論述在文本中又是以什麼形式連結？哪些立場與觀點是明示亦或是暗示的等？對 Fairclough 而言，這部分的檢視，主要即在呈現媒體文本的意識形態歸屬。

二、研究架構與流程

教科書作為性別重要文本的成果，其知識生產過程是需要加以分析。根據 Fairclough 的 CDA 觀點，每一個向度都需要不同種類的分析（Janks,

2002）：(1)文本分析（描述）；(2)過程分析（詮釋）；(3)社會分析（解釋）。

本研究採用 Fairclough 之批判論述分析，並配合研究目的加以修正，主要以文本分析及過程分析為主，茲將研究架構與步驟分述如下（如圖 8-3 所示）。

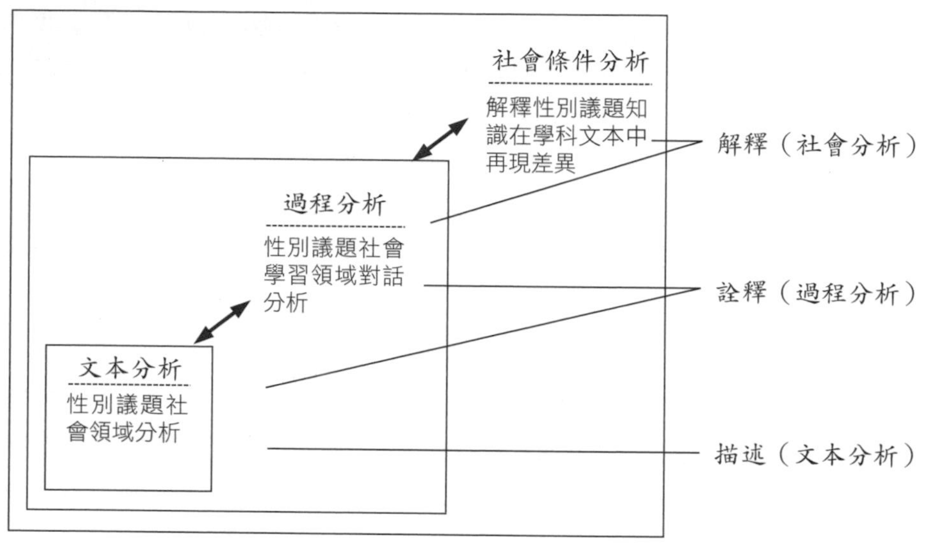

圖 8-3　研究架構與步驟

本研究依前述 Fairclough 的 CDA 向度分類，在不同研究期程中有以下的研究流程：根據莊明貞、呂明臻等人（2009）已發展的學習領域教科書評鑑規準，加以定量檢視與定質分析，逐冊以單元逐課進行文本分析，以描述修訂的國中小社會學習領域審訂版教科書中的性別議題能力指標如何被選擇（文本分析）；其次，再詮釋性別議題能力指標在社會學習領域情形分布為何（過程分析）；最後，分析經融入的性別能力指標在社會學習領域的知識轉化情形為何？解釋前述性別社會建構知識的布局為何？以及其突顯哪些知識內涵性別分化現象（社會分析）？

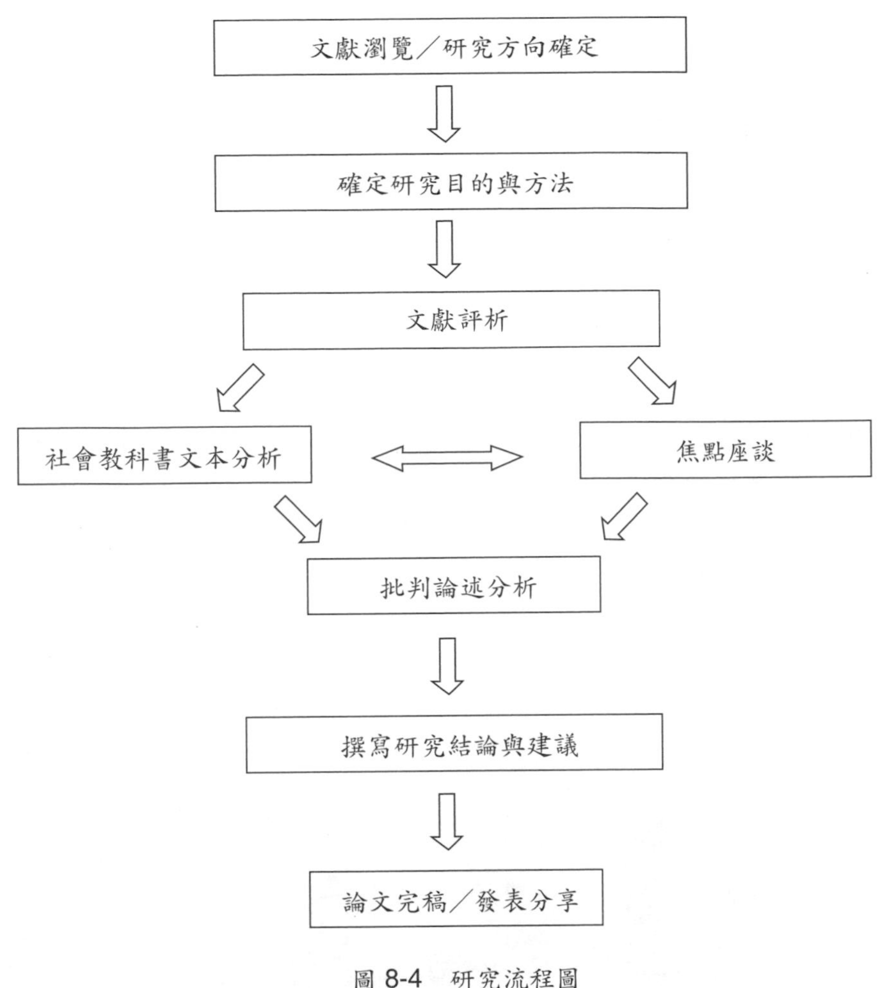

圖 8-4　研究流程圖

伍　研究結果與討論

根據莊明貞、呂明臻等人（2009）所建構的性別教科書評鑑規準，本研究企圖分析性別議題融入社會學習領域，哪些性別議題能力指標被教科書編輯所選擇，其在各審定版教科書中的知識分布為何？其知識轉化情形又為何？以下將分析結果分別討論之。

一、性別議題融入社會學習領域教科用書知識分布情形之分析

檢視教科用書的知識分布情形，發現 2001 年版教科用書中，仍潛藏有一些性別刻板化及性別偏見等現象，以下茲就國中小社會學習領域的教科用書，分別舉一些實例，加以詮釋。

（一）社會學習領域知識分布情形分析

1. 國小社會學習領域教科書性別平等教育議題融入情形

本研究實際檢視 2001 年版本的教科用書時，發現在國小社會學習領域性別知識分布情形不甚理想，相關情形如圖 8-5 所示。

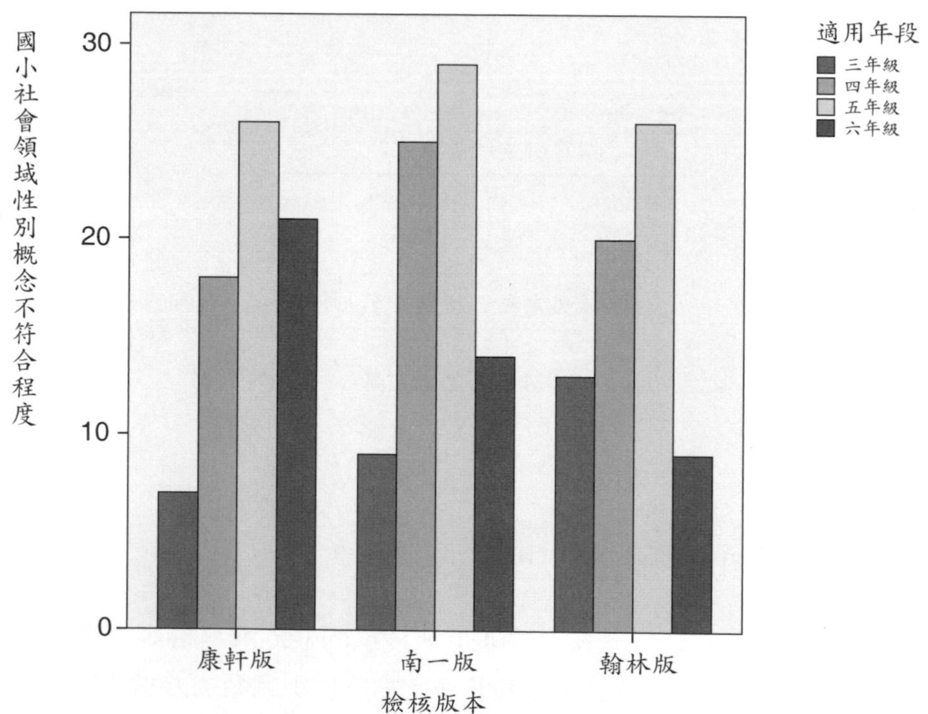

圖 8-5　國小社會學習領域性別議題融入教科書呈現情形

註：條狀圖程度愈高，表示該版本愈不符合性別平等原則（以累加次數作為計算）

由圖 8-5 所示，國小社會領域教科書融入性別議題的知識分布不甚理想，只有康軒版的三年級與翰林版的六年級表現較佳，其餘年段的性別內涵均有待深化。

透過所發展之性別平等教育教科書評鑑規準，來分析國小社會學習領域教科書，檢視結果發現「社會領域教科用書能均衡呈現不同性別者的成就與貢獻」、「社會領域教科用書能呈現性別平等的資源運用與分配」、「社會領域教科用書封面、內文與插圖能呈現多元的性別角色」部分，尚能呈現符合性別平等之意涵。

然在其他評鑑規準所呈現的檢視結果，皆不盡理想，換言之，徒具指標但實質內涵未能突顯性別理念。研究發現，以南一版本六上第 54 頁在探討「社會變遷當中的家庭變化」為例，文中只探討到大家庭到小家庭的變化，並未能呈現當代社會當中如單親家庭、隔代教養、外籍配偶家庭、繼親家庭等型態，缺乏多元家庭型態的呈現（如圖 8-6 所示）。這樣的教科書內容呈現容易窄化當今社會當中多元的家庭型態，也有再製美好家庭的圖像，即為——大家庭或小家庭的意象。

從大家庭到小家庭

在農業社會中，需要大量的人力參與農耕活動，因此家庭成員除了祖父母和父母外，還包括叔叔、伯伯、姑姑等親人。大家一起工作，共同參與各種慶典，家族活動成為當時人們生活的重心。

現今的社會，鄉村的青壯人口移往都市，再加上政府早期推行家庭計畫，及養兒防老的觀念漸漸淡化，使得過去的大家庭逐漸變成以父母和子女組成的小家庭。同時，家庭成員常因就學、工作或成家等因素分散各地，個人增加和其他群體接觸的機會，與社會的互動更密切。

①三合院是以前農業社會中較常見的建築型式。

②從前的大家庭，家族成員眾多。

③小家庭只包括父母和子女，家庭成員比較少。

圖 8-6　社會學習領域（國小組）
資料來源：南一版（六上）

整體而言，可以發現國小社會學習領域教科書，在封面、內文與插圖部分有積極欲呈現性別特質的多元面貌，例如：教科書版本康軒六上學生手冊第 46 頁、第 47 頁部分，以「女性在社會中多元角色」的圖文，來帶領學生了解如何在各行各業中女性的專業表現，以突顯出性別均衡表現（如圖 8-7 所示）。

加油站

性別平等　指每個人都應站在公平的立足點上發展潛能，不因生理、心理、社會及文化上的性別因素而受到限制。

性別平等向前走

隨著女性教育程度的提高，以及性別平等觀念的提倡，女性就業人口快速增加，在各行各業都有傑出的表現。尤其在傳統上屬於男性的專業工作，也有愈來愈多的女性投入。

女性歷年工作職別統計表

該職業別中女性所占比率（%）

職業別＼年分（民國）	67年	72年	77年	82年	87年	92年	95年
民意代表、企業主管及經理人員	11.92	10.53	14.70	12.24	14.12	15.93	17.89
專業人員	41.56	45.16	46.77	47.22	51.73	49.26	47.32
技術員及助理專業人員	32.45	36.33	42.53	39.32	40.25	42.37	44.18
事務工作人員	54.45	60.37	64.69	72.33	76.44	76.93	77.15
服務工作人員及售貨員	36.70	41.12	43.49	51.03	53.04	55.37	56.37
農、林、漁、牧工作人員	29.92	30.73	29.85	29.15	28.52	27.82	28.41
生產有關工人、機械設備操作工及體力工	31.18	32.61	33.53	28.59	26.53	26.73	26.01
女性總就業人口比例	32.87	35.49	37.79	38.00	39.60	41.72	42.54

近年來，臺灣地區女性從事專業工作的比例，有增加的趨勢；而靠體力的女性工作者，則逐漸減少。

（資料來源：行政院主計處民國95年《人力資源調查統計年報》http://www.dgbas.gov.tw/public/data/dgbas04/bc4/year/95/table13.xls 檢索日期97/01/25）

女性就業人口已經成為推動臺灣社會發展的重要力量。

46

圖 8-7　社會學習領域（國小組）
資料來源：康軒版（六上）

2. 國中社會學習領域教科書性別平等教育議題融入情形

本研究實際檢視 2001 年版本的教科用書時，發現國中社會學習領域的知識分布情形，如圖 8-8 所示。

由圖 8-8 所示，國中社會學習領域教科書的知識分布，只有康軒版的七年級與翰林版的七年級融入情形較佳，其餘年段的內容均有修正空間。本研究應用性別平等教育教科書評鑑規準，檢視現行社會學習領域教科書文本發現，現行 2001 年版國中社會學習領域教科書內容所再現的性別概念與意涵，在教學屬性的部分符合度最理想，而性別平等教育教科書評鑑規準與課

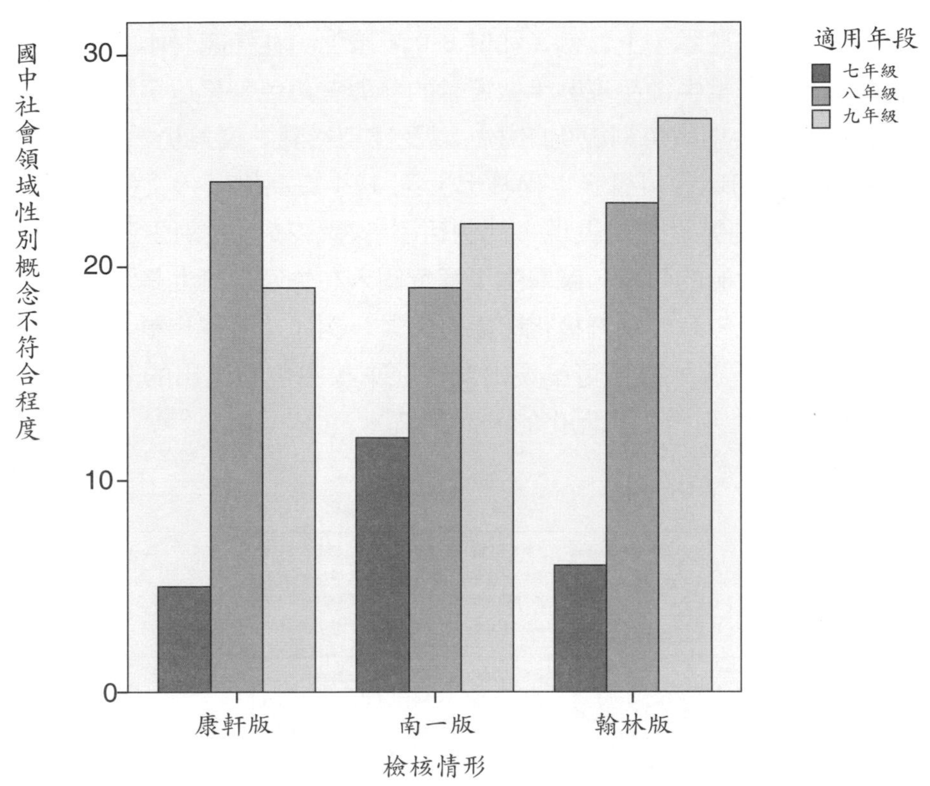

圖 8-8　國中社會學習領域性別平等教育議題融入教科書呈現情形

綱主、次概念的對照分析發現，現行國中社會學習領域教科書內容中所再現的課綱主、次概念，大凡以「性別角色的刻板化」為主，而兼及「多元文化中的性別關係」等次概念，以知識概念「資源的運用」則未能再現教科書中的圖文內容。

整體而言，國中社會學習領域教科書的檢視結果發現，「社會學習領域教科用書能破除性別角色的刻板化現象」、「社會學習領域教科用書能探討家庭與婚姻中的性別權力關係」、「社會學習領域教科用書能引導學生不受性別限制地參與公共事務」、「社會學習領域教科用書能引導學生實踐多元文化社會中的性別平等關係」、「社會學習領域教科用書封面、內文與插圖能呈現多元的性別角色」等部分，較能符合課綱指標意涵，但仍有少部分是可以更加精緻化及深刻詮釋。經分析發現，教科書當中的插圖仍有以男性為主之傾向，以南一版本七上為例（如圖 8-9 所示），在插圖當中主要介紹動手做實驗，然圖片當中卻發現動手做實驗的參與者角色都是以男性為主，此現象突顯傳統之性別角色刻板化印象，以及性別從屬之偏見仍然存在。

以社會學習領域教科書版本翰林七上第 174 頁為例，內文中介紹西點軍校女狀元——劉潔之傑出表現，此例可引導學生破除性別生涯規劃的限制，也希望透過教師的引導，讓學生了解每個人在生涯規劃上是沒有性別之限制，以破除傳統中有性別刻板化印象之職業，例如：警察、軍人、護士、醫生等。這樣的一個故事，可呈現出女性在軍校中也有傑出的表現（如圖 8-10 所示），是性別角色多元化的一大突破。

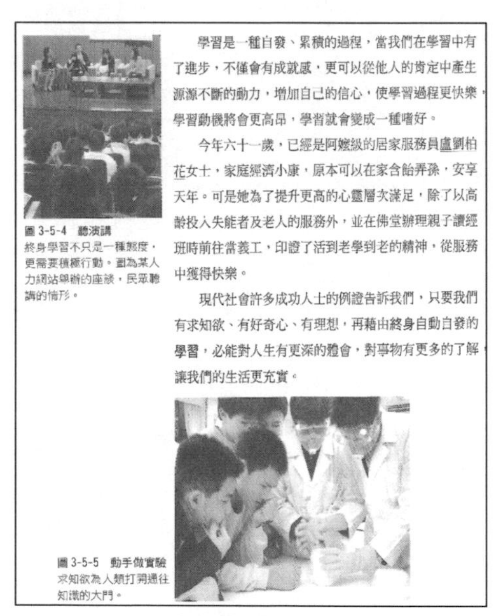

學習是一種自發、累積的過程，當我們在學習中有了進步，不僅會有成就感，更可以從他人的肯定中產生源源不斷的動力，增加自己的信心，使學習過程更快樂，學習動機將會更高昂，學習就會變成一種嗜好。

今年六十一歲，已經是阿嬤級的居家服務員盧劉柏花女士，家庭經濟小康，原本可以在家含飴弄孫，安享天年。可是她為了提升更高的心靈層次滿足，除了以高齡投入失能者及老人的服務外，並在佛堂辦理親子讀經班時前往當義工，印證了活到老學到老的精神，從服務中獲得快樂。

現代社會許多成功人士的例證告訴我們，只要我們有求知欲、有好奇心、有理想，再藉由終身自動自發的學習，必能對人生有更深的體會，對事物有更多的了解，讓我們的生活更充實。

圖 3-5-4 聽演講
終身學習不只是一種態度，更需要積極行動。圖為某人力網站舉辦的座談，民眾聆聽的情形。

圖 3-5-5 動手做實驗
求知欲為人類打開通往知識的大門。

圖 8-9　社會學習領域（國中組）
資料來源：南一版（七上）

配合課本第2章

西點軍校女狀元「劉潔」

美國西點軍校每年眾多畢業生中，女性向來不缺席，她們的表現傑出，絲毫不受限於社會對女性角色的期待。以下介紹劉潔的故事：

有「美國將軍搖籃」之稱的西點軍校，27日舉行畢業典禮，臺灣移民第二代，前國民政府名將劉峙的孫女劉潔，以四年平均學業成績全校第一名畢業，榮任畢業生代表，獲美國總統布希親自頒發畢業證書。

父母親一開始並不贊成劉潔就讀西點軍校，父親認爲劉潔既是亞洲人又是女生，在體能上總是比較吃虧，他捨不得劉潔在西點軍校吃苦。母親表示，劉潔從小就很有自己的想法，5、6歲開始就對軍事方面的事務很有興趣，也很獨立自主，不需父母擔心課業。雖然父母不支持她上軍校，她卻很堅持，所有申請、索取參議員推薦信函都是她自己一手包辦。母親記得劉潔在西點的四年中，從未聽過她抱怨，一直抱持著正面積極的態度。

對於自己的成功，劉潔非常謙虛的表示，她只是對軍事很有興趣，加上時間調配得宜，所以成功。她說因爲學校對學生的嚴格要求，所以學生自己必須決定自己的目標，訂出事情的優先順序。像她就是以學業爲優先考量，學業是她時間表上的第一位。

主修政治與美國歷史的劉潔對美國歷史、憲法非常有興趣，她已經獲得英國劍橋大學的獎學金，畢業後將在8月前往劍橋大學政治學院繼續攻讀政治思想與思想史的碩士學位。之後被授以少尉軍階的她，將返美在美國軍隊服務。

圖 8-10　社會學習領域（國小組）
資料來源：康軒版（六上）

3.小結

社會學習領域教科書編輯者雖已積極將性別平等教育之內涵，轉化落實於教科書當中，然在其他性別知識呈現上，則是有待改進，例如：在分析中發現「需要勞力性的職業大部分仍由男性擔任，像是農夫、漁夫，女性則是擔任服務人員」、「做實驗的則是男性、跳舞的則是女性」等，無形中似乎也傳遞了職業與學校的性別區隔現象。

在性別知識選擇上，從各版本教師手冊的單元概念架構表中，可以看出編輯者對性別平等教育議題能力指標的融入選擇，仍存有錯謬概念與迷思。以翰林版為例，教師手冊第 182 頁的單元概念架構，即呈現國小四下的教科書選擇融入三個低年級適用的能力指標，而此等能力指標錯置的問題，在現行國小社會學習領域教科書文本中並不少見；錯置能力指標，顯示編輯者在編輯理念上仍然欠缺對性別平等教育議題相關概念與意涵的充分掌握，且易忽略兒童在性別認知與情意的不同階段之發展。

檢視現行教科書文本發現，2001 年版國小社會學習領域教科書內容知識分布情形，其性別概念與意涵在物理屬性的層次符合度較高，而在內容屬性與教學屬性的層次上符合度較低；換言之，現行社會學習領域教科書其所再現的性別概念與意涵，多半仍只著墨在「封面與課本圖文內容的男女性別比例平衡」與「文字使用能符合性別平等觀點、避免使用性別偏見的語彙」的技術理性上，而在相關教學活動與學習內容的設計上，或欠缺連續而具深度的引導討論，或僅有認知面向的概念學習而欠缺情意面向的態度涵養、價值形成與行動面向的社會實踐，而使其性別知識分布整體內容呈現深化不足的現象。而在國中社會學習領域教科書文本中，性別平等教育議題之相關概念的知識再現情形，於符合性別平等之概念上更不理想，這或許是因為國中的社會學習領域所統整的學科原本就較多，以致於性別議題在國中社會學習領域知識體系中的邊陲化現象明顯嚴重於國小社會學習領域。

整體而言，可以看出社會學習領域教科書業者欲鬆動社會中既存之性別刻版化印象的努力，並適時反應性別角色的均衡；但是在教科書編輯或是設計課程時，需能確實將性別議題能力指標「融入」到教科書當中，而非只是「套入」指標，這才能使性別平等教育的理念真正實踐。

二、性別議題能力指標在社會學習領域教科書的知識內涵轉化之論述分析

在檢視教科用書的知識分布情形，發現 2001 年版教科用書中，仍潛藏一些待改善的性別刻板化及性別分化等現象，以下茲就國中小社會學習領域的教科用書，各舉一些實例加以詮釋分析。

（一）社會學習領域已標示性別指標但實質內涵未融入之分析

由於社會學習領域學科的特性使然，使得性別平等教育的指標所欲達成的目標，可以與社會學習領域課程目標結合，但性別平等議題指標融入社會學習領域課程，仍然呈現出教科書編輯者的性別敏感度不足，以及對性別指標的知識不足情形，造成性別平等指標在融入社會學習領域時，呈現「標示性別平等指標，但卻未有實質融入」的現象，以及性別平等能力指標雖標示出，但融入到社會學習領域教材時，卻未更進一步檢視社會學習領域教材中的不平等價值。

1.南一版（六上）「現代文化與傳統文化」單元

在此單元中，提到傳統社會以男性為主，女性地位低落，但到了現代社會，則是男女平等，皆可追求自我實現；並在插圖中指出「奶奶認為女人下班後應該把家務處理好，男人才沒有後顧之憂；可是媽媽下班回家已經很累了……」，在第 91 頁圖片 1 中敘述「以前社會不認同女性的地位，族譜中只列男子的名字，沒有女子的名字」，在圖片 2 中說明「現代女性可以和男性共同參與國家大事（台灣第一位女副總統）」；從這些主文與圖片中引導學生了解，隨著時代演進，性別觀念、男女角色、性別認同等，都會出現差異。

另外在第 96 頁圖片 1 說明「傳統的婚禮要新娘過火爐，是希望不要將壞習慣帶到夫家；踩瓦片則是期望不要生女兒。這些作法對女性相當不公平，也不符合現在性別平等的觀念」，並引導學生思考傳統觀念或作法需要改進的地方。

就上述這些內容來說，性別指標 1-3-6 與 2-3-10 均有相關內容可以融入，或獨立進行探討。然而針對「1-3-5 運用科技與資訊，不受性別的限制」與「1-3-7 去除性別刻板的情緒表達，謀求合宜的問題解決方式」兩條能力指標，在教材呈現上完全不見，在教師備課指引中也未見相關活動與討論，此顯示雖然列了能力指標，實質上並未融入。

本單元其實對於性別角色在社會變遷中的演變，花了一些心思加以處理，也能引導學生進行討論和思辨，確實有助於能力指標 1-3-6 與 2-3-10

的達成。至於能力指標 1-3-7，如何引導學生去除性別刻板的情緒表達，或許可以在課本第 96 頁或指引中增列一些問題，例如：「你或你的親人，有人因為性別而受到不公平的對待嗎？他們通常會有什麼情緒反應？」「如果是你受到性別的不公平對待，該如何處理？」以引導學生謀求合宜的問題解決方式。另外有些版本，提及醫生和警察都是由女性擔任，的確可破除一般對這兩樣職業應屬男性的偏見。除了讓學生討論現代社會分工的各行各業外，可加強針對性別職業的討論，包括：性別在職業上的刻板印象、性別的多元特質，以及性別自主權益的尊重等議題。另外，在職場上的性別議題亦是近來社會的重要論點，如政府所制定的性別工作平等法（例如：傳統的社會並不太尊重女性，甚至在工作上的待遇也不平等），建議未來皆可加以深入討論。

然而對於「1-3-5 運用科技與資訊，不受性別的限制」的指標，在本單元內容中，並未敘述個體受到資訊科技的影響，可能在融入此能力指標有其困難，建議增列相關教材，再提列融入的性別指標，以反映性別與科技的權力關係。

2.康軒版（四上）「家鄉的節慶與節日」單元

家鄉的節慶活動，不僅各具意義和特色，且穿插在各個季節中，使鄉民在工作之餘，藉著節慶活動，可以得到適度的休息與娛樂。現代工商業社會，行業分工日趨精細，生活步調漸趨緊湊，在生活行事安排上，亦受外國影響而採用陽曆、星期制，各種現代節日也因應社會改變而產生。透過了解家鄉人們生活的安排和變遷，使學童產生愛護鄉土的情誼。

3.小結

經由上述性別能力指標的分析後，進一步論述這些指標在融入社會學習領域的知識轉化情形，以同樣出現在各審訂版各冊教師指引單元的教學活動設計，以及各課學生手冊圖文分析；社會學習領域教科書內容融入性別議題能力指標知識轉化情形，則發現各指標虛列於各冊單元中的情形相當普遍，且沒有進一步發展實質課程內涵；若干指標轉化的學習單元內容，則出現詮釋錯誤與再製偏見，使知識呈現破碎支離、分割片斷現象，其中女性角色雖較過去版本出現較多元角色楷模，但性別、權力及性別分化和糾葛情形，在社會學習領域教科書中仍班班可考，亟待改進。

陸 結論與建議

綜上所述，性別議題在九年一貫課程中，係以重大議題之形式融入各學習領域，以建構課程內涵，未訂有獨立授課時數，故其課程實施之宗旨，除了期望各校發展學校本位課程時，以彈性時間發展補充式的教學活動之外，積極目的仍冀望以融入各學習領域作為手段，促使學科統整知識內涵與結構均能體現出性別平等教育的理念，或藉以充實轉化學科知識內涵。這在國內高等教育婦女研究跨科際整合學門雖已先行展開，但國中小九年一貫課程知識變革卻是近期發展的新興議題，傳統學科間知識統整過程原本就充滿著知識權力的角逐，即知識社會學者 Bernstein（2003）所言之權力分配和社會控制問題；而在性別平等教育議題作為重大議題融入傳統高低階學科時，其挑戰學科知識的權力分配與傳統學科捍衛其知識結構在本研究發現，更是清晰可見。

性別議題知識在九年一貫課程的位置，雖經「性別平等教育」立法執行，但在教科書知識組織與布局上仍處在邊陲位置。性別議題作為跨科技整合的學科特質，其嘗試跨越各學科的邊界，以尋求與不同學科知識社群充分對話。根據以上國中小社會學習領域教科書文本分析，可知 2001 年版教科書內容，無論在國小學習階段，抑或在國中學習階段，普遍都顯示出僅有平面的圖文呈現，而欠缺深入教學引導討論與批判反思；在性別議題課程綱要中，欲懸將認知層面的性別概念學習與情意層面的性別意識涵養，具體轉化成為行動層面的批判、實踐，社會學習領域教科書做為九年一貫課程統整課程的核心學科，在性別議題融入學科，應是合理亦正當，但仍有待充實。

最後，本研究僅在正式課程官方知識的社會審定版教科書文本中加以論述分析，並未能進入教室去理解其他學科，例如：健康與體育學習領域等其他學科之任課教師，是如何知覺與解讀教科書中的性別平等議題能力指標？又如何將之融入其日常的教學活動？或理解教師在融入性別議題的教學反思？然而這些都牽涉著課程慎思者的知識，慎思者擅於運用經驗知識與折衷藝術，來進行性別議題融入課程決定與選擇，以選擇有效的課程教材知識，及發生在教師與學生的學科事件之實踐知識，這將會是其課程設計慎思的資源；而具有性別意識之教師，其課程轉化實踐能力是否優於未具性別意識者，這些皆是未來進一步可探究的研究主題。

（本文原載於 2011 年 11 月 24～25 日，國立台灣師範大學主辦「各國性別平等教育之比較與發展國際學術研討會」之論文集，頁 241-268）

參考文獻

中文部分

方德隆（1997）。**多元文化時代中兩性平等教材發展之趨向**。發表於「大專院校兩性平等教育課程與教學研習會」。高雄市：私立高雄醫學大學兩性研究中心。

吳秀玲（2007）。**跨越圍籬的旅程：國小女性教師性別意識覺醒與實踐之敘事探究**。國立台北教育大學課程與教學研究所碩士論文，未出版，台北市。

吳雪如（2002）。**兩性平等教育融入正式課程之行動研究：以國小五年級為例**。國立新竹師範學院國民教育研究所碩士論文，未出版，新竹市。

林昱貞（2001）。**性別平等教育的實踐：兩位國中女教師的性別意識與實踐經驗**。國立台灣師範大學教育研究所碩士論文，未出版，台北市。

林淑芳（2002）。**躍動的生命：國小四年級性侵害防治課程實施之行動研究**。國立高雄師範大學性別教育研究所碩士論文，未出版，高雄市。

林碧雲（2001）。**轉化課程的試煉：兩性教育融入社會學習領域課程之行動研究**。國立台北師範學院課程與教學研究所碩士論文，未出版，台北市。

殷童娟（1999）。**兩性平等教育融入式有效性教學策略之研究：以高中家政課程為例之個案分析**。國立台灣師範大學家政教育研究所碩士論文，未出版，台北市。

高志芳（2004）。**解構性別迷思：國小性別平等課程實踐之行動研究**。國立台北師範學院課程與教學研究所碩士論文，未出版，台北市。

張如慧（1998）。如何創造多元文化的兩性平等教室。**教育研究集刊，41**，103-118。

張志明（2003）。**性別平等教育融入國語科教學之研究：以國小六年級為例**。國立屏東師範學院國民教育研究所碩士論文，未出版，屏東市。

教育部（2001）。**國民教育九年一貫兩性教育課程綱要**。台北市：作者。

教育部（2008）。**國民中小學九年一貫性別平等教育課程綱要**。台北市：作者。

莊明貞（1997）。國小自然科新課程的性別論述。**兩性平等教育季刊，2**，30-50。

莊明貞（2000）。「兩性教育」九年一貫國民教育課程綱要之規畫。**教育研究資訊，7**（4），28-47。

莊明貞（2002a）。九年一貫課程社會新興議題：政策到實施的反省。**國民教育，43**

（1），7-13。

莊明貞（2002b）。九年一貫課程性別議題之知識與權力分析。**教育研究資訊，10**（6），1-18。

莊明貞（2008）。九年一貫重大議題課程變革之探析。**教育研究月刊，175**，75-82。

莊明貞、呂明臻等（2009）。**國民中小學性別平等教育教科書評鑑規準建構之研究**。教育部國民教育司九年一貫課程推動工作委託專案。

莊明貞等人（2005）。**重大議題能力指標重點意涵與教學示例：性別平等教育議題**。國立教育研究院籌備處合作研究計畫。

莊明貞等人（2006）。**規劃性別平等教育課程研究：能力指標重點意涵與教學示例**。教育部國民教育司委託專案。

陳靜琪（2003）。**女性主義教育學之實踐：以「以破除性別刻板印象」的統政課程設計為例**。國立新竹師範學院職業繼續教育研究所碩士論文，未出版，新竹市。

粟慧文（2003）。**國小教科書性別角色內容分析：以語文領域為例**。國立新竹師範學院國民教育研究所課程與教學碩士班碩士論文，未出版，新竹市。

黃政傑（1988）。生活與倫理課本教些什麼。載於**教育理想的追求**（頁 111-123）。台北市：心理。

楊清芬（2002）。國小男性與女生的校園生活。載於謝臥龍（主編），**性別平等教育：探究與實踐**（頁 401-440）。台北市：五南。

楊蕙菁（2000）。**國小性別平等教育統整課程實施之個案研究：以「身體意象」主題為例**。國立台北師範學院課程與教學研究所碩士論文，未出版，台北市。

歐用生（1985）。我國國民小學社會科教科書意識型態之分析。**新竹師院學報，12**，91-125。

蔡淑玲（2002）。**國小實施兩性平等教育之行動研究：以一班三年級為對象**。國立花蓮師範學院國民教育研究所碩士論文，未出版，花蓮市。

謝小芩、王秀雲（1994）。**國中健康教育教科書中的意識形態分析**。發表於「兩性教育與教科書研討會」。嘉義縣：國立中正大學成人與繼續教育研究所。

鍾佩怡（2000）。**我把羅曼史變教材了：中學生的性別平權教學素材**。國立花蓮師範學院國民教育研究所碩士論文，未出版，花蓮市。

蘇芊玲、劉淑雯（1997）。**檢視國小一年級國語科新教材兩性觀**。發表於「體檢國小教材座談會」。台北市：台北市政府教育局。

英文部分

Bailey, S. (Ed.) (2002). *Gender in education*. San Francisco, CA: Jossey-Bass.

Banks, J. A., & Banks, C. A. (1997). *Multicultural education: Issues and perspectives*. Needhan Heights, MA: Allyn & Bacon.

Bernstein, B. (2003). *Class codes and control: Applied studies towards a sociology of language*. New York, NY: Routledge.

Chouliaraki, L., & Fairclough, N. (2002). Narratives of late modernity and a research agenda for CDA. In M. Toolan (Ed.), *Critical discourse analysis* (pp. 405-433). London, UK: Routledge.

Delamont, S. (1983). The conservative school? Sex roles at home, at work and at school. In S. Walker & L. Barton (Eds.), *Gender, class & education* (pp. 93-105). London, UK: The Falmer Press.

Fairclough, N. (2002a). Discourse as social practice. In M. Toolan (Ed.), *Critical discourse analysis: Critical concepts in linguistics* (II) (pp. 1-22). London, UK: Routledge.

Fairclough, N. (2002b). Discourse, social theory, and social research. In M. Toolan (Ed.), *Critical discourse analysis: Critical concepts in linguistics* (II) (pp. 434-467). London, UK: Routledge.

Fairclough, N. (2002c). Discourse and text. In M. Toolan (Ed.), *Critical discourse analysis: Critical concepts in linguistics* (II) (pp. 23-49). London, UK: Routledge.

Gale, T., & Kensmore, K. (2000). *Just schooling: Explorations in the cultural politics of teaching*. Buckingham, PA: Open University Press.

Gaskell, J., & Willinsky, J. (Eds.) (1995). *Gender in forms curriculum: From enrichment to transformation*. New York, NY: Teachers College Press.

Grant, L. (1992). Race and the schooling of young girls. In J. Wrigley (Ed.), *Education and gender equality* (pp. 91-113). London, UK: The Falmer Press.

hooks, B. (1990). *Yearning: Race, gender, and cultural politics*. Boston, MA: South End Press.

J'o'nsson, I. (1992). Women in education from a Swidish perspective. In J. Wrigley (Ed.), *Education and gender equality* (pp. 49-69). London, UK: The Falmer Press.

Janks, H. Z. (2002). Critical discourse analysis as a research tool. In M. Toolan (Ed.), *Critical discourse analysis: Critical concepts in linguistics* (II) (pp. 26-42). London, UK: Routledge.

Jorgensen, M., & Phillips, L. (2002). *Discourse analysis: As theory and method.* London, UK: Sage.

Klein, S. S. (Ed.) (1985). *Handbook for achieving sex equity through education*. Baltimore, MD: The Johns Hopkins University Press.

Paechter, C. (2000). *Changing school subjects: Power, gender and curriculum.* Buckingham, PA: Open University Press.

Pinar, W. F. (1998). *Curriculum: Toward new identities.* New York, NY: Garland.

Pinar, W. F., Reynolds, W. M., Slattery, P., & Taubman, P. M. (1995). *Understanding curriculum*. New York, NY: Peter Lang.

Riddell, S. I. (1992). *Gender and the politics of the curriculum*. London, UK: Routledge.

Sadker, M., Sadker, D., & Long, L. (1993). Gender and educational equity. In J. A. Banks & C. A. Banks (Eds.), *Multicultural education: Issues and perspectives* (pp. 108-128). Boston, MA: Allyn & Bacon.

Teterault, M. K. T. (1993). Classrooms for diversity: Rethinking curriculum and pedagogy. In J. A. Banks & C. A. Banks (Eds.), *Multicultural education: Issues and perspectives.* Needhan Heights, MA: Allyn & Bacon.

Thorne, B. (1992). Girls and boys together···, but mostly apart: Gender arrangements in elementary schools. In J. Wrigley (Ed.), *Education and gender equality* (pp. 115-130). London, UK: The Falmer Press.

Walker, S., & Barton, L. (1983). Gender, class and education: A personal view. In S. Walker & L. Barton (Eds.), *Gender, class & education* (pp. 1-18). London, UK: The Falmer Press.

第三篇

課程議題篇

第九章 九年一貫課程的社會新興議題：政策到實施的反省

壹 前言

為迎接 21 世紀的來臨，中外主要先進國家莫不將教育改革列為主要的發展政策，期望激發學生個人潛能，提高國民素質，促進社會進步，以提升國家之競爭力。台灣本土最大規模的課程改革——國民中小學九年一貫課程，自 2001 年 9 月開鑼了，也為台灣教育寫下嶄新的一頁。而台灣社會也正經歷由工業社會轉型為知識社會，當中我們必須為學校重新審視知識應如何進行改造與轉化，並具體提供邁向未來社會的幾個重要目標。為使中小學教育能與社會脈動相契合，並配合各校特色之發展，九年一貫課程除了在領域學習中設置綜合活動，以融入社會新興議題外，也特別安排了彈性學習時間，由各校「課程發展委員會」及教師視各校實際狀況，決定授課內容，同時還規定須將社會六大新興議題融入七大學習領域中來實施。

而社會新興議題的融入課程，主要是回應知識社會全球化的趨勢和反應本土社會的脈動，將台灣本土重要的六大社會新興議題（資訊、環境、兩性、人權、生涯發展、家政）融入七大學習領域中，以提供學生養成體驗社會現實，關懷社會事件的能力，並培養現代生活知識轉化的能力。九年一貫課程中社會新興議題的設計，不僅反應了知識分配的多元化，也在這一波課程改革強調統整傳統學科知識的基調中，突顯了知識社會建構的可能性，並企圖實踐民主社會所強調的社會公平與正義。

本文擬針對九年一貫課程中社會新興議題政策制定的知識論觀點，來探討課程統整過程的知識與權力之爭，並從六大議題基本理念的介紹，來檢討政策落實到實施的可行作法，最後以教師是轉化社會的知識分子作為期許，並作成結論。

貳 社會新興議題政策制定的知識與權力之爭

知識成為課程中的主要內涵，不只是傳統選擇的問題，同時也涉及到知識權力的結構與重分配。知識社會學的研究就指出，知識分類、分配和傳遞與社會中的權力結構和分配有關。依英國學者 B. P. Bernstein（1990）的看法，他將課程分成兩類——「聚集型」與「統整型」，而愈是傳統的社會，知識的分配就愈形集中化（以聚集型表現），知識結構則傾向分化而獨立設科的課程設計。在民主開放的社會脈絡中，知識分配則有朝向世俗化和多元化發展的可能。換言之，知識的結構顯然有朝「統整」的型態發展，學科疆域的界限或維持也就有跨越邊界的可能性（陳伯璋，2001; Giroux, 1988）。

此外，在後現代社會中各種知識領域不斷地混合和互動，傳統學術學科之區分已不足以解釋文化和社會的多樣性，即使是對一個事件的探討，也可能包含跨學科的領域主題。此外，傳統學科的形成過程也不免蘊涵了主流族群的意識形態，以學科邊界的劃分和控制支持學術的菁英主義，為維繫特殊菁英較高地位的文化，往往不能容納新興課程領域的聲音。而跨學科、跨文化的課程內容與組織，比較能夠容納多重敘事和文化差異，使那些不曾呈現在課程中的邊陲族群能表徵自己的故事，以不同觀點重寫歷史、文化和政治，也使得新興科技社會所產生的議題比較能夠融入課程（Giroux, 1992）。

傳統的學科和傳統的教學模式，透過國家課程標準、升學進階的認證考試，而形成所謂的「官方知識」（official knowldge）和「高階知識」（high status knowledge），而批判教育課程學者（Apple, 1999; McLaren, 1988）咸認為，國定課程中所安排的「傳統學科」，代表的是保守執著團體的知識，而少數團體和文化不利低成就的學習者，對知識的詮釋反應了其生活的現象，卻很少能在國定課程學科中出現。基於此，民主社會的學校教育工作者有責任協助學生尋求廣泛的觀點，並發出自己的聲音，而社會新興議題的課程設計，正反應了知識的社會建構，知識的形成不再受主流利益階級所宰制與鞏固。

而社會新興議題，過去在屢次課程標準修訂中未受到實質的關注，其主要原因在於過去統編本時代強調分科本位的學科菁英，專家導向的課程編制，不免成為社會中各階層利益團體或學科知識形成體系的競技場，學科分化的課程內容無可避免地反應了社會控制與官方的意識形態。M. Foucault（1977）曾論及，學科知識重組存在著傳統學科權力關係的主從或主副學科的科層組織。這波課程改革主宰傳統學科的權力結構，在遇到新興議題的介入課程決策時，其捍衛知識主權的立場，在若干領域尤其明顯，且無論是領域中的各學科或是議題融入其他學習領域的課程綱要擬訂過程，這種知識與權力之爭皆處處可見。

不可否認的，課程改革的過程背後必包含若干社會變遷後所產生的信念權力與價值的假定，在任何民主開放國家的課程改革中，都必然會經歷知識、權力與資源重分配的過程。台灣現階段所規劃的「九年一貫課程綱要」是各種不同社會團體協商下的產物，傳統學科，例如：「資訊教育」、「環境教育」、「兩性教育」、「人權教育」等為新興議題的課程內涵，在課程設計中採融入七大學習領域的轉化課程取向，不可避免的在課程綱要修訂過程中，也會經歷若干傳統學科體系基於維繫「學科本位」的拒斥，這其間各學習領域，甚至領域內的各科之間，也不免會夾雜著傳統學科價值觀點衝突與意識形態的不同，而有知識的辨證與對話，此即為一種轉化與傳遞的抗衡，或者說是知識霸權文化的抗拒（莊明貞，1999，2001；Paechter, 2000）。

由以上分析可知，「九年一貫課程綱要」的實施走向「統整型」課程的目的，主要在將十大基本能力轉化為日常生活應用的能力。當初在決定六大議題的課程實施時，曾有一項建議，即是「彈性學習時間」（20%）之實施，然而這項課程決議並未獲課程綱要修編委員多數之同意，主要是考量社會新興議題是隨著社會重要趨勢而時有創新，六大議題中除「資訊」與「家政」兩科轉為議題係受到學科統整過程的政治因素影響，而無法納入七大學習領域內，其餘的社會新興議題隨時都有可能因社會變遷而引發新的議題，它們原不企圖占有教學時數，應該是在轉化傳統學科知識，達到知識生活化的目的。此外，它們也宜設計為統整課程的「主題」，可依課程設計者的教學需要融入其他學習領域中。

然遺憾的是，當初因各學習領域在統整各科發展能力指標時，已彼此協調得筋疲力盡，有若干領域則顧及能力指標出現的邏輯性，強調若再需與六大議題協商如何融入，在短暫的一年修訂期間內難以達成，最後乃由六大議題研修課程小組的六位召集人〔何榮桂、張子超、莊明貞、馮燕（湯梅英代）、李隆盛（方崇雄代）、洪久賢〕決議，以獨立專章的方式呈現，在七大學習領域外，列明議題的分段能力指標，並標註與七大學習領域可相融的分段能力指標，以協助教學實務者和教科書編輯者能對照六大議題能力指標的建議，適當地融入七大學習領域課程中。六大議題發展至此，雖退居與領域存在「一邊一國」的事實（猶如第八領域），也似乎只能作「添加課程」的實施，至於原初「轉化課程」的企圖，是需要在未來的暫行課程綱要修訂中，繼續努力的課題。

參　社會新興議題融入各領域的基本理念

為使學校教育能隨時因應民主社會多元聲音的存在，在「九年一貫課程暫行綱要」（教育部，2000：437-523）中，提出資訊教育、環境教育、兩性教育、人權教育、生涯發展教育、家政教育等社會六大新興議題，應融入各學習領域的教學之中。依據該課程綱要所列舉的六大議題之基本理念大略如下。

一、資訊教育

資訊教育旨在培養學生資訊擷取、應用與分析能力，更要養成學生創造性思考、問題解決、溝通合作與終身學習的能力，以發展健全的國民。

在資訊化社會中，培養每個國民具備資訊知識與應用能力，為各國教育發展的重點，各國也紛紛推動相關資訊教育計畫，以為其國家邁向 21 世紀的發展奠基。

各學習領域應使用電腦為輔助學習之工具，以擴展各領域的學習，並提升學生研究的能力。為便於各學習領域的整合應用資訊，宜將各學習領域共同需要的基本資訊技能，以為各領域應用資訊的基礎。

二、環境教育

環境教育是身為世界公民必備的通識，也是國際共負的責任。人與環境間的互動關係由生態環境的保育擴充至整個社會及政治的改變，對科技及經濟發展，由絕對信賴改變為有條件的接受；就時空而言，則從現今的環境保護延伸到關心我們下一代的生活環境，進而追求永續的發展；對自然的價值觀則由人類中心的利我想法，轉化為欣賞自然、接受萬物存在的本身價值。

環境教育的目標含：環境覺知和敏感度、環境概念知識、環境價值觀與態度、環境行動技能與環境行動經驗。而環境教育的實施原則，包含：整體性、終身教育、科技整合、主動參與解決問題、世界觀與鄉土觀的均衡、永續發展與國際合作。

三、兩性教育

兩性教育即為性別平等教育，包括社會制度、文化所建構出的性別觀念。而「平等」除了維護人性的基本尊嚴之外，更謀求男女在社會上的機會均等，而在兩性平等互助的原則下，共同建立和諧的多元社會。

國民教育階段的「兩性教育」之核心能力和意涵如下：

1. 兩性的自我了解：了解性別在自我發展中的角色。
2. 兩性的人際關係：探討性別發展與社會文化互動的關係。
3. 兩性的自我突破：建立和諧、尊重、平等的兩性關係。

兩性教育的課程目標，主要著重於認知、情意、行動等三個層面。

兩性教育的實施，在學校方面，除建構兩性平等的學校文化與環境，持續不斷的推動兩性平等教育的專業研習與活動之外，對於課程、教學與評量最重要的實施者——教師，應培養正確的兩性觀，一方面編選具有性別均等的兩性觀教材，另一方面能澄清與修正教科書中的性別偏見，並且在發展學校本位課程時，透過各學習領域的基本教學時數，以及彈性學習時間的運用，將兩性教育議題的理念，真正落實於課程實踐之中。

四、人權教育

人權是人與生俱來的基本權利和自由，不論其種族、性別、社會階級皆應享有的權利，不但任何社會或政府不得任意剝奪、侵犯，甚至應積極提供個人表達機會，以達到尊重個人尊嚴及追求美好生活的目標。因此，人權教育實際上是關乎人類尊嚴的教育，也就是在幫助我們了解「人之所以為人」所應享有的基本生活條件，包括生理、心理及精神方面的發展，也讓我們檢視社會上有哪些問題是違反人類尊嚴，以及涉及公平、平等的問題，例如：種族問題、性別歧視等議題，從而採取行動，解決問題，去除阻礙人權發展的因素，建構一個美好的社會。

人權教育的中心思想是不斷地探索尊嚴和人性的行為法則，社會成員從而意識到個人尊嚴及尊重他人的重要性，由此可知，「尊重」是人權的基本概念，互惠的權利與責任則是公正社會中每個人所應謹守的契約，因此人權教育即是尊重、合作、公正、正義等觀念的教導，進而促進個人權利與責任、社會責任、全球責任的理解與實踐。

五、生涯發展教育

生涯發展教育應該連貫幼兒園到成人階段，成為教育歷程中不可缺少的一部分。將生涯概念納入現有的學校課程中，一直被認為是協助個人生涯發展的最可行辦法。生涯發展教育不應只是在傳統的課程外增加一個額外的科目或單元，而應將生涯的理念融入現有的課程中。

九年一貫生涯發展課程的融入是一種策略，希望教師將生涯有關的活動融入七大學習領域中。因此，生涯發展課程須活動化、豐富化，使學生了解自己、工作世界以及兩者之間的關聯，做好生涯規劃。

六、家政教育

「家政」議題的建構，係建立在三方面的基礎上：一是教育部九年一貫課程改革的基本理念；二是「家政」具統整 IQ 和 EQ 的特質；三是「關懷典範」的課程設計。

「家政」是整合而實用的課程，學生從家政教學活動中，學習基本生活知能，體驗實際生活，增進生活情趣。以「飲食」生活為例，買菜、點菜、餐會時的應酬寒暄等活動，必然是整合語文與數學知能；烹調活動則整合了物理、化學、營養學、能源效率、鍋餐具等材料科學、美學等知能；對飲食的口味、嗜好、品味與飲食文化的形成與認識，則又整合了地理、歷史、社會文化習俗等知能。

總之，「資訊教育、環境教育、兩性教育、人權教育、生涯發展教育、家政教育」等重大議題，係整合了社會、科技、人文的知識內涵，企圖轉化傳統學科，使其更賦予多元文化關懷與社會的參與本質，並使學生增進解決問題的能力。

肆 社會新興議題課程實施的檢討

九年一貫課程改革在課程政策的措施上，諸如去中心化的校本課程、強調族群認同的鄉土語言、跨越邊界的學科領域統整、社會建構知識的新興議題融入、協同教學群的運作、能力指標強調真實評量轉化，乃致於知識結構的扁平化與決策過程的多元化等，似乎反應了後現代思潮的觀點。然而，伴隨著推動後課程決策者在實施策略的不確定與配套措施緩不濟急，教師專業能力不足，導致九年一貫課程在學校的實施，呈現出教育改革常見的嘉年華會之現象，熱鬧有餘，實質內容不足。「九年一貫課程暫行綱要」中列有六種重大議題，分別是資訊教育、環境教育、兩性教育、人權教育、生涯發展教育、家政教育（教育部，2000：261-359）。暫行綱要中對六大議題的界定是：「有關兩性、環境、資訊、家政、人權、生涯發展等六大議題如何融入各領域課程教學，應於課程計畫中妥善規劃」（教育部，2000：14）。以下將檢討目前九年一貫重大議題融入課程，從政策面到實施面的實際現象，以做為改進依據。

一、在綜合活動課程中實施，有鳩占鵲巢之嫌

上述實施要點在「課程計畫」中的規定，顯然相當的粗略而富有解釋空間。它並無規定新興議題融入各學習領域的教學時數比例，也無實施方式的規範，但目前依試辦階段的各校實際經驗觀之，各校在設立「課程發展委員會」及領域課程小組後，大抵會選擇在「綜合活動」中實施，因綜合活動綱要係整合社會議題並將議題列為指定內涵，且有具體活動範例而較容易實施；此外，綜合活動領域也是最能體現知識轉化實用能力的學科之一，所以目前是最廣泛的實施方式。但缺點是無法突顯綜合活動的其他課程目標，且有鳩占鵲巢之嫌。

二、在彈性學習時間中實施，易受活動排擠

另外一種常見的實施方式，即學校在選用審定版教科書後，將課程彈性時間分配給重大議題，然因彈性節數的各年級分配時間約占總教學時數的9.09～19.35%，扣掉各地方或中央機關的重大活動，例如：資訊、安全教育、生命教育、防毒禁菸、民主法治教育及英（母）語教學等行事，各校若想以九年一貫重大議題作為學校特色課程，在課程發展與實施上實有限制；除非學校課程領導者將議題融入各領域之教學時數增加，否則大多數教師均反應語文等領域時間已不夠分配，需以彈性時間來補足，哪來時間融入重大議題？在彈性學習時間中實施，常見新興議題被例行活動所排擠，效果不彰。

三、融入各學習領域中實施，以轉化課程

依據轉化課程取向的課程設計原則，基本上不在課程元素的添加，其旨

在透過新興議題的概念、事件和主題之融入，以達成各領域內新興議題所建構的能力指標，轉化為學生生活應用能力及社會行動力的實踐（黃政傑，1991），並藉由教材中社會平等與人權價值、環境意識等的啟發，以培養學生從個人認知，將知識轉化為情意與行動的全人學習，所以轉化課程的實施，即是整個課程的再概念化（Pinar, 1998）。而從新興議題的課程內容轉化為另一學習領域的一部分，兩者可統整為一個新的課程結構。雖然七領域六議題的融入，計有四十二種融入方式，然而中小學在重建知識的嘗試個案並不多見，教師個人或教學群的行動研究，常不能帶動學校整體課程的重建，這種實施方式僅停留在國訂課程基於政策需要的委託專案，或教師個人的專題研究，大多數教師在未能理解知識社會建構的重要性之前，從事轉化課程的意願並不高。以問題為課程設計核心，涉及教師的認知與態度，教師融入的策略是必須透過持續的專業發展才能達到。

伍　教師是轉化社會的知識份子

將教師視為轉化社會的知識份子之假定，是將課程概念之形成、計畫、設計和實施看成僅是教師的技術性能力，這是批判教育學者 Giroux（1998）對技術性和工具性的意識形態所提出的反省。他強調的是教師對形塑學校教育的目的和願景時，所必須擔負起一個社會責任的角色。如果我們相信教學不僅只限於實用技術的訓練，而是教師必須發聲，成為自由社會中所不可或缺的知識份子，那麼轉化型知識份子，就可以將師資培育的目的、教師的在職專業發展，與民主秩序及社會重建發展連結起來。

批判教育論者相信，不但要將教師視為轉化型知識份子，還要將其置於政治和規範的脈絡下思考教師的具體社會化功能。探索教師作為知識份子的社會功能，可以將學校看做是經濟、文化與社會的場域，而且和權力、控制有著不可分離的關係。這意味著學校不僅僅是以客觀的方式傳遞一套共同的價值與知識，相反的，學校所呈現的是經由特定選擇與排除過程所產生的特定形式與知識、語言習慣和價值；因而，學校是以一種知識的引介、合法化特殊社會生活形式的機制。所以，學校不僅是一個中立的場所，教師亦不可能採取中立的立場，轉化型知識份子需要發展一套結合批判性語言和可能性語言之論述，使社會教育工作者確信他們可以改變社會。基於此，教師必須集體發聲反對存在於學校內外的經濟、政治和社會的不平等與不正義。同時，教師必須創造正義情境，讓學生有機會成為擁有知識和勇氣的公民，為了拋棄絕望、實現希望而努力奮鬥。

基於以上的分析，過去強調以學科為中心的教學和精熟的能力本位技術取向之教學理論典範，則需受到強大的質疑。師資養成課程應該教導批判分析學校意識形態的運行過程，並以反省性教育來取代管理效率取向的運作模式，而傳統的知識結構也須重組與轉化。

融入新興議題正期望教師以批判論述代替再製論述，以實踐反省代替傳遞複誦。如前所述，所有議題在課程綱要的擬訂過程是頗為艱辛，因為各議題（有的原可設計為學科）有本身的知識結構，但又必須融入不同的學習領域中。目前公布的「九年一貫課程暫行綱要」，六大新興議題的部分都有共同的格式，包括：基本理念、課程目標、分段議題指標、新興議題融入七大學習領域，以及十六大基本能力的對應表。如前所述，原初規劃的想法是以七大學習領域以及各領域的能力指標為主，以各個議題融入情形的能力對應為輔，所以只要確定要融入的學習領域，就可以在對應表中找到可融入的能力指標，其內容有內涵、學習目標、學習主題、建立整合領域，以及學習內容說明等。因此，若要將新興議題融入新課程，在技術層面上並不難，重要的是教師社會轉化意識是否建立。

此外，新興議題除了資訊教育外，其他在綜合活動領域中都有指定單元的補充說明，均有具體的教學活動之範例。事實上，這些議題是無所不在的，但也可以輕忽這當中的差異，關鍵就在於教師是否能合理實踐。

課程既是事實，也是實踐，端賴教師如何將課程建構為社會組織之知識（Young, 1998）。就課程發展的角度來看，社會新興議題的發生，我們可以稱之為「社會建構式的課程」，對教師而言，在課程事實層面上，其建構課程文本的意願都不大，因為他們認為「添加課程」會徒增教學負擔。因此，若採用融入法，較不會加重老師的負擔，也可以達成課程實踐的理想。但若沒有經妥善的課程設計與實施，就很容易成為泡沫式的融入。在這波的課程改革中，將這些議題當成課程統整的主題來設計，教師必須要賦權增能的專業化發展，這也說明了教師作為轉化型社會知識份子，除本身對社會事件具有高度敏覺度外，教學策略的真實經驗化、教師教學方法的多元創新也是必要的條件。在全球化的知識經濟時代，學校知識面臨重構，老師的價值、信念也必須重新建立，課程議題也須隨機依社會脈動、教學需要進行統整。綜言之，教師如何藉社會新興議題來轉化知識是課程設計的重要關鍵之一。

陸 結論

如前所述，在課程綱要擬定之初，六個重大議題幾乎是和七大領域進行知識權力的拉鋸戰，但是就新興議題的設計本質來看，它們並不期待會占據學科的教學時數，其主要目的在轉化傳統學科的知識內涵，反映當前社會趨勢，關切生活經驗的內涵。因此，將這些議題融入各領域之目的，就是希望傳統學科能夠重新轉化並進一步建構新的知識體系。就社會批判與社會重建的理論來看，學科的重新調整或統整常是民主化社會的必然趨勢。

而議題融入學習領域，我們可以看到課程綱要各領域能力之指標與議題的對照表。同時，也可以看到在課程統整過程中，傳統學科大多會捍衛自己的知識結構，這關係到知識與權力的改變，在其他國家課程改革經驗上也時有所聞，因為長久以來傳統學科在知識的發展上一直占有主導的地位。曾有人認為，只要把社會新興議題融入學科中，朝向「全人」發展的教育目標邁進，教改的任務就可以達成了，這當然是烏托邦理想的期待。

九年一貫課程讓六大議題代言當代國民教育的重要課題，還需賴教師發揮課程自主的實踐。要彰顯這些議題，在實施學校特色課程時，除了課程統整設計上，需加強教師在知識、情意、技能的「十大基本能力」轉化外，另外在教師面臨實施困難的相關專業發展之配套措施，也宜及早規劃，以協助教師們克服對九年一貫課程實施的心理藩籬，並鼓勵教師們進行角色的調整與專業身分之認同，轉型為實踐社會公平的知識份子。

（本文原載於《國民教育》，2002 年，第 43 期第 1 輯，頁 7-13）

參考文獻

中文部分

教育部（2000）。**國民中小學九年一貫課程暫行綱要**。台北市：教育部。

莊明貞（1999）。性別議題與九年一貫國民教育課程改革。**兩性平等教育季刊，7**，87-96。

莊明貞（2001）。當前台灣課程重建的可能性：一個批判教育的觀點。**國立台北師範學院學報，14**，141-162。

陳伯璋（2001）。**新世紀課程改革的省思與挑戰**。台北市：師大書苑。

黃政傑（1991）。**課程設計**。台北市：東華。

英文部分

Apple, M. W. (1999). *Power meaning and ideology*. New York, NY: Peter Lang.

Bernstein, B. P. (1990). *The structuring of pedagogic discourse*. NY: Routledge.

Foucault, M. (1977). *Discipline and punish*. London, UK: Penguin.

Giroux, H. A. (1988). *Teachers as intellectuals: Toward a critical pedagogy of learning*. Granby, MA: Bergin & Garvey.

Giroux, H. A. (1992). *Border crossings*. New York, NY: Routledge.

Giroux, H. A. (1998). *Teachers as intellectuals: Toward a critical pedagogy of learning*. MA: Bergin & Garvey.

McLaren, P. (1988). On ideology and education: Critical pedagogy and the politics of education. *Social Text, 19 & 20*(1-2), 153-185.

Paechter, C. (2000). *Changing schools subjects: Power, gender and curriculum*. Buckingham, PA: Open University Press.

Pinar W. F. (1998). *Curriculum: toward new identities*. New York, NY: Garland Publishing.

Young, M. F. (1998). *The curriculum of the future*. London, UK: The Falmer Press.

第十章
轉化知識：台灣國中小重大議題融入課程發展機制之探析

壹 前言

在全球脈絡下的知識創新革命，世界主要先進國家莫不卯足全勁，將課程改革列為主要的興革政策，期望激發學生個人潛能，提高基本能力，促進經濟發展與社會進步，以提升國家之競爭力。台灣國民教育階段的課程改革——九年一貫課程，自 1990 年末期以來，算是遷台以來最大的課程變革。當時的社會脈絡面臨著新自由主義、後現代主義、多元文化教育等思潮之衝擊，也由工業社會轉型為知識經濟社會，這當中台灣並經歷了兩次政黨輪替，學校教育也重新審視知識應如何因應社會變革，而進行改造與轉化。為使中小學教育能與社會脈動相契合，並配合各學校發展特色課程，2001 年公布的「九年一貫課程綱要」，除了在七大學習領域中增設綜合活動學習領域，以融入原初的六大議題外，也特別安排了彈性學習時間，由各校的「課程發展委員會」及教師視各校實際狀況，決定授課內容，同時還規定，須將重大議題融入七大學習領域來實施。

「九年一貫課程綱要」中的七大議題之設計，不僅反映了知識分配的多元化，也在這波課程改革強調統整傳統學科知識的基調中，突顯了學科知識社會建構的可能性，並企圖轉化民主社會價值，以及多元文化社會所強調的公平與正義。

「九年一貫課程綱要」在實施一輪後，已於 2008 年 5 月下旬發布微調課綱的內容（教育部，2008a），目前業已完成配套措施之研擬，並進行下一階段的常態性修訂。微調課綱自 100 學年度起，由一年級和七年級逐年向上實施，其中社會、自然與生活科技、藝術與人文等三個學習領域，則同步自 100 學年度之小三逐年向上實施，新版教科書也於 100 學年度開始啟用。

值此「第十二屆兩岸三地課程理論研討會」，作者撰寫本文之動機，是以自身經驗出發，首先從筆者實際參與自九年一貫課程從 2006 年底頒布「國民中小學課程綱要微調原則」，啟動重大議題為課程修訂變革以來的課程實施困境談起，除了在重大議題課程綱要所進行的微調修訂重點做一說明外，並檢討重大議題課程的發展機制，且從 2001 年頒布重大議題課程融入所遭遇的問題做一探析，並提出結論與建議。

貳 跨越疆界：「重大」議題融入的文化政治性

九年一貫課程變革的核心價值在於打破傳統學科的疆界，並重組為領域課程，重大議題的課程設計則扮演著活化傳統學科的主要功能，它可以反映知識社會的建構，使新的知識在建構過程中，不再受主流階級利益所宰制。然而，從 2001 年九年一貫課程正式實施以來，它與七大領域的關係，始終存在著傳統學科權力的競逐與主副學科之間的科層關係。從剛開始課程總綱實施要點中的政策主張融入，但各議題始終不得其門而入，到最後各議題能力指標單獨設置為另一領域，企圖在國中小教科書編輯過程中能「如期」融入，但最後卻演變成融入的泡沫化，處處突顯出重大議題與傳統學科知識與權力之爭，也突顯了新興課程與傳統學科的文化政治性（莊明貞，2002；曾肇文，2010）。

在課程改革的過程中，背後必然包含著社會現實後所產生的信念價值之假定，任何開發中或已開發民主國家的課程改革，難免會經歷知識、權力與資源重分配的過程。台灣近十年來的課程變革所規劃的「九年一貫課程綱要」，原本即是各種不同社會團體協商下的產物，重大議題如「資訊教育」、「環境教育」、「性別平等教育」、「人權教育」、「海洋教育」等，皆為國中小新興議題的課程內涵，在課程設計上採融入七大學習領域的轉化課程取向，不可避免地會在課程綱要修訂過程中，遭遇到傳統學科體系基於維繫「學科本位」之議題的拒斥，在課程發展期間，各學習領域甚至各領域內的傳統學科之間，也不免會夾雜著傳統學科價值觀點的衝突與意識形態的不同，而有知識的辯證與對話，此即為一種轉化與傳遞的抗衡，或者說是知識霸權文化的抗拒，也顯示出課程改革中知識與權力之爭奪（莊明貞，2002，2004；Giroux, 1992; Paechter, 2000）。

參 攪動一池春水：議題融入領域課程的困境

九年一貫重大議題雖名為「重大」，但在課程實施上卻顯得邊陲而「不重要」，且與領域課程之間存在著一定的緊張關係，這其中在學校課程實施的問題，議題融入的角色有如攪動一池春水，在實施上有其一定的困難。

一、轉化課程設計落實困難

轉化課程取向的課程設計與發展，基本上不在課程元素的添加，其旨在透過重大議題以概念、事件與主題等方式的融入，以達成各學習領域內由重大議題所建構的能力指標，轉化為學生生活的應用能力，以及社會行動的具體實踐。基於上述的定義，九年一貫課程重大議題所建構的學習能力指標，不是將各領域的單元教學或主題教學活動先設計出來，並將能力指標套入各學習領域的能力指標或教學目標，必須要正確掌握能力指標的正確意涵然後加以融入，才能達成轉化傳統學科知識的目的。然而，即使是各審訂版學習領域的教科書編輯，在未能完全解讀能力指標之前，最直接的作法常常是用套入能力指標而非融入課程的統整方式。

二、重大議題不僅限於融入在特定學習領域中實施

依據轉化式課程取向的課程設計原則，重大議題所建構的能力指標，主要是在轉化為學生生活應用能力及社會行動力的實踐，並藉由教材中社會平等與人權價值、性別意識等的覺知，以培養學生從個人認知的知識，轉化為情意與行動的全人學習，所以轉化課程的實施，即是課程的再概念化，也是教師專業認同的再現（Banks, 1996a, 1996b; Pinar, 1998）。

目前在國中小的學校本位課程計畫中，融入重大議題的領域，依議題與領域的相融性，大致仍以綜合活動、社會、健康與體育、生活課程居多，至於數學、自然與生活科技，以及藝術與人文則較付之闕如，而從重大議題的課程內容轉化為另一學習領域的內涵，兩者可統整為一個新的學科課程結構。雖然目前七領域七議題的融入，計有四十九種融入方式，然而，中小學在有限課程時數的壓縮下，願意從事融入的教師仍為少數，在融入議題方面，僅限於已立法的「性別平等教育議題」，其因有立法的強制性較為理想。而課程實踐在國高中階段，因有基測學科的升學壓力之擠壓，重大議題之實施更有執行困難。部分教師以個人或教學群的協同行動研究，並不能帶動學校整體課程的重建，這種實施方式僅停留在國定課程基於政策需要的委託專案或教師個人的認知興趣，大多數教師在未能理解課程統整的重要性之前，因重大議題融入必然碰觸到學校高低學科課程權力分配問題，教師在有限的教學時間壓力下，面臨學校課程決定的難題，從事轉化課程設計的意願自然不高。

三、重大議題未設教科書評鑑機制

重大議題融入在各科或領域中實施，得賴課程評鑑機制的建立，才得以彰顯實施績效。惟現階段在重大議題的課程融入上，尚未建構國訂的教科書評鑑規準與相關教材的評鑑規準，以及學校本位課程的評鑑規準，以致於從學校課程實施的成效評估，仍只能從七大學習領域的課程實施情形來判別。然而，在七大學習領域審訂版教科書的審查機制中，若未能列入重大議題融

入的審查規準（僅有性別平等教育議題已訂），也很難期待中小學各領域在教科書與相關教材發展中有重大議題的實質內涵，更遑論性別與人權等議題在潛在課程中，對學習者在價值、信念與規範建立之影響深遠。

四、重大議題未全設有地方教育輔導機制

九年一貫課程自公布實施以來，七大學習領域在課程推動上，已逐漸強化縣市層級與學校本位課程的領導機制，以實現教育鬆綁之專業自主，並發展教師專業能力。課程領導最重要的是建構中央及地方的課程與教學輔導網絡，以落實學生基本能力之培養。惟中央及各縣市的國民教育輔導團，對於教師教學能力的精進與課程研發能力的培養，悉以「七大學習領域」為優先，而忽略了重大議題也是正式課程的一環。2007 年所制定的「教育部補助辦理精進教學要點」（教育部，2008b），雖已著手鼓勵各縣市先設置「性別平等教育議題」與「人權教育」輔導團（如圖 10-1 所示），但對於重大議題從中央層級、國民教育輔導團到國民中小學如何融入與轉化七大領域的課程內涵，並發展適性、多元、創新之課程教學活動，相較於七大學習領域，重大議題卻仍處於草創發展階段。而對於重大議題課程的教師專業發展活動的推動，過往則由各重大議題在其專業領域的個別推動，例如：性別平等教育議題在《性別平等教育法》中，有責成各縣市地方輔導機制。整體而言，教師對於需具備各學科的教育專業知識之重視是可理解的，但對於重大議題的課程理念與社會轉化意識，則存在著較多的質疑與不解。

在分析上述重大議題在教育現場、教科書研發與審查及地方輔導機制欠缺等實際問題後，有鑑於 2001 年公布之課程綱要，在中小學各學科統整過程中，出現了領域課程綱要內涵之重複或領域間教材邏輯順序矛盾之處頗多，例如：生活課程與綜合活動領域的內容重疊，其主要原因係當時的社會氛圍正值教育改革之大力推動，制定新課程綱要的背後動力即賦有教改理想之殷切，但時間又過於匆促，於是在歷經一輪實施後，2007 年即啟動國民中小學課程微調，其課程研發原則是課程目標以不動為原則，但需調整與修訂各領域與重大議題能力指標，且最好能提供範例說明，並強化微調版課程實施之配套措施。

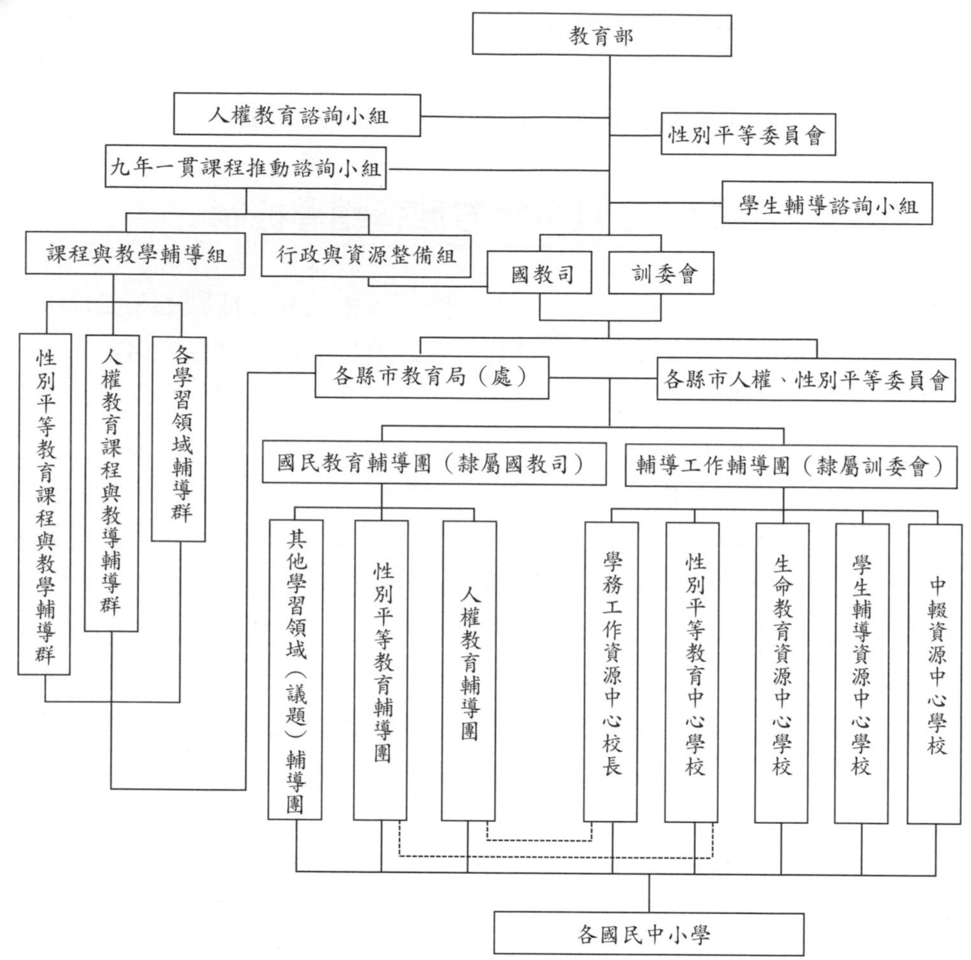

圖 10-1　教育部重大議題（性平、人權）課程推動組織架構圖

肆　轉化學科機制：重大議題課程發展

2001 年教育部所頒布的「九年一貫課程綱要」，到了 2007 年的重大議題課程綱要之修訂，新增了「海洋教育議題」，並由原議題課程綱要小組成員進行了為期一年的修訂工作，且於 2008 年 5 月 23 日公布了七大議題

研修與審議通過之課程綱要。

有鑑於前述重大議題於正式課程實施以來，融入式課程常處於邊陲且易流於泡沫化危機，2007 年的微調特別強化了「融入學習領域之建構」，既然議題強調融入，課程發展小組即決定修改原先的十大基本能力之對應，改以融入七大學習領域之對應為優先，並提供能力指標的「補充說明」與國中小融入「教學示例」，俾便各學習領域教師了解，此次課綱微調了重大議題的轉化式課程設計（如圖 10-2 所示），在課程統整上的實質作法。

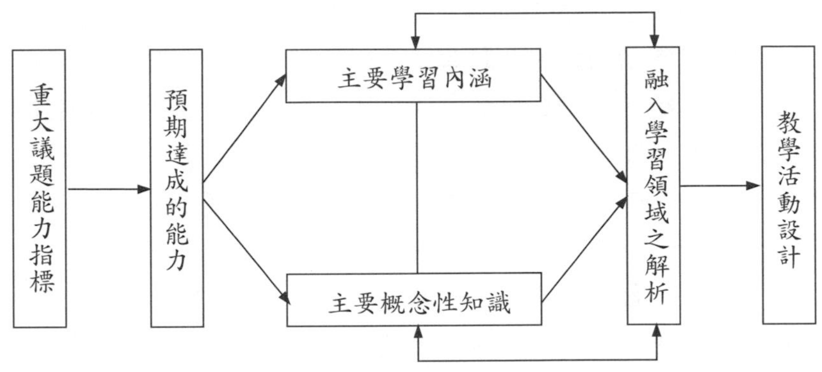

圖 10-2　轉化式課程設計流程圖

另外，有鑑於原先所擬的各議題部分能力指標，在編輯教科書時常感覺不易轉化或概念過於艱深，或是於校本課程發展時，對於能力指標有感重複、抽象、不易解讀，所以針對此部分，從 2006 年起課程研發小組即著手研擬轉化課程發展模式，並增列補充說明，包含了各議題新增概念架構，或修改原知識概念與概念的說明，使部分能力指標易於解讀與轉化在各領域中的實施（如圖 10-3 所示）。以下將分別說明此次重大議題的研修重點與變革情形。

重大議題能力指標的解讀，在方法上冀望透過概念知識之闡釋與教學示例的相互對照，試圖澄清、解讀能力指標所蘊涵的旨意，以及在課程目標必須達成之基本能力。故解讀重大議題能力指標時，須先行分析其中的主要概

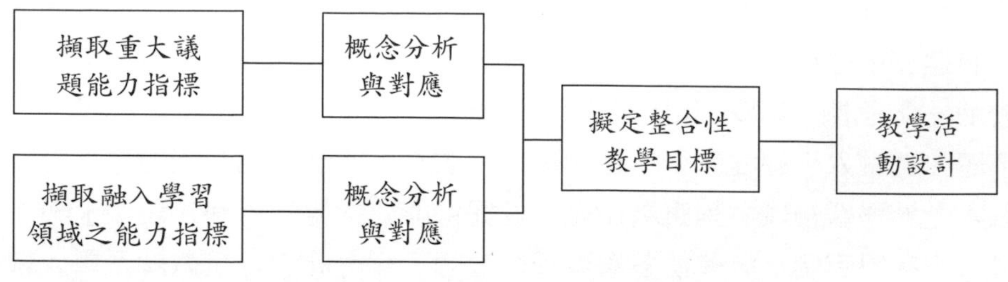

圖 10-3　重大議題能力指標的解讀歷程

念知識；概念知識所呈現的型態包括命題、概念與事實等。

透過能力指標的解讀結果，將有助於實際從事課程設計者，諸如：實務工作者、教科書編輯者、師資培育生等，能夠重新思考重大議題能力指標的本質與內涵，以及自我檢視教學活動中呈現之知識學習概念的完整性。由於重大議題在教育政策中，係採取融入式課程，故在解讀能力指標之際，將提供融入各學習領域的策略，並提供實際教學活動設計之範例。期使重大議題在教師課程實踐中，能透過認知、反思、行動，以達到知識轉化之目標。

重大議題在九年一貫課程的能力指標之解讀歷程，包含：預期達成的能力、主要學習內涵、主要概念知識、融入學習領域之解析，以及教學活動設計等內容，以教育部（2008a）公布之「重大議題能力指標重點意涵與教學示例：性別平等教育議題」之研究所發展的解讀歷程為例，再以國小組第二學習階段能力指標 1-2-2「覺察性別特質的刻板化印象」為例，能力指標轉化到融入領域的歷程如下（莊明貞、何怡君、李明姿、莊雅嵐，2005）：

- 預期達成的能力：以可以操作、檢測、可表現之能力表徵，並能依據此描述轉化為教學活動內容與評量的具體依據。其預期能力指標為：「讓學生在操作簡易的家庭事務及器具後，開始覺察不同的家庭生活內涵和性別角色表現無直接相關，進而共同探究性別角色多元化發展的可能性，增進與不同性別者的和諧互動。」
- 主要學習內涵：以知識內涵作為主要範疇，並作為概念性知識分析之參照。其主要學習內涵由指標中解析出為：「性別特質、性別特質刻板化」。

- 主要概念知識：除了針對重要概念給予定義之外，也明確描述學習的範疇以及相關的學習方式。其主要概念知識經解析後確定為：「性別特質、性別特質的刻板化」。
- 融入學習領域之解析：針對該能力指標所欲融入之領域，擷取相對應之相關能力指標，進行概念分析與對應，進而發展整合性學習目標，並設計融入綜合活動教學設計。

性別平等教育議題融入綜合活動學習領域，採「融入—轉化」的方式，亦即將性別平等教育的概念透過能力指標的整合，促使兩者的概念性知識緊密連結，而不必再增加教師課程設計及教學的負擔。其實施之程序如下：首先，擷取綜合活動學習領域之能力指標，可用與性別平等教育議題相容者；其次，從性別平等教育議題的分段基本能力指標中，取出同一階級所要融入之能力指標，以作為教學行動設計之主軸；最後，再進行概念分析與對應，並分析上述性別平等教育與綜合活動能力指標的重要概念，一一加以對應。如表 **10-1** 所示。

➲表 10-1　性別平等教育議題與綜合活動學習領域對應表

綜合活動學習領域		性別平等教育議題	
能力指標	1-2-1 欣賞並展示自己的長處，省思並接納自己。 2-2-3 參與家庭事務，分享與家人休閒互動的經驗和感受。	能力指標	1-2-2 覺察性別特質的刻板化印象。
概念分析	欣賞並接受自己 參與家庭事務 分享互動的經驗和感受	概念分析	性別特質 性別特質的刻板化

接著發展整合性學習目標，即從性別平等教育議題與綜合活動學習領域課程能力指標所擷取出來之相關性知識，共計五個概念，再結合主要概念性知識，發展成整合性的教學目標，由此再進行綜合活動單元的教學活動設計，如圖 **10-4** 所示。

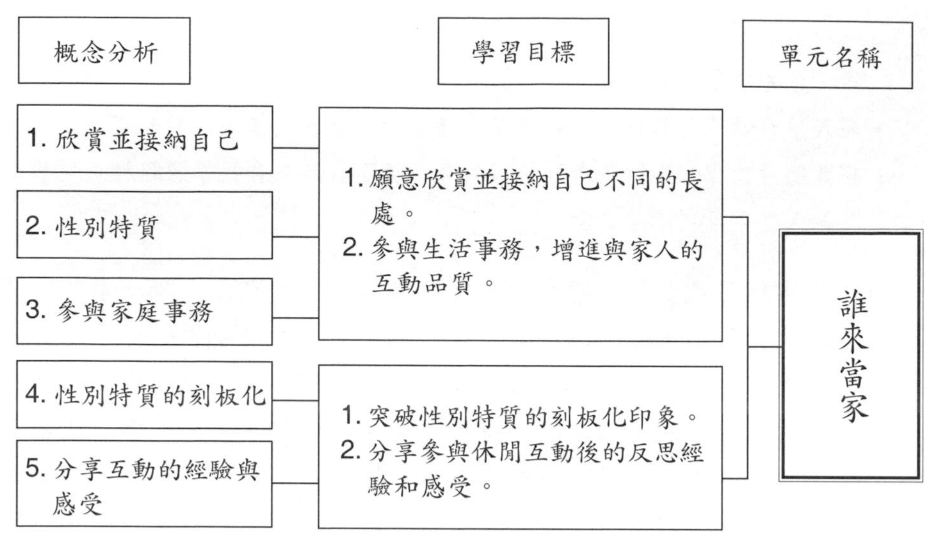

圖 10-4　概念結合至學習目標之整合模式
資料來源：教育部（2008a）

伍　重大議題課程綱要的研修內涵

有關七大議題課程綱要的微調內涵，在説明重大議題的課程發展機制後，以下將針對七大議題課程綱要的研修內容做一説明，以了解課程研發持續修訂機制建立之必要性。

一、性別平等教育

《性別平等教育法》已於 2004 年 6 月 23 日公佈實施，性別平等教育由原先的「兩性教育」修改為「性別平等教育」，研發小組在接受教育部委託進行微調前，已於 2005 及 2006 年進行性別平等教育能力指標重點意涵與教學示例的研發（莊明貞等人，2005；莊明貞等人，2006）。性別平等教育議題與先前公布之能力指標，在理念與目標上一致並無太大修正，僅在能力指標數量上，調整並增添部分指標與減少內容重複的指標，例如：基於校園教師反映學生身心的發展現況，增添了「性取向」以及「性與愛」之次概念學習，其他相類似概念的指標儘量集合成一條指標，並因應社會需求增加了「性別認同」之主要內容，以反應多元性別間的重要。其次，針對主概念、次概念、能力指標以及學習內容之間的關係，增列了「性別平等教育課綱分段能力指標與概念架構表」，使性別平等教育的知識概念更為明晰，方便教師在課程設計時依據能力指標的核心內涵，忠實地據以進行課程設計，以達成性別平等教育議題期望融入各領域的目標。

二、環境教育

微調課綱後的環境教育，乃全球永續發展的重大課題，常列為各國教育改革之重點，環境教育的融入可以展現對世界環保與永續潮流的回應（張子超，2005），故此次重調全面解析原有的能力指標，配合融入七大學習領域，並將原有的三學習階段調整為四學習階段，其原因為原指標過於抽象、不易解讀。其中，將環境教育的修訂重點改寫為具體的能力指標，逐一對每一項能力指標做詳細的補充說明，讓使用者更容易解讀、轉化與融入。能力指標的內涵融入了近年來國際的主流思維，例如：永續發展之觀念；課綱內容也將近年來的環境覺知與永續議題呈現出來，例如：氣候變遷、海洋環境污染與保護、綠建築、綠色消費、生態旅遊，以及節能減碳等議題，在課綱中新增了「融入學習領域之建議」，提供教師在課程與教學時有可依循之方向，配合七大學習領域能力指標之修訂，重新分析環境教育能力指標可融入在七大學習領域之機會。

三、資訊教育

微調課綱後的資訊教育議題，於原 1994 年舊有課程標準中，在中小學強調知識科技掛帥的前提下，資訊教育在國中小推動的最為積極，其基本理念與課程目標係配合時代潮流與科技發展趨勢而重擬其內容，其分段能力指標係配合學習內容、資訊發展現況，並考慮易於評量，由原來的 27 條改為 49 條，但實質內容並無增加。因資訊教育議題之學習需操作練習，原課程安排在三至七年級，第三到六學年，每學年建議上課節數為 16 節，第七學年則建議 40 節的學習時間；而新的資訊教育課程安排為三至七年級，每學年建議上課節數為 32 至 36 節，八至九年級則視必要安排節數。能力指標則分年級敘寫學習內容，並具體建議節數，以利操作。原以「融入七大學習領域與十大基本能力之對應表」改以「資訊教育議題融入七大學習領域之對應表」方式，並提供兩個教學示例：融入國小語文學習領域，以及融入國中數學學習領域。

四、人權教育

人權教育議題為台灣邁入民主化國家的教育改革指標之一，其分段能力指標亦配合現代時勢略以文字修改，共為 35 條，亦增加了「融入學習領域之建議」以及「人權教育議題融入七大學習領域之對應表」，並增列各能力指標之補充說明；也如同其他議題，增加了融入國小生活課程及融入國中社會學習領域的教學示例。2008 年公布的人權教育微調課綱，希望能找出各學習領域課程目標及主題軸內涵彼此可以相容的概念，以做為人權教育融入其他學習領域的適當元素，例如：將原 2-3-4「理解戰爭、貧窮及階級剝削對人類的影響」，改為 2-3-4「理解貧窮、階級剝削的相互關係」以及 2-3-5「理解戰爭、和平對人類生活的影響」。

五、生涯發展教育

生涯發展教育議題微調後之課綱，其修改幅度為增加了終身學習概念，課程目標係將核心能力之「生涯規劃」配合國中學生之身心發展，改為「生涯探索與進路選擇」，分段能力指標也配合現代時勢略以文字修改，並微調順序。條文維持為 20 條，部分條文因各階段之生涯發展重點（構面）改變，並配合可能融入的內涵而調整層級（構面）的歸屬，學習內容因能力指標變動而重新敘寫「融入學習領域之建議」與「生涯發展教育議題融入七大學習領域之對應表」及補充說明，並增列融入國小綜合活動學習領域，以及融入國中自然與生活科技學習領域教學示例。

六、家政教育

家政教育原為 1994 年課程標準的舊有學科，與資訊教育相同，因多科在課程統整之故，而淪為重大議題之列，但在國中階段仍維持為學科，其針對學生之身心發展做階段性指標之調整，俾使更有利於學習。微調後之課綱則因應社會變遷，新增了多元家庭文化價值觀；為使指標更易融入學習領域，精簡分段能力指標，家政教育亦修改了能力指標，促進指標之易讀與可應用性。針對本次修訂之指標提供補充說明，以便於各領域之融入；亦新增國中小教學示例，以供教師教學時參考。

七、海洋教育

台灣因四周環海為海洋國家，海洋教育遂為行政院的重要政策之一。海洋教育議題為 2008 年新公布的課綱，旨在回應「海洋教育政策白皮書」的內容，其課程目標分為低、中、高年級與國中四階段。海洋教育五大主題軸分別為：「海洋休閒」、「海洋社會」、「海洋文化」、「海洋科學」與「海洋資源」。在融入七大學習領域之建議中，於課程設計方面注重縱向銜接與「親海、愛海、知海」的理念，並詳列教材編選、教學方法與評量方式，一如其他議題，課綱中也提供了融入中小學的教學示例。

陸 結論與建議

重大議題課程綱要從 2001 年實施融入學習領域課程政策，在融入學習領域產生了知識權力相爭的文化政治性，在疆界跨越中所遇到的難題為學科本位思維，在升學主義下，基本學測所導致的高低學科差別，排擠了重大議題的教學時間與位置，也導致了重大議題，除性別平等教育因立法政策執行外，其他如資訊教育、環境教育等全球教育議題在課程發展上有其位置，其餘有的欠缺中央到地方輔導團的機制，有的原是傳統學科，在課程融入實施上難以落實，使得在學校課程實施中顯得重大而不重要。建議未來的課程發展機制，宜重新檢討領域與議題間的課程定位，並設置常設的研究機制，以實驗研發議題統整領域的可行課程發展模式。

其次，在議題引導教學方面，議題融入旨在創新教學，在教學上教師宜妥善安排潛在課程的影響力，並培養學生在議題課程規劃的批判思考與問題解決能力，激發學生對議題的反思與價值澄清；教師宜以多元視角檢視這些議題的知識與立場，始能因時、因地、因人，而將議題發展為跨領域的課程統整設計。

課程改革如欲透過重大議題進行社會重建係一重大工程，除透過如《性別平等教育法》及《環境教育法》之法源支持外，加強教師扮演社會意識與轉化課程的設計能力有其必要。基於此，中小學教師除了協助其賦權增能的教師專業發展外，培養教師敏於覺知社會變遷與培養社會批判意識則更為重要。畢竟課程改革的重大議題是社會改革的產物，隨著不同時期的教育發展，新興課程議題隨時會有更迭，盛衰替換乃為常事，學校知識的重建仍需仰賴教師敏於新興課程議題的重要性，隨著社會趨勢的脈動，在教學中隨時融入並統整於學科中，或於日常生活的潛在課程中加以落實。課程改革的核心人物在中小學老師，工具理性層面的配套因應較易做到，但整體社會價值的重建工程卻仍需倚賴社會的整體重建，才能達成課程變革之理想。

（本文原發表於 2010 年 11 月 13 日～11 月 14 日，國立台北教育大學主辦之「第十二屆兩岸三地課程理論研討會」）

參考文獻

中文部分

張子超（2005）。九年一貫課程環境教育能力指標的涵義與架構。**教育研究月刊，139**，5-15。

教育部（2008a）。**九年一貫課程綱要微調案**。2008 年 8 月 27 日，取自 http://epaper.edu.tw/news.aspx?news_sn=1735

教育部（2008b）。**教育部補助辦理精進教學要點說明手冊**。台北市：作者。

莊明貞（2002）。九年一貫課程的社會新興議題：政策到實施的反省。**國民教育，43**（1），7-13。

莊明貞（2004）。**臺灣九年一貫課程實施的「困境」與「解徑」**。論文發表於國立嘉義大學與上海市教育科學研究院主辦之「2004 年海峽兩岸小學初中教育學術研討會：課程改革與教師專業化發展」，嘉義縣。

莊明貞、何怡君、李明姿、莊雅嵐（2005）。**重大議題能力指標重點意涵與教學示例：性別平等教育議題**。國立教育研究院籌備處委託專案。

莊明貞等（2006）。**規劃性別平等教育課程研究：能力指標重點意涵與教學示例**。教育部國民教育司委託專案。

曾肇文（2010）。**國民中小學性別平等教育議題課程綱要制定文化政治性之分析**。國立台北教育大學課程與教學研究所博士論文，未出版，台北市。

英文部分

Banks, J. A. (1996a). The canon debate, knowledge construction, and multicultural education. In J. A. Banks (Ed.), *Multicultural education, transformative knowledge, and action: Historical and contemporary perspectives* (pp. 3-29). New York, NY: Teachers College Press.

Banks, J. A. (1996b). Transformative Knowledge, curriculum reform, and action. In J. A. Banks (Ed.), *Multicultural education, transformative knowledge, and action: Historical and contemporary perspectives* (pp. 335-348). New York, NY: Teachers College Press.

Giroux, H. A. (1992). *Border crossings: Cultural workers and the politics of education*. New York, NY: Routledge, Chapman and Hall.

Paechter, C. (2000). *Changing school subjects: Power, gender and curriculum*. Buckingham, PA: Open University Press.

Pinar, W. F. (1998). *Curriculum: Toward new identities*. New York, NY: Garland Publishing.

第十一章
性別與課程的建構：以九年一貫課程「性別平等教育議題」為例

壹 課程沿革

性別在本土的課程建構，歷經幾個重要政策立法與課程沿革，最早可溯源於 1996 年行政院教育改革審議委員會將「兩性平等教育」明載於《教育改革總諮議報告書》中，政策的法源則在 1997 年《性侵害犯罪防治法》中，明令中小學每學年須實施八小時之相關課程。該時期大多數的學校均以活動課程或補充教材的添加式課程取向為主要實施方式，因將性別平等教育議題置於《性侵害犯罪防治法》中，學校課程實施也以性騷擾或性侵害防治等課程內容為主；該時期的學校雖設有性別平等教育委員會，但推動主軸卻以性教育及兩性教育為主。直到 1998 年「國民中小學九年一貫課程綱要」總綱中明訂，將社會重大議題：資訊、人權、性別、環境、宗教等議題採融入方式進行，我國課程史上才首次在正式課程綱要中，將正式課程中所忽視或懸缺的幾個社會新興議題納入課程綱要中明訂實施。惟因各大議題能力指標在融入過程中，歷經性別、學科課程的知識與權力之爭（莊明貞，2002b；Chuang, 2004），而未能有效在九年一貫課程的七大學習領域中獲得有效整合，因此採重大議題課程綱要另行獨立公布，但又企圖在國民小學教科書發展及中小學在學校本位課程發展中適時融入，此階段的課程建構主要採轉化取向為主。然而，在上述兩項課程融入的方式中，卻發現性別議題的能力指標未能適時融入於七大學習領域課程中，以達成性別均衡的知識建構；無論是審訂版的各領域教科書或是校本課程中，雖零星出現性別教育議題的學習能力指標，但往往在其教學活動設計中，未見該能力指標轉化為學習目標與課程知識內涵。

九年一貫課程從 2001 年正式啟動迄今已正式實施一輪，性別議題的融入始終停滯在理念宣導與教師專業研習階段的推動，就學校課程的位置而言仍是邊陲的；檢視學校的各學習領域課程計畫與教學設計時，在轉化傳統學科知識的理想上，始終難以真正的落實。上述課程的實際近因受到國定測驗——基本學力測驗的直接影響，遠因乃社會文化的重建未能配合整體課程改革，課程的執行者是第一線教師，課程實施的家庭推手——家長，若未能認同多元文化的課程知識建構是民主國家在公民養成與人權立國時的必經途徑，則課程的信念與實踐的能動性必將受到影響。

我國《性別平等教育法》於 2004 年 6 月 23 日已公布施行，雖然賦予了性別平等教育在課程發展的契機，但因為 1998 年「國民中小學九年一貫課程綱要」早先已公布了「兩性教育」議題，所以教育政策當局希望因應法源而能適時改名。基於此，現階段刻不容緩的有二項課程工程正著手建構：一是修訂原有的「兩性教育」課程綱要為「性別平等教育」議題之內涵，並與「後期中等學校性別平等教育課程能力指標」作一向上銜接[1]，期能建構十二年一貫的性別平等教育之國小至國中、高中課程；二是解讀九年一貫課程性別平等教育議題的能力指標重點意涵與發展教學示例，以供教科書編輯者及各級中小學教師在轉化式課程發展時的參考依據[2]。

本文旨在從性別議題課程建構與實施的問題切入，並試圖提出性別議題國定課程之解決策略，說明性別平等教育議題能力指標的解讀與轉化之途徑，並進一步提供相關的教學示例，以了解學習能力指標如何轉化為性別平等教育議題的學習目標與知識內涵，最後提出未來展望作為結論。

1. 參見潘慧玲、黃馨慧、周麗玉、楊心蕙、莊明貞、洪久賢等人（2005）。
2. 參見莊明貞、何怡君、李明姿、莊雅嵐（2005）。

貳 性別議題課程的建構與實施的問題

性別議題不僅是概念與理念的建構，亦是社會重建的歷程。我國目前的《性別平等教育法》第 17 條規定：「學校之課程設置及活動設計，應鼓勵學生發揮潛能，不得因性別而有差別待遇」，其中並規定：「國民中小學除應將性別平等教育融入課程外，每學期應實施性別平等教育相關課程或活動至少四小時」，此外，「高級中等學校及專科學校五年制前三年應將性別平等教育融入課程」，而「大專校院應廣開性別研究相關課程」。此一立法精神相當符應多元文化教育的目標，惟仍有一些課程實際執行上的問題值得探究，分析如下。

一、性別議題能力指標是「融入」，而不是「套入」課程

轉化式課程取向的課程設計與發展，基本上不在課程元素的添加，其旨在透過社會新興議題，以概念、事件與主題等方式的融入，達成各領域內由社會新興議題所建構的能力指標轉化為學生生活的應用能力，以及社會行動的具體實踐。基於上述的定義，性別議題所建構的學習能力指標，不宜將各領域單元教學或主題教學活動先設計出來，再將性別議題能力指標套入在各學習領域的能力指標或教學目標中，而必須要正確掌握能力指標的正確意涵，然後加以融入，才能達成轉化傳統學科知識的目的。

二、國中小四小時相關的課程或活動，難以在彈性學習節數中落實

學校在選用審定版教科書後，通常會將課程的彈性時間分配給重大議題，然因彈性學習節數各年級分配的時間約占總教學時數的9.09～19.35%，扣掉各地方或中央機關的重大活動，例如：資訊教育、安全教育、生命教

育、防毒禁菸、民主法治教育及英語教學向下延伸等行事，學校若想以九年一貫性別議題作為學校特色課程，在課程發展與實施上實有限制；除非學校課程領導者將議題融入各領域之教學時數放寬至上限，否則大多數教師均反應語文等領域時間已不夠分配，需以彈性時間來補足，哪來時間融入性別議題？更何況教師反應依據《性別平等教育法》，每學期已規定實施四小時的性別平等教育活動課程，教師對於九年一貫課程中性別議題融入領域課程內，因性別與課程意識未能建立，復因時間受壓縮，實踐動能普遍不高。而在彈性學習時間中，常見到性別議題被學校例行活動所排擠，實施效果不彰。

三、性別議題不僅限於融入在若干學習領域中實施

依據轉化式課程取向的課程設計原則，希藉由教材中社會平等與人權價值、性別意識等的覺知，以培養學生從個人認知，知識轉化為情意與行動的全人學習，所以轉化課程的實施，即是課程的再概念化，也是教師專業認同的再現（Pinar, 1998）。

目前在國中小學校總體課程計畫中，融入性別平等議題的領域，大致仍以綜合活動、社會、健康與體育、生活課程居多，至於數學、自然與生活科技和藝術與人文則較付之闕如。而從性別議題的課程內容轉化為另一學習領域的內涵，兩者可統整為一個新的學科課程結構。雖然目前七領域六議題的融入，計有四十二種融入方式，然而中小學在知識布局的課程重建上，願意嘗試的教師仍為少數，教師以個人或教學群的協同行動研究，並不能帶動學校整體課程的重建，這種實施方式僅停留在國定課程基於政策需要的委託專案或教師個人的專題研究中，大多數教師在未能理解知識社會建構的重要性之前，因性別議題融入必然碰觸學校高低學科課程權力分配問題，教師在有限的教學時間壓力下，面臨課程決定的難題，從事轉化課程的意願自然不高。以性別議題為主題統整課程設計，涉及師生的認知與意識，教師選擇以基本學力測驗必考學科為課程實施之主體是可理解的（Chuang, 2004; Paechter, 2000）。

四、性別平等議題的敘事課程規劃，係以多元建構方式進行

性別與課程是社會／歷史／文化／政治的建構過程，所以學校教育的社會建構過程特別強調個人的性別意識與認同建構，這當中強調性別主義（sexism）的去除與性別刻板化的課程內涵建構，固然是正式課程所努力的方向，但更重要的是學校環境規劃、教室互動、規劃建立與學校對學科權力結構的重劃（意即，不能僅重視學測考試科目，而忽視其他情意學習）。

而因學生來自不同族群與社經文化背景，家庭的文化因素也會直接影響學校的性別課程實施，課程重建學派學者（例如：Miller, 1993; Pinar, Reynolds, Slattery, & Taubman, 1995）皆主張，以自傳式與敘事課程建構來閱讀他人的傳記及故事，以解構來自社會階層與弱勢文化的壓制。這些所謂的敘事課程建構意圖在重塑學生的經驗，讓學生透過教師敘事課程之規劃，以重塑自己的價值取向與性別認同，上述的「多元建構」（multiple constructions）課程取向，在挑戰「客觀」、「量化」與「男性為主流」的傳統知識建構獨樹一格，是目前本土性別政策漸以「性別主流化」可採行的課程重建途徑。

五、性別平等教育課程能力指標之課程評鑑機制尚未建構完成

性別平等教育議題融入在各科或各領域中實施，端賴課程評鑑機制的建立，才得以彰顯其實施績效。惟現階段在性別議題的課程融入上，尚未建構國定性別均衡教科書及相關教材的評鑑規準與學校本位課程的評鑑規準，以致於從學校課程實施的成效評估，仍只能從七大學習領域的課程實施情形來判別；然而，若七大學習領域之審訂版教科書審查機制中，未能列入重大議題融入的審查規準，也很難期待各領域在教科書與相關教材研發中有性別平等議題的實質內涵。至於潛在課程對學習者在性別的價值、信念與規範建立影響深遠（Giroux, 1988），這方面質性研究方法所建立的觀察、訪談與文

件分析等評鑑機制，則較能評估學校的制度規範、能力分班、課程分組及角色典範等所產生的性別區隔之影響。

參 性別平等教育的課程目標與內涵

性別平等教育的本質是建構性別平等教育意涵的基石，證諸國內外學者的看法（張玨，1996；莊明貞，1997；黃政傑，1994；謝臥龍，1997；Klein, 1985; Sadker, Sadker, & Long, 1993）大致都認為，性別平等教育的本質，應是讓受教者在學習歷程中能檢視並解構自我潛在的性別歧視之意識與迷思，認知性別在心理、生理以及社會層面的異同，建構性別適性發展與相互尊重的文化，始能達成性別平等教育的真諦。以下將介紹性別平等教育的課程目標與內涵，藉以說明九年一貫性別課程的建構歷程如何奠基於此。

一、性別平等教育的課程目標

性別平等教育所關心的課題，是社會建構造成性別差異與限制發展的因素，以剖析社會或文化制度不當設置而限制不同性別者的發展，謀求改善，以達成性別適性發展。課程作為知識建構的主要機制，性別平等教育在知識建構方面，不再以男性主流文化的價值觀為主，而應重視性別均衡的整體與貢獻。所以「性別平等教育」之主要目標，宜在提出社會建構才是造成男、女行為表現與發展的最大差異，由此破除社會對性別的刻板化印象，修改不合宜的社會制度和法令依據，進而促使學習者能檢視自己潛在的偏見，從而改善之；並能破除不當的性別社會建構，改善與修正自我的態度、認知與行為，藉由社會制度合理而公平的資源分配與共享，才可締造性別和諧的社會。在配合九年一貫課程的教育目標時，「性別平等教育」當初規擬出的課程目標為（教育部，1999）：

1. 認知方面：了解性別意義、性別角色的成長與發展，探究性別的關係。

⑴了解性別角色發展的多樣化與差異性。

(2)了解自己的成長與生涯規劃，可以突破性別的社會期待與限制。

(3)探究性別發展與互動之相關議題。

2. 情意方面：發展正確的性別觀念與價值評斷。

(1)表現積極的自我觀念，追求個人的興趣與長處。

(2)珍惜自我，並能尊重他人。

(3)消除性別歧視與偏見，尊重社會多元化現象。

3. 行動方面：培養批判、省思與具體實踐的行動力。

(1)活用各種資源，培養危機處理的技巧與能力。

(2)積極拓展個人生涯選擇，不受性別角色刻板化之影響。

(3)批判各種社會意涵所產生的不當性別價值觀念。

(4)建構性別平等、尊重的互動模式。

整體而言，上述性別平等教育的課程目標，必須透過檢視長久以來父權文化對於不同性別整體生活經驗與貢獻的忽視，同時因性別的差異所造成的不同，不以生理因素為區分的標準，以建立機會均等與包容個別差異的社會，使每個人都能在珍惜自我與尊重他人下適性發展，且不因性別因素而受到歧視與限制。

二、性別平等教育的核心能力與內涵

所謂基本能力，需進一步在各學習領域中轉化為「學習能力指標」，以做為課程設計及實施的依據。以學習能力指標取代課程標準的教材綱要之敘寫，是著眼於學生生活經驗的統整，以及為了提升整體國民基本素質與國家競爭力。性別平等教育核心能力的訂定，基於是重大議題的融入，原初構想在課程發展的策略係採取配合七大學習領域的階段性，發展一循序漸進的核心能力內涵及學習能力指標，再適切地整合到各學習領域的主題軸或核心內涵中；然而，因在課程暫行綱要修訂階段時無法有效融入，改採以重大議題能力指標對應七大學習領域能力指標的方式呈現（莊明貞，2002a）。

依據上述規擬出國民教育階段的「性別平等教育」之核心能力應包含：「性別的自我了解」、「性別的人我關係」、「性別的自我突破」，此三項核心能力的基本意涵分別解釋如下：

1. 性別的自我了解：指性別在自我發展中的角色。
2. 性別的人我關係：探討性別發展與社會文化互動的關係。
3. 性別的自我突破：經由自我了解、社會與文化的結合，得以重建和諧、尊重的性別關係。

至於性別平等教育的核心內涵則包括下列五項：「性別的成長與發展」、「性別的關係與互動」、「性別角色的學習與突破」、「多元文化社會中的性別平等」與「性別權益相關議題」，以此主題可發展融入到各學習領域的課程架構，此課程架構的搭配應用範圍以各領域之教科書及學校本位課程發展為主。

三、性別平等教育融入各學習領域

性別平等教育議題在九年一貫課程中，係以重大議題之型態融入各學習領域，建構課程內涵，並未訂有獨立授課時數，故其實施時，除了期望各校在發展學校本位課程時，以彈性時間發展補充式的教學活動之外，最積極之目的仍冀望以融入各學習領域作為手段，促使所有的學科知識內涵與結構均能體現性別平等教育的理念，並成為性別平等教育的重要課程文本。

然而，如何將性別平等教育的課程內涵與能力指標融入各學習領域，以建構共同之學習目標？如何在課程中具體呈現性別平等教育的概念與內涵？如何透過知識的建構過程，將性別平等教育「轉化」於各學習領域之中？均須讓所有中小學實務工作者與教科書編訂者了解融入式課程的理念與策略。

性別平等教育力圖融入各學習領域（如圖 11-1 所示），其目的是希望藉由與其他領域課程緊密的結合，達成性別平等教育的課程目標，較理想的方式應該是尋求將兩者原有結構解體並緊密的重整，使不同的學科屬性課程，無論是課程目標或課程內涵都重新加以組織與統整為一體，而不再有扞格不入或泡沫式融入的情形出現。因此性別平等教育融入式課程，其實蘊涵著統整或轉化的意涵，企圖從課程目標、課程組織、教學計畫、教學活動內容與學習評量等方面進行整合，使彼此融合一起。

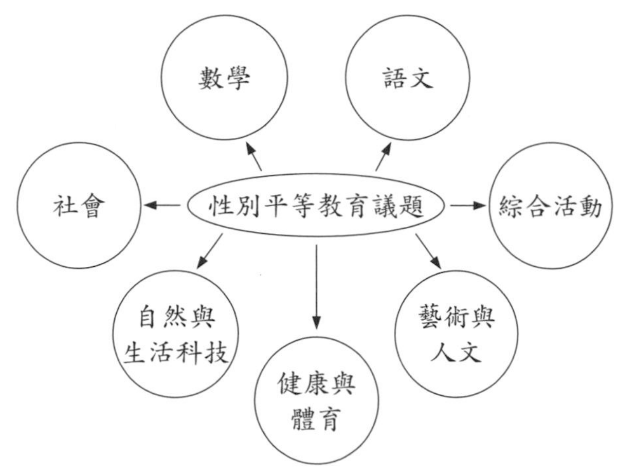

圖 11-1　性別平等教育可融入各領域課程中
資料來源：莊明貞等人（2005）

肆　性別平等教育議題能力指標之解讀與轉化

一、能力指標解讀之立場

性別平等教育能力指標的解讀，在方法上冀望透過概念知識之闡釋與教學示例的相互對照，試圖澄清、解讀能力指標所蘊涵的旨意，以及在課程上必須達成之基本能力，故解讀能力指標時，須先行分析其中的主要概念知識。概念知識所呈現的型態包括命題、概念與事實等（如圖 11-2、11-3 所示）。

透過能力指標的解讀結果，將有助於實際從事課程設計者，諸如：教師、教科書編輯者、師資培育生等，重新去思考性別平等教育議題能力指標的本質與內涵，以及自我檢視教學活動中呈現之知識學習概念的完整性。由於性別平等教育採融入式課程，故在解讀能力指標之際，將提供融入各學習

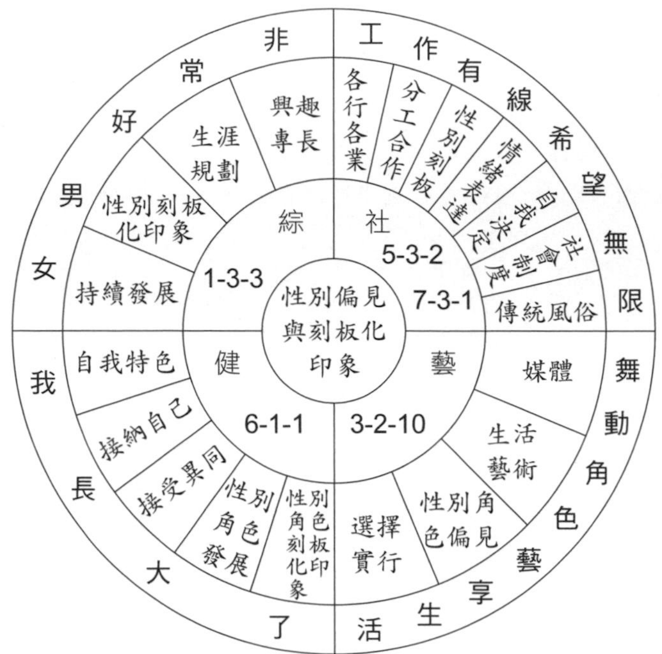

註：1.最內層為性別平等教育之學習主題。
2.第二層為融入之學習領域名稱。
3.第三層為性別平等教育與該領域能力指標解析之重點意涵。
4.最外層為解析後設計之單元名稱。

圖 11-2　國小組性別平等教育融入社會、藝術與人文、健康與體育、綜合活動
資料來源：莊明貞等人（2005）

領域的策略，並提供實際教學活動設計之範例，期使性別平等教育議題在教師課程實踐中，能透過反思、行動，以達到性別平等教育課程之目標（莊明貞等人，2005）。

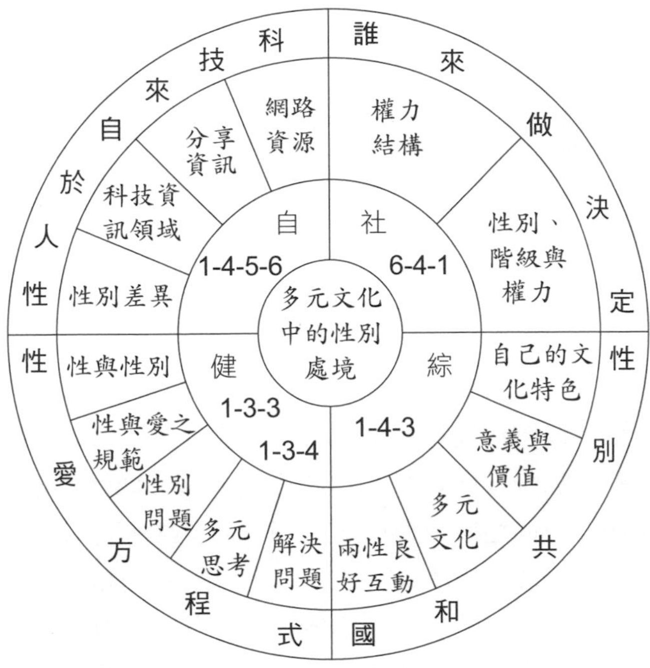

註：1.最內層為性別平等教育之學習主題。

2.第二層為融入之學習領域名稱。

3.第三層為性別平等教育與該領域能力指標解析之重點意涵。

4.最外層為解析後設計之單元名稱。

圖 11-3　國中組性別平等教育融入社會、綜合活動、健康與體育、自然與生活科技
資料來源：莊明貞等人（2005）

二、解讀的流程與內涵

性別平等教育議題在九年一貫課程的能力指標解讀歷程，包含：預期達成能力、主要學習內涵、主要概念、融入學習領域之解析與教學活動設計等內容，以作者所完成〈重大議題能力指標重點意涵與教學示例：性別平等教育議題〉之研究所發展的解讀歷程為例（莊明貞等人，2005），其中以國小組第三學習階段能力指標 1-3-7「去除性別刻板的情緒表達，謀求合宜的問題解決方式」為例，其流程圖如圖 11-4 所示。

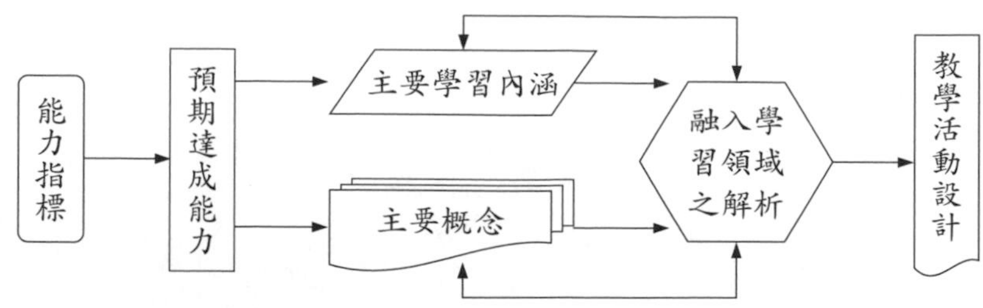

圖 11-4　能力指標解讀流程
資料來源：莊明貞等人（2005）

- 預期達成能力：以可以操作、檢測、可表現之能力表徵，並能依據此描述轉化為教學活動內容與評量的具體依據。其預期能力指標為：「從生活中觀察每個人的情緒表達型態，進而分析其中所蘊涵的性別刻板化現象；並能選擇正面合宜的情緒表達方式，以解決問題。」
- 主要學習內涵：以知識內涵做為主要範疇，並做為概念性知識分析之參照。其主要學習內涵由指標中解析出為：「情緒表達、性別刻板化、性別刻板的情緒表達、合宜的情緒表達方式」。
- 主要概念：除了針對重要概念給予定義之外，亦明確描述學習的範疇以及相關的學習方式。其主要概念知識經解析後確定為：(1)情緒的意義；(2)性別刻板化；(3)辨識性別刻板的情緒表達型態；(4)選擇合宜的情緒表達方式等四項，並就此知識加以說明。
- 融入學習領域之解析：針對該能力指標所欲融入之領域，擷取相對應之相關能力指標，進行概念分析與對應，進而發展整合性學習目標，並設計融入式教學活動。以 1-3-7 為例，說明如下。

（一）首先擷取社會學習領域與性別平等教育的相關能力指標加以對應

先行列取社會學習領域之能力指標，可用與性別平等教育議題結合者，例如：社會學習領域第三學習階段能力指標。

5-3-2 了解自己可以決定自我的發展，並且突破傳統風俗或社會制度的期待與限制。

7-3-1 了解個人透過參與各行各業的經濟活動，與他人形成分工合作的關係。

再從性別平等教育議題的分段基本能力指標中，列取同一學習階段所要融入之能力指標，以作為教學活動設計之主軸，例如：性別平等教育議題第三學習階段能力指標。

1-3-7 去除性別刻板的情緒表達，謀求合宜的問題解決方式。

（二）進行概念分析與對應

將上述性別平等教育議題與社會學習領域的能力指標，分析其重要概念，一一加以對應，如表 11-1 所示。

表 11-1　概念分析與對應

	社會學習領域	性別平等教育議題
基本能力指標	5-3-2 了解自己可以決定自我的發展，並且突破傳統風俗或社會制度的期待與限制。 7-3-1 了解個人透過參與各行各業的經濟活動，與他人形成分工合作的關係。	1-3-7 去除性別刻板的情緒表達，謀求合宜的問題解決方式。
概念分析	自我決定 傳統風俗期待與限制 社會制度期待與限制 各行各業 分工合作	性別刻板情緒表達

資料來源：莊明貞等人（2005）

（三）發展整合性學習目標

從性別平等教育議題與社會學習領域課程能力指標，所抽衍出來之相關概念共計七個，再結合主要概念知識，發展成整合性學習目標，如圖 11-5 所示。

各能力指標解讀之後，再發展教學活動設計，其內涵包括：單元名稱、適用學習階段、教學節數、能力指標與學習目標、設計構想、學習資源、學習活動流程、建議事項、參考資料等內容（詳如表 11-2 所示）。

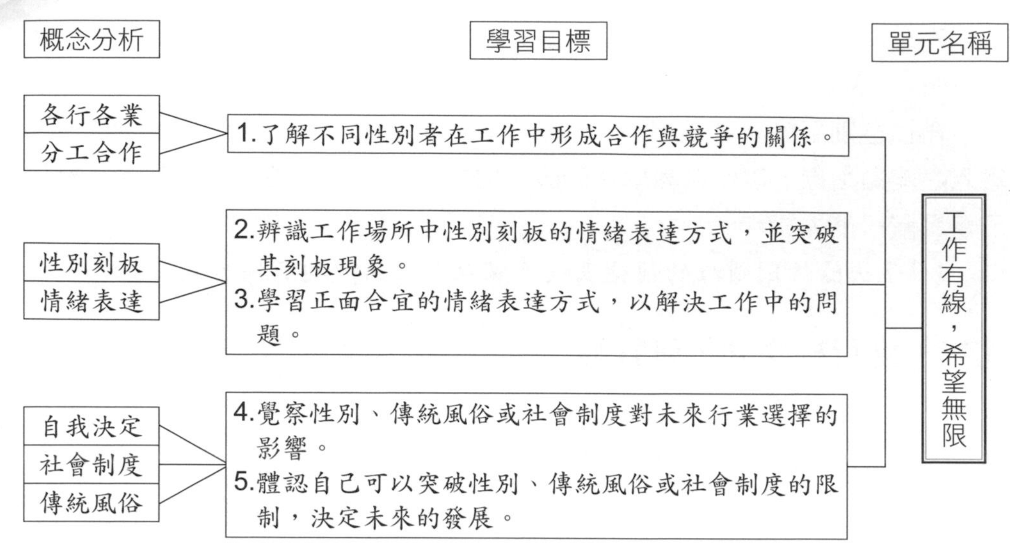

圖 11-5　概念整合→學習目標之模式
資料來源：莊明貞等人（2005）

⊃表 11-2　性別平等教育議題融入社會學習領域教學活動設計示例

單元名稱	工作有線，希望無限	適用學習階段	第三學習階段／五年級
設計者	蕭又齊	時間／節數	200 分鐘／五節
社會學習領域能力指標	5-3-2　了解自己可以決定自我的發展，並且突破傳統風俗或社會制度的期待與限制。 7-3-1　了解個人透過參與各行各業的經濟活動，與他人形成分工合作的關係。	性別平等教育議題能力指標	1-3-7　去除性別刻板的情緒表達，謀求合宜的問題解決方式。
主要概念	自我決定、傳統風俗期待、傳統風俗限制、社會制度期待、社會制度限制、各行各業、分工合作。	主要概念	性別刻板 情緒表達
學習目標	1.了解不同性別者在工作中合作與競爭的關係。 2.辨識工作場所中性別刻板的情緒表達方式，並突破其刻板現象。 3.學習正面合宜的情緒表達方式，以解決工作中的問題。 4.覺察性別、傳統風俗或社會制度對未來行業選擇的影響。 5.體認自己可以突破性別、傳統風俗或社會制度的限制，決定未來的發展。		

表 11-2　性別平等教育議題融入社會學習領域教學活動設計示例

單元名稱	工作有線，希望無限	適用學習階段	第三學習階段／五年級
設計構想	工作與大多數人的生活息息相關，個人在工作中難免會遇到不如意、挫折、壓力等，這些不愉快的事情很容易讓人產生不舒服、恐懼、逃避等情緒，不當的情緒表達方式容易使人的思考和判斷產生偏差或錯誤行動，難以順利解決問題。因此，設計活動引導兒童藉由訪談家人的「工作甘苦談」，了解工作中與他人分工合作及競爭的關係，探討在工作中因壓力或挫折所引發的情緒，辨識性別刻板的情緒表達方式，尋求合宜的情緒表達方式，以解決工作中的問題。 此外，在工作職場中不難看到因性別而受到不同的對待，為了突破刻板的性別印象與限制，在活動中將引導兒童從辨識性別刻板的情緒表達方式中，覺察性別、傳統風俗或社會制度對自我發展的影響，進而了解突破性別、傳統風俗或社會制度的限制之重要，以培養兒童勇於發揮自己的專長與決定自我發展的能力。		
學習資源	「工作甘苦談」學習單、情緒詞卡、「為情緒把脈」學習單、「我的未來不是夢」學習單、「我的未來不是夢」教學 DVD（2005 年國立教育資料館製作）		
學習目標	**活動名稱與流程**	**教學策略教具使用**	**評量重點**
1. 了解不同性別者在工作中合作與競爭的關係。	【活動一】工作與生活 一、經驗分享（10 分鐘） 二、分組探討（15 分鐘） 1. 為什麼要工作？（工作的目的） 2. 工作中應有什麼態度？（工作的態度） 3. 以一種工作為例，說明在工作中不同性別者的互動關係。 ※教師補充並引導學生探討在工作中兩性怎麼分工合作？如何面對工作上的競爭？ 三、訪談說明（10 分鐘） 教師分享自己的工作甘苦談，引導學生依據「工作甘苦談」針對家人或長輩進行訪談活動，並提示其訪談表中要註記受訪者的性別，請受訪者談一談面臨工作壓力或挫折時情緒的反應及處理方式。	學習單「工作甘苦談」	1. 透過問答，引導學生說出工作與生活的關係。 2. 透過討論，引導學生舉例說明工作中兩性形成合作與競爭的關係。 3. 透過訪談的實作活動，了解學生訪談與整理資料的能力。

⊃表 11-2　性別平等教育議題融入社會學習領域教學活動設計示例（續）

	四、歸納統整（5 分鐘） 工作的目的是為了賺取金錢以維持日常生活所需，此外，也能展現個人的才能、實現自己的理想。 按部就班、依規定行事、積極進取、力求創新都是工作的態度，在工作職場上想成為什麼樣的工作者，自己擁有相當大的決定權。 ～第一節課～		
2.辨識工作場所中性別刻板的情緒表達方式，並突破其刻板現象。	【活動二】工作甘苦談 一、訪談分享（10 分鐘） 引導學生各自找一位同學和他分享（分享後在空白處簽名），分享後請幾位學生上台口頭報告學習單的內容，以加深學生對各行各業的工作內容及工作甘苦的了解。	學習單「工作甘苦談」	4.透過分享活動了解學生與人互動、發表的能力。
	二、調查統計（10 分鐘） 1.發表當受訪者工作不順心時，會有什麼情緒？他（她）如何處理情緒？ ※教師說明所謂「情緒」通常是指個體受到外來的刺激，引起身心反應的一種狀態，例如：喜歡、憤怒、悲傷（難過）、快樂、恐懼、厭惡、期待等。 2.板書學生所提出不同性別者的情緒表達（或情緒處理）方式。 三、分組討論（15 分鐘） 1.一般來說，男性和女性表達情緒上，有什麼不同？說一說對這些不同的情緒表達方式感受如何？ ※教師提醒師生勿陷入特質論的再標籤。 2.說一說哪些情緒的表達方式是受到「性別刻板化印象」的影響？	「情緒詞卡」 板書：不同性別者的情緒表達方式	5.透過討論與發表，了解學生辨識性別刻板的情緒表達方式之程度。

表 11-2 性別平等教育議題融入社會學習領域教學活動設計示例（續）

3.學習正面合宜的情緒表達方式，以解決工作中的問題。	※教師歸納說明：一般人以為，性別不同者在情緒表達上，會有固定的方式，例如：男性多壓抑自己、不擅言詞，男人有淚不輕彈，男性容易被激怒，容易用語言暴力解決問題；女性表達情緒則多為哭鬧、撒嬌、耍賴不講理、歇斯底里或委屈隱忍等，這就是性別刻板的情緒表達方式。 3.怎麼做可以避免情緒表達方式受「性別刻板化印象」的影響？ ※教師補充說明：性別刻板的情緒表達方式來自性別刻板化印象，唯有去除性別刻板化印象，提升女性對自我的看法與期待，多閱讀女性偉人傳記，提供克服性別刻板化印象的楷模或示範，才能避免性別刻板化印象對自我發展產生負面的影響。 四、歸納統整（5 分鐘） 在工作中難免會遇到挫折壓力，這些不順心的事情容易讓人產生擔憂、恐懼、逃避等情緒。 情緒的表達不應受限於性別而有固定的形式，例如：男性悲傷難過時，不要一味壓抑或隱藏自己的感受；女性生氣憤怒時，也不應以哭鬧、耍賴的方式來表達。無論男性或女性，都應以正面合宜的方式處理情緒，才能避免思考和判斷產生偏差，以致無法順利解決問題。 ～第二節課～		
4.覺察性別、傳統風俗或社會制度對未來行業選擇的影響。	【活動三】為情緒把脈 一、經驗分享（15 分鐘） 1.經驗分享：引導兒童說出生活中最沮喪、最開心、最緊張、最害怕的事。 2.引導學生填寫學習單，進一步了解自己的情緒。	學習單「為情緒把脈」	6.透過發表與實作，引導學生了解自我的情緒。

表 11-2　性別平等教育議題融入社會學習領域教學活動設計示例（續）

	二、討論發表（10 分鐘） 1.省思：當我表達情緒時，會受「性別」的影響嗎？為什麼？ 2.舉例說明不當的情緒表達對工作與生活的影響。 3.如何避免不當的情緒表達方式？ 三、實作練習（10 分鐘） ※引導學生討論處理情緒的方法，教師歸納並補充說明處理情緒的方法。 •接納自己的情緒：理解人難免會有情緒，一味壓抑往往會帶來更不好的結果，所以不要刻意隱忍或委屈。 •解讀事件的意義：了解事件有不同的面向，重新解讀事件的意義，可以減低負面的情緒產生。 •轉移注意力：負面的情緒可以藉由觀察周遭環境物品的色彩、想一件愉快的或得意的事、數數、聽音樂、做運動或從事自己喜愛的活動等。 •休息與放鬆：適度的休憩與睡眠，可以讓人放鬆，紓解壓力。 •設定學習楷模：觀察周遭的人物，找出情緒表達最為合宜的楷模，作為學習的對象。 •尋求協助：必要時，應該尋求專家或親朋好友的協助。		7.透過觀察與省思，了解學生辨識並去除性別刻板的情緒表達情形。 8.透過觀察與自省，引導學生學習正面合宜的情緒表達方式，並用來解決生活中的問題。
5.體認自己可以突破性別、傳統風俗或社會制度的限制，決定未來的發展。	四、歸納統整（5 分鐘） 破除性別刻板的情緒表達方式，可以讓自己真誠的紓解情緒。適當的管理情緒，可以化解情緒的壓力，有助於人際溝通與互動，更有助於面對問題、解決問題。合宜正面的情緒表達應以不傷害自己、不傷害他人，不人身攻擊、不敵對，且符合社會規範的方式來表現。 ～第三節課～		9.透過討論發表引導學生說出個人的發展受到哪些因素的影響。

➲表 11-2　性別平等教育議題融入社會學習領域教學活動設計示例（續）

	【活動四】我的未來不是夢 一、討論發表（35 分鐘） 1.引導學生回顧「工作甘苦談」訪談紀錄表，針對「為什麼選擇這項工作？」進一步分析一般人對於工作的選擇，是否仍有性別刻板印象（如保母、護士應由女性擔任？）或受限於傳統風俗的期待？ 2.舉例說明「選擇各行各業」應具備哪些特質？並說明為什麼？ 3.說一說未來想從事的行業？省思是否受性別、傳統風俗或社會制度的期待或限制？ 4.個人的發展受到哪些因素影響？ ※「性別刻板化印象」、傳統風俗或社會制度的期待對於自我的發展有什麼影響？	工作甘苦談	10.透過實作與分享活動，引導學生舉例說明性別、傳統風俗或社會制度對未來行業選擇的影響。
	二、歸納統整（5 分鐘） 自我的個性、特質、家庭、同儕團體、宗教信仰、價值觀、輿論媒體、社會制度、傳統習俗等，都會影響自我的發展，甚至對未來行業的選擇。 ～第四節課～ 三、實作與分享（20 分鐘） 1.引導學生完成「我的未來不是夢」學習單。 2.比較家人與我「對自己的期望」有什麼不同？為什麼？ 3.找一位同學和他分享學習單。 四、討論發表（15 分鐘） ※舉例說明突破性別刻板印象及傳統風俗或社會制度的期待與限制的重要性，並提出自己能做到的具體作法。 1.以突破性別刻板印象或性別刻板的情緒表達方式為例。 2.以突破傳統風俗或社會制度為例。	小白板	11.透過實作與省思，引導學生體認自己可以突破性別、傳統風俗或社會制度的限制，決定未來的發展。

⊃表 11-2　性別平等教育議題融入社會學習領域教學活動設計示例（續）

	五、歸納統整（5 分鐘） 不論性別、不分男女，每個人如果能充份認識自己，了解自己的情緒，適當管理情緒，就可以讓生活更愉快。 性別、傳統風俗或社會制度影響著個人的發展，打破性別、傳統風俗或社會制度的限制，勇於發揮自己的專長與潛能，未來的發展可以更寬廣。 ～第五節課～	學習單「我的未來不是夢」	
建議事項	【活動二】工作甘苦談，亦可邀請各行各業家長蒞班分享，以替代原先的訪問表。 【活動三】為情緒把脈，建議教師引導學生從班級生活中舉例，協助學生認識不同的情緒反應，接納人可以有正面和負面的情緒，但不當的情緒表達會影響工作與生活，進而引導學生提出妥善管理情緒的具體作法。		
參考資料	張怡筠（1996）。EQ 其實很簡單。台北市：希代。 劉焜輝（2004）。情緒管理與壓力紓解。2005 年 3 月 13 日，取自 http://enable.rdec.gov.tw/left_page/left_3/left_3_10/2/07.ppt		

資料來源：莊明貞等人（2005）

伍　未來展望——結論

本文雖嘗試提供一些性別的課程建構實例，但並不能證明性別課程已在本土的中小學實踐場域中廣泛落實。回顧性別課程的變革過程，從早期 1988 年婦女新知基金會體檢教科書肇始，乃致於其後受到性別與課程研究學界的重視（例如：方德隆，1997；莊明貞，1995，1997；黃政傑，1994；歐用生，1994；謝小芩、王秀雲，1994；謝臥龍，1997；蘇芊玲、劉淑雯，1997），開始大量檢視 1975 年的課程標準及 1993、1994 年課程標準所發展出來的國編本及審定版各科教科書，從文本的性別意識形態檢視，雖有消極避免教材中的性別、種族及社會階層等的意識形態再製及性別角色刻板化之社會化問題，但由現存的知識與方法論所產生的知識，很難引介新的觀念；而在所有傳統學科的檢視中，女性的價值易被貶抑，終究無法建構一個「無性別偏見的課程文本」。基於此考量，作者提出更積極的面向是將性別議題融入傳統學科，並整合文化價值轉化學科知識成為性別均衡的學校課程文本。雖然轉化課程取向首重教師角色的重建為轉化型知識份子，基於此，持續的教師專業發展以培養教師性別敏感度與親師夥伴關係的建立，以發展性別的文化素養更是必要。

揆諸多元文化主義、女性主義各流派及批判教育學也極力以性別論述，促使中外學科課程進行課程統整知識之轉化，且不再固守學科疆域；此次九年一貫課程在性別平等教育議題的課程建構，是我國課程沿革中劃時代的創舉，其反應多元文化教育的精神昭然若揭。然而，畢竟性別主義是歷史的深層建構，性別課程之建構需仰賴社會文化的整體重建與課程政策整體配套的規劃，才能使不同性別者獲得性別的覺知、反思與實踐。即使有《性別平等教育法施行細則》的頒布，惟徒法難以自行，新頒法令的推行，首在學校性別平等教育的課程、教學與評鑑系統的配套措施之審慎規劃與學校文化的重建，未來除循序漸進透過中央至地方的深耕種子教師培育，培養具有性別意識的反省性教師，負責執行各縣市性別平等教育議題融入課程的實踐外，並應透過大眾傳媒的宣導，結合社區共識合力推動，創造性別平等教育的論述空間及開放、多元的友善校園，才能達成以性別平等課程改革進行社會重建的願景。

（本文原載於《教育研究月刊》，2005 年，第 139 期，頁 16-31）

參考文獻

中文部分

方德隆（1997）。**多元文化時代中兩性平等教材發展之趨向**。發表於「大專校院兩性平等教育課程與教學研習會」。高雄市：私立高雄醫學大學兩性研究中心。

張　玨（1996）。兩性教育。**測驗與輔導，135**，3-8。

教育部（1999）。**國民教育九年一貫兩性教育課程綱要**。台北市：作者。

莊明貞（1995）。台灣國小社會科教科書兩性角色偏見之分析：及其在課程改革之意涵。**國立台北師範學院學報，8**，113-137。

莊明貞（1997）。國小自然科課程之性別論述。**兩性平等教育季刊，2**，30-50。

莊明貞（2002a）。九年一貫課程社會新興議題：政策到實施的反省。**國民教育，43**（1），7-13。

莊明貞（2002b）。九年一貫課程性別議題之知識與權力分析。**教育研究資訊，10**（6），1-18。

莊明貞、何怡君、李明姿、莊雅嵐（2005）。**重大議題能力指標重點意涵與教學示例：性別平等教育議題**。國立教育研究院籌備處委託專案。（NAER-93-06-A-1-06-02-2-34）

黃政傑（1994）。**兩性教育與課程設計**。發表於國立中正大學主辦之「兩性教育與教科書研討會」，嘉義縣。

歐用生（1994）。**兩性平等的道德課程設計**。發表於國立中正大學主辦之「兩性教育與教科書研討會」，嘉義縣。

潘慧玲、黃馨慧、周麗玉、楊心蕙、莊明貞、洪久賢等（2005）。**研訂後期中等學校性別平等教育議題課程能力指標研究報告**。教育部中等教育司委託計畫。

謝小芩、王秀雲（1994）。**國中健康教育教科書中的意識形態分析**。發表於國立中正大學主辦之「兩性教育與教科書研討會」，嘉義縣。

謝臥龍（1997）。從兩性平等教育的觀點探討教學互動歷程中的性別偏見。**教育研究，54**，37-43。

蘇芊玲、劉淑雯（1997）。**檢視國小一年級國語科新教材兩性觀**。發表於體檢國小教材座談會。台北市：台北市政府教育局。

英文部分

Chuang, M. J. (2004). Power & knowledge of gender issues in Taiwanese grade 1-9 curriculum: A critical pedagogy perspectives. *Journal of National Taipei Teachers College, 17* (2), 85-108。

Giroux, H. A. (1988). *Teachers as intellectuals*. Granby, MA: Bergin & Garvey.

Klein, S. (Ed.) (1985). *Handbook for achieving sex equity through education*. Baltimore, MD: Johns Hopkins University Press.

Miller, J. L. (1993). Constructions of curriculum and gender. In S. K. Biklen & D. Pollard (Eds.), *Gender and education: Ninety-second yearbook of the national society for the study of education*. Chicago, IL: University of Chicago Press.

Paechter, C. (2000). *Changing school subjects: Power, gender and curriculum*. Buckingham, PA: Open University Press.

Pinar,W. F., Reynolds, W. M., Slattery, P., & Taubman, P. M. (1995). *Understanding curriculum*. New York, NY: Peter Lang.

Pinar, W. F. (1998). *Curriculum: Toward new identities*. New York, NY: Garland Publishing.

Sadker, M., Sadker, D., & Long, L. (1993). Gender and educational equity. In J. Banks & C. Banks (Eds.), *Multicultural education: Issues and perspectives* (pp. 108-128). Boston, MA: Allyn & Bacon.

第十二章
九年一貫課程中有關學校統整課程設計與實施問題之分析

壹 前言

一般而言，各種課程取向均有其課程設計的理論體系與發展程序，但是不論何種課程取向的課程發展，必然會面臨到課程組織分化與統整的問題：課程方案如何分化及如何確保這些分化彼此之間密切相關；前者是課程分化問題，後者則是課程統整的問題，在實施時會因時、因地，也因不同的課程發展取向而異。因此，在討論課程統整的議題時，我們會注意課程統整並不是何種課程設計取向的專屬；事實上，各種課程設計取向都會同時關心課程的統整和分化，不過是孰重孰輕之別，而各種取向本身也發展出多種類型的課程，其中統整和分化的程度，亦有或鬆或緊之別，例如：學生經驗中心取向的課程通常比學科中心取向的課程較強調統整，而學科取向之中的科技整合課程又比分科課程更強調統整，但是無論是學生經驗中心取向或是學科中心取向、科技整合課程或分科課程，都不會全然排斥課程統整或分化的課程取向。換言之，任何設計完善的課程，本來就應該兼顧課程分化與統整課題。

因此，分化與統整常糾結不可分，並形成一個並軸、雙面螺旋一樣地環繞著人類和社會發展的主軸，建構出多元化的知識和課程形式，而每種課程形式都蘊涵著不同的本體論、知識論、價值論。然而，長久以來教育界主要關心的是不斷向外延伸、擴展、發展的學科分化趨勢，而在過度分化卻造成知識和系統之間壁壘分明、難以互動溝通之時，對社會和個人都會失去意義。最近，這種課程統整猶如鐘擺原理，又受到課程界的注意。

我國的課程標準沿革，長久以來較關注學科分科知識體系的發展，在「國中小學九年一貫課程暫行綱要」（教育部，2000）中，有二項重大的改革：其一是「一貫」，強調國中小課程的銜接，破除過去國中小獨立運作的課程發展模式，並建立以學習能力指標為主的課程架構；其二即是前述所強調的「統整」，以「七大學習領域」整合過去的過度分科，避免知識體系之間因各科壁壘分明，缺乏互動與對話，而造成在國小課程內涵有重疊之嫌。整體而言，學校課程必須加以統整有幾項立論根據：

1. 化解學科之間壁壘分明的界限，促成國中小學科社群的協同教學。
2. 由學科知識的學習轉向重視生活經驗統整的學習。
3. 減少因國中小科目林立、上課時數愈膨脹所帶來的學生課業負擔。

本文首先將針對學校課程統整的概念加以釐清，其次再對學校課程統整的多種途徑，提出學理論證；然後藉九年一貫課程中，課程統整設計與實施的問題加以呈現，進而討論對策，最後提出省思與建議代為結論。

貳 學校課程統整的概念釐清

國內推動統整課程的時間，若加上九年一貫課程試辦時期，應有四、五年的歷史，然而課程推動者「統」的論調，常帶給實務工作者「整」的經驗，究其實，仍有若干統整課程概念亟待釐清，以下分述之（莊明貞，2002；黃譯瑩，1999；楊龍立、潘麗珠，2001）。

一、學習領域等同於學科的統整？

九年一貫課程將「學科」改成「學習領域」，此課程修訂被視為該課程乃統整課程的一項具體例證。其實學習領域不代表就一定是統整課程，因為它可以是把一些學科合併在一起而已，它也可以不重視領域外的統整性。根據教育部公布的「國民中小學九年一貫課程暫行綱要」（教育部，2000），僅數學、社會、綜合活動等領域特別指出與其他學習領域的統整，其餘領域則較偏重本身領域內的統整，其實領域本身在形式上即如同過去的學科。此外，第一學習階段的生活課程亦未妥善規劃，而是將自然與生活科技、社會、藝術與人文等三個學習領域的一、二年級部分，將能力指標組合在一起，即成所謂的統整課程。至於藝術與人文領域，整合了美術、音樂與表演藝術為藝術，但卻不見人文內涵之整合。言下之意，即使七大領域有領域之名，但若干領域卻只有合科，卻未見統整課程之實。

二、統整課程等同於校本課程？

在九年一貫課程試辦初期，各校在未理解九年一貫各領域所建構的精神與內涵時，以為實施了主題式統整課程設計，即建構了學校本位的課程，至於究竟校本課程是否反映了學校課程規劃的願景圖像，反倒是其次。然而因試辦時期，九年一貫新版教科書尚未發展出來，若干國小試辦學校可以以跨學科統整課程設計來進行，或依此建構所謂的校本課程內涵，但卻無法穩定持久的發展。九年一貫課程正式實施後，該類型學校的校本課程又萎縮至20%的「彈性時間」，或以綜合活動為自編教材的校本課程；以上例證，說明了校本課程不必然需以統整課程設計的方式進行，而統整課程也不必然可建構校本課程。

三、新興議題的融入形同泡沫化？

九年一貫課程中回應了知識分配的多元化，企圖在傳統的學科中，融入新的知識內涵；此知識內涵不意圖單獨設計，旨在融入領域內，以達到轉化知識的目的，讓知識更符合生活經驗與社會公平，所以六大議題宜設計為統整課程的主題，並依課程設計者的教學需要，適時融入相關學習領域中。但仔細檢視教育部甫公布的「國民中小學九年一貫課程綱要」（教育部，2003），卻未見各領域的分段能力指標融入六大議題的知識內涵！言下之意，課程綱要的七大領域與六大議題仍存在「一邊一國」的事實，課程改革主宰傳統學科的權力結構，在遇到「兩性教育」、「人權教育」、「環境教育」等新興議題介入時，即捍衛知識疆域的立場，或者說是「學科本位」的堅持是昭然若揭，所以在課程綱要內的統整社會新興議題上，可以說是學科間與議題有對話但不相融，在其後的各領域教科書之知識實質內涵，雖有六大議題的點綴融入，但就各議題所舖陳的能力指標之轉化知識內涵來看，仍是泡沫化的呈現表面化之課程融入而已！是否能統整到不同學科中，尚須依賴教師的轉化意識與個人實務知識的加以掌握。

參 學校課程統整的多種途徑：學理依據

我們可以從不同的方式來定義統整課程。有課程學者（Drake, 1998）認為，統整課程是一個連續性的課程概念，透過主題擬訂與組織中心，逐漸地建立概念通則之連結關係（如圖 12-1 所示）。H. H. Jacobs（1989）、R. Burns（1995）以及 R. Fogarty（1991）等幾位學者認為，統整課程是一個演化而來的連續性課程概念。Burns 指出，統整課程是一個逐漸轉變成形的過程，而不是一個靜態的東西，她並將每個設想與課程、教學、教室文化等相連結。Erickson 則對低層次的統整形式（多學科課程）與高層次的統整形式（跨學科課程）做出分野：多學科課程是較初階的整合，指的是將不同學科結合的教學；跨學科則是進階的統整，打破了學科的界線，融合入各學科知識。一般來說，教師們會從初階的統整開始嘗試與熟悉統整課程模式，一旦熟練後，就會發展出進階的統整模式——跨學科的課程。

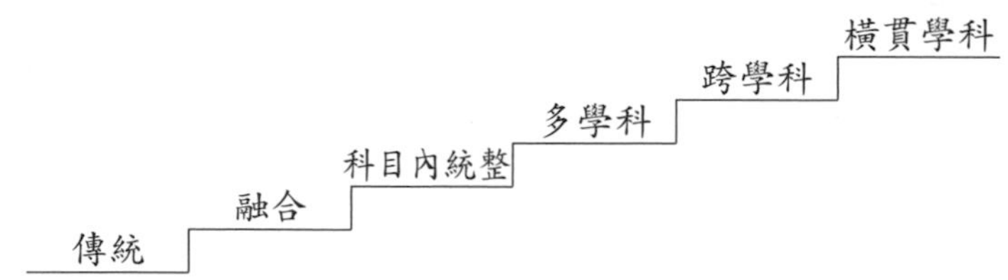

圖 12-1　統整課程的連續性概念
資料來源：Drake（1998）

A. Hargreaves、L. Earl 與 J. Ryan（1996）提到，如果統整課程是一個連續性的概念，那麼我們就要小心它所隱含的價值觀，意即「進步主義」的迷思，也就是延著連續體的任何移動就是成長，或成長至更為進步的狀況。另外，R. Case（1991）提供了許多面向，以了解統整的複雜性。他提出幾種統整的類型（融合式、插入式、相關式等），並舉出四種統整的形式（內容、技巧一過程、學校與學生、基本原則），區別四種統整課程目的（重要議題、主題單元、相關知識、減少重複），以及兩種向度（水平、垂直）。Case 所提的模式正好說明了統整課程的複雜性與多樣性。

Jacobs（1997）則提出了一個簡要的方式來協助教師實施統整課程；他以「課程構念圖」（curriculum mapping）的過程，來使水平（同一年級）、垂直（跨年級間）向度的教學得以進行統整課程。他認為，每一位教師都有能力組織建構自己的課程，而以繪製一個「大的課程圖像」來提醒實務工作者在規劃課程設計時，必須要考慮類似學校課程總體架構圖的需要。

一、課程統整的意涵

由此可見，「課程」和「統整」的定義可說是眾說紛紜，但究竟什麼是「課程統整」？依據文獻，「課程統整」大致可分為：

1. 課程統整（curriculum integration）。
2. 統整課程（integrated curriculum）。
3. 統整型（或綜合某些元素在課程內）的課程（integrative curriculum or integrating X into the curriculum）。

二、課程統整的方式

課程統整的方式很多，C. Marsh（1997）把課程統整分為多學科取向、廣域課程、跨學科（科際）課程概念和主題，以及統整型取向的學習（如表 12-1 所示）。此外，某些學者（Beane, 1997; Drake, 1998; Fogarty, 1991）亦提出不同的課程統整模式或組織型態，包括：

1. 相關課程（correlated curriculum）。
2. 廣域課程及衍生課程（broad-field and emerging curriculum）。
3. 複科整合課程（pluridisciplinary curriculum）。
4. 多學科整合課程（multidisciplinary curriculum）。

5. 跨學科（科際）整合課程（interdisciplinary curriculum）。
6. 超學科整合課程（transdisciplinary curriculum）。

表 12-1　課程統整的模式

多學科取向	廣域課程	跨學科（科際）課程概念和主題	統整型取向的學習
• 強調兩個或兩個以上學科在概念、技能和價值上的相互關係。 • 維持原有科目的獨特性。	• 如把地理、歷史、公民統整成為「社會科」。	• 由教師與校外人士共同設計或由教師與學生共同設計，透過訓練技能（如解難和決策）組成多元智能統整課程。	• 由學生主動尋求知識。 • 統整學習日（integrated day）或強力學習日（powerful learning day）。 • 設計作業（project work）。

資料來源：張翠敏、李子建、馬慶堂（2002）

根據文獻分析，統整課程有不同的模式，而統整方式也有多種不同特點，說明如下。

（一）Jacobs（1989）提出連續性概念（continuum）的六種統整課程

1. 學科基礎設計（discipline-based）。
2. 並行式的學科設計（parallel disciplines）。
3. 互補的學科單元（complementary discipline units）。
4. 科技整合單元（interdisciplinary units）。
5. 統整日模式（integrated-day）。
6. 完全課程。

（二）A. A. Glathorn 與 A. W. Foshary（1991）提出的四種統整課程

1. 關聯課程（correlated curriculum）：將兩個以上的學習領域相連結，當學生學習一個領域的內容時，也同時增強或建立了另一個領域的概念，例如：以健康作為體能學習的工具；藝術與人文因相同主題而連結，可相互增強概念。

2. 廣域課程（broad field curriculum）：以一個問題為核心，接續帶入不同子題，而自不同學門中的材料學習，例如：討論新北市環保的發展，可以從經濟問題導入，由於經濟發展涉及地理環境，於是接著討論到地理位置的關係，然後談到重大環保政策。學科變成強調的重點主題，而不再是學科的原本身分。
3. 跨科整合科際課程（interdisciplinary curriculum）：亦即所謂的「合科課程」，由幾個學科合而為一，例如：社會科（social studies）或生活課程即是此例。
4. 超學科課程（transdisciplinary curriculum）：忽視學科原有的界限，依學習經驗或社會問題設計課程。

（三）G. F. Vars（1991）提出的三種課程統整形式

1. 相關式（correlation）：不同學科的教師一起擬訂同一個主題且在不同層面的問題。在實際設計課程時，可能是由全校所有教師共同設計主題，在各科的教學中討論此一主題；也可能是幾個科目的教師一起設計主題，再將之與既有的各科內容作關聯。
2. 融合式（fusion）：合併幾個學科為新課程。
3. 核心式（core）：以學生生活中的問題、需求、關切的主題為中心，帶入不同學科的材料；而作為核心的主題也只是非結構式的核心，可以隨時依師生的教學需求做調整。

（四）Drake（1991）提出的三種課程統整方式

1. 多學科課程（multidisciplinary curriculum）：此課程統整取向仍是以學科為本位，用一個主題統整不同學科作為教學的課程設計。這種取向強調兩個或兩個以上的學科在概念和價值上的相互關係，在統整過程中維持原有科學的獨特性，其取向可以圖 12-2 表示。
2. 科技整合課程（interdisciplinary curriculum）：此課程統整取向是以思考技能作為整個課程結構組織的中心，可由教師與校外資源人士或教師與學生共同設計，亦可透過多元智能的形式統整課程，也可考慮結合 Bloom 的認知分類方式來統整課程。其取向可以用台北縣瓜山國小多元智能科技整合課程為例，如圖 12-3 所示。

語文
音樂
科學
主題
體育
社會
數學
美勞

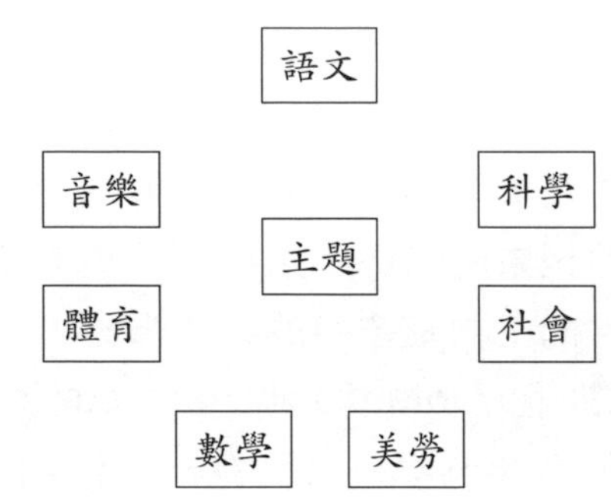

圖 12-2　多學科課程示例

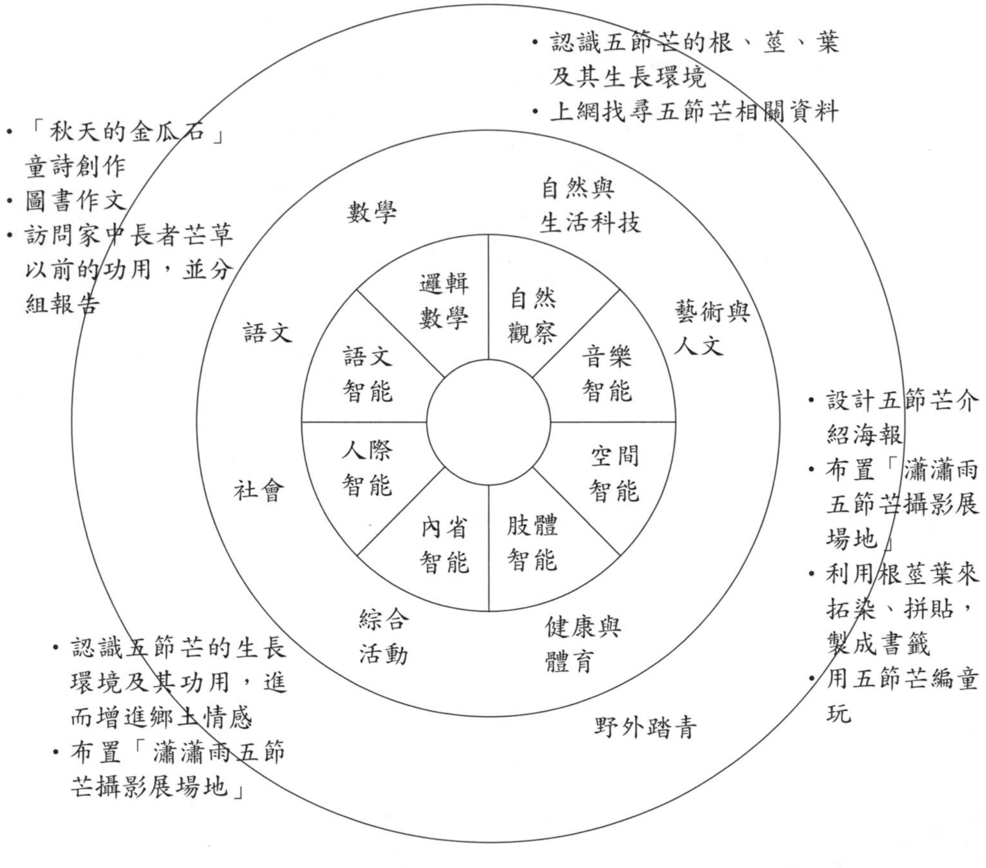

‧認識五節芒的根、莖、葉及其生長環境
‧上網找尋五節芒相關資料
‧「秋天的金瓜石」童詩創作
‧圖書作文
‧訪問家中長者芒草以前的功用，並分組報告
數學
自然與生活科技
邏輯數學
自然觀察
語文
藝術與人文
語文智能
音樂智能
人際智能
空間智能
社會
內省智能
肢體智能
綜合活動
健康與體育
‧設計五節芒介紹海報
‧布置「瀟瀟雨五節芒攝影展場地」
‧利用根莖葉來拓染、拼貼，製成書籤
‧用五節芒編童玩
‧認識五節芒的生長環境及其功用，進而增進鄉土情感
‧布置「瀟瀟雨五節芒攝影展場地」
野外踏青

圖 12-3　科技整合課程
資料來源：台北縣瓜山國小（2001）

3. 超學科課程（trandisciplinary curriculum）：不考慮學科的知識結構或內涵，完全去除知識的學科標籤，而完全以各種活動設計課程。

Drake 等人（1992）提出的「故事模式」，有助於我們了解當前課程改革的脈絡。故事模式事實上就是課程發展的模式（如圖 12-4 所示），在圖中，長方形外框的部分指出了影響學習知識形成的全局：以個人為核心，其外圍依序為文化的、全球的、共同的。每一個層面的故事都像是一層層濾網，因為故事模式的假設是：人們認識世界是透過故事的脈絡過濾後而被接收到的。人們對所生活的世界產生意義，可以透過說故事的方式，將生活中重要的事件陳述出來；在說故事的過程中，我們將所有行為所仰賴的信念、價值以及行動都表達出來。在故事中，我們對世界是什麼的假設也清楚的呈現，這些假設正是驅使我們行動的力量泉源。

故事課程發展的過程為：(1)教師或師生選擇一個故事，共同討論故事的內容；(2)發展文化故事，教師與學生敘述自己與故事有關的生活經驗故事；

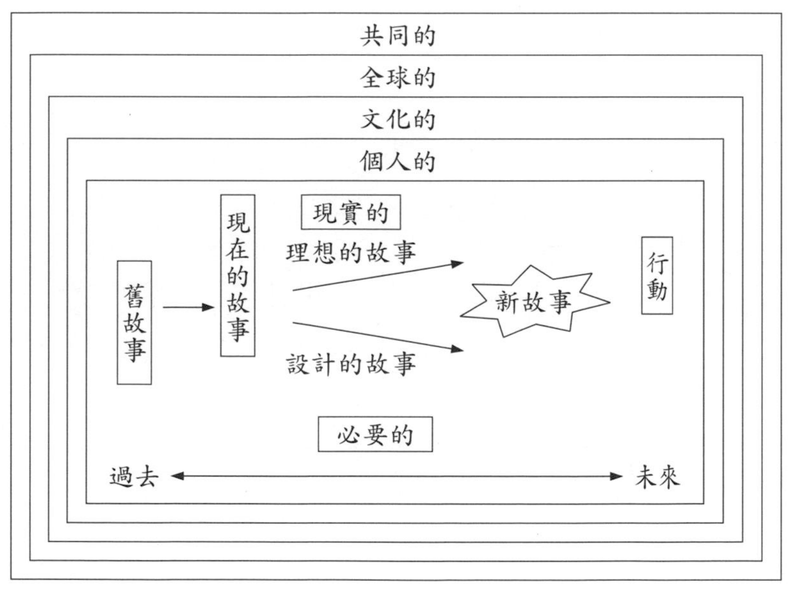

圖 12-4　故事的模式
資料來源：Drake（1998: 4）

⑶讓學生提出對故事內容的質疑或相關問題，教師亦可提出值得探究的問題；⑷師生共同探究問題，並提出自己的觀點；⑸依據自己的觀點與期望，共同建構新的故事。

（五）Fogarty 的十種課程統整模式

Fogarty（1991）的課程統整模式，最早為國內學者所引用（單文經，1999）。但是其中分科式（fragmented）、並聯式（connected）、列巢式（nested）仍是學科各自獨立的，只是要求各學科在技能、概念的介紹時應注意其相關性；次序式（sequenced）只是兩個學科間的概念介紹，應注意其順序性；共有式（shared）類似聯絡教學；網狀式（webbed）是以概念或主題為核心，抽取各學科的相關要素，屬於主題跨學科課程；線串式（threaded）則以某種姿態、技術貫串各學科的學習內容，屬於科際式；整合式（integrated）擷取學科間重疊的概念與主題，組成一種模型；沉浸式（immersed）與網絡式（networked）即將統整的責任加諸在學習者身上。嚴格來說，屬於課程統整設計的模式應只有網狀式、線串式和整合式三種，以下以圖分別加以說明。

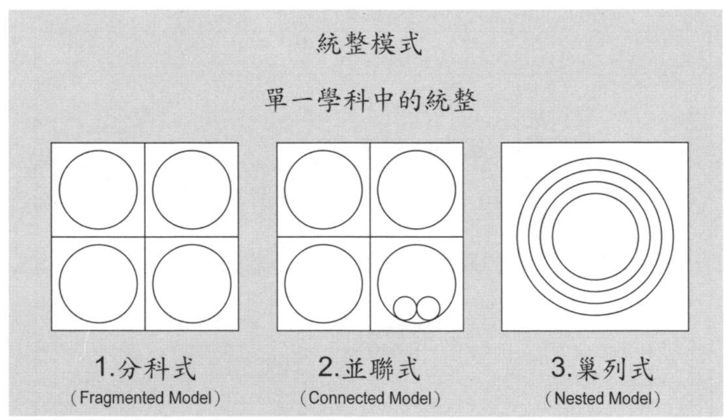

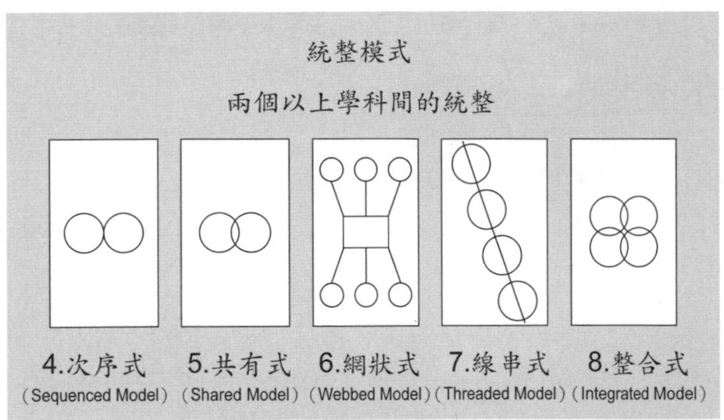

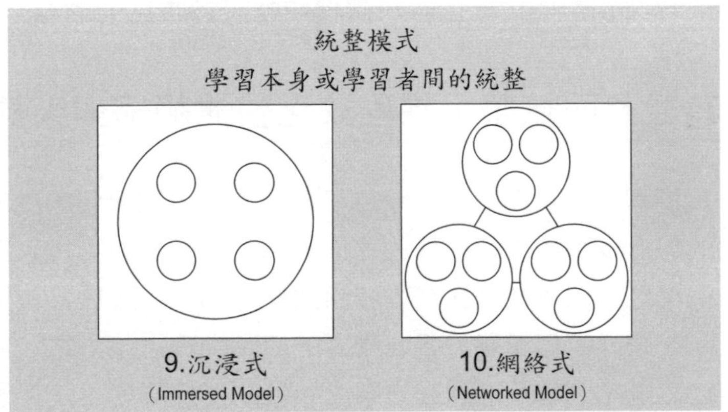

了解以上各種不同的統整方式，其各有不同的立論依據，實務工作者在應用時，必須掌握其課程設計背後知識論與哲學觀的假定，才不致於造成課程統整誤用的迷思。

肆 九年一貫課程中，課程統整設計與實施的問題呈現

台灣現階段以課程統整設計為試驗的課程發展經驗，近年來有相當多的文獻（周淑卿，2002；莊明貞，2001；黃譯瑩，1998，1999；甄曉蘭，2001）指出，課程統整概念不清，知識體系呈現支離破碎；此外，也呈現出多元課程統整模式的一致化，即大多數學校採行如Fogarty所提出的網狀式，即主題統整課程設計模式，使學校特色課程到處出現以「大樹」、「校慶」或如「端午節」時令等的主題式跨學科課程統整的單一現象，而最嚴重的問題是延伸「概念」所設計的課程活動內容，並無法與學習領域的能力指標銜扣。以下將分別討論現階段學校課程統整設計常見的問題。

一、為統整而統整，課程缺乏整體組織與架構

九年一貫課程試辦初期，不少學校誤以為九年一貫課程的改革，即等同於課程統整的設計或學校本位課程的建構，因此常鼓勵教師投入課程統整活動的設計，而忽略了以學校為主體的整體課程規劃，以致於各校雖呈現萬花筒式的課程統整模式，但多屬於各自獨立的活動課程統整方案，無法架構出以整個學年或跨學年間的不同課程方案之橫縱向銜接關係，使得學校課程的結構系統與組織系統顯得鬆散。還有一些實務工作者為了完成所謂的課程統整設計，在不同學習領域或不同學科間強拉關係，以致於出現了許多為統整而統整的活動，使得整個課程的結構鬆散，也失去學習意義。

因此，在追求課程統整的同時，必須了解統整並非無意義的整合。課程的統整必須基於知識形式所共有的基本概念與原則，來形成新的課程組織，有可能是同一形式中許多學科的統整，也可能是形式間的交融所發展出的新知識體系。因此，課程統整並不必要將所有學科合併，而是必須按照知識形式的相融關係來整合。如前所述，九年一貫課程改革強調學校本位的課程發展，最好是從學校整體課程架構圖開始規劃；有了藍圖之後，再視學校願景

的方向，進行課程的統整設計。然而，也可以先有課程統整方案，再來歸納、整理出學校課程的總體架構，只是在彙整課程方案時一定要持續修正，否則易流於雜亂無章，失去了學校課程的特色。無論採取什麼樣的課程設計取向，為了構築學校整體的課程圖像，應用表列方式呈現出各年級、各領域在整個學年的「課程架構圖」，如此一來，學校整體課程規劃才會顯得知識體系的完整健全。

二、繁複的主題統整設計，知識系統呈現分化與混亂

從初期試辦九年一貫課程以來，採用的課程統整方式仍以「主題統整」為主，各校在實施時所訂定的主題，又多以較容易處理的時令節慶、學校社區或鄉土資源，以及學生生活經驗等相關議題為主，然後在各學科教材中抽離出相關內容，聚斂成統整的教學活動設計。不少課程統整的設計或許處理了課程的廣度以及橫向銜接問題，卻往往未顧及內容的深度以及縱向連貫和邏輯順序的問題，尤以大型學校之課程計畫為最，甚至打亂了原有學科的知識結構與學生的認知發展，再加上各個課程統整取向並非通盤考量下的整體規劃，彼此之間也就缺乏了所謂「學習進階」的銜接，如此的主題課程統整方式，若不審慎地規劃，最後常流於熱鬧有餘、學習評估不足的教學活動，便很可能造成另一種形式的知識割裂與分化，其對學生所造成的學習問題，將更甚於原有之學科中心課程的安排。

三、附加的統整活動，增加教師與學生的額外課程負擔

不少實務工作者在實施主題統整課程時，多偏向採用多學科之課程統整方式，把各領域的教材內容連結起來，卻常常因為忽略處理「概念」分析和「基本能力」的發展，以致於雖有統整課程之設計，卻不免流於既有學科材料中事實知識之拼湊，統整課程變成了添加式的學習活動，無法產生真正的課程重組，符合所謂課程組織決定中的統整課程要求。在九年一貫試辦初期，若干學年教師一方面依舊維持既有的分科課程與教學現狀，另一方面則於另外的時間（週六或其他特定時間），實施其他主題活動等所謂的統整學

習活動。然而，太多添加式的統整活動課程，常造成教師的工作負擔與倦怠感；教師無法周全地顧及學習活動是否達到課程目標，而且還要憂心原有的教學進度、班級經營、家長不解改革的壓力、多元評量，以及行政支援與所需資源等問題。而學生也在既有的作業要求與考試壓力之下，還要再應付許多外加統整活動的工作任務與學習單等，其學習負荷亦不亞於教師的教學負擔。

課程統整可行的方式，可以是融入正常教學自然產生經驗的統整與知識的連結，若非必要，毋須為了延伸領域外或「彈性時間」而以外加的活動來進行所謂的課程統整。何況統整形式也絕非只有多學科的主題統整方式，就「九年一貫課程綱要」所訂定的七大領域而言，各領域的劃分本身多少就涵蓋了學科知識統整的形式，若能先從各領域內的知識內涵與經驗來著手處理課程統整的設計與實施，或許較能貼近教學實務的需要。為避免教師個人的課程統整設計與學校的整體課程目標產生差距，或衍生出過多細碎的活動，學校教師最好能一起架構學校的課程願景，並加以整理、分析與評鑑。以教育部（2003）最近所公布之各學習領域課程綱要的課程目標與分段能力指標等，再來進行課程的重組與統整，以及各學年教學計畫和學習活動的規劃，使得教室層級的統整課程，成為學校正常運作的整體課程組織架構的一部分。

目前常見的統整課程多以一個張網狀，來表示一個主題所統整的學科或領域架構。若干學校又混合了 H. Gardner 的多元智能，呈現出科際整合課程樣式（如圖 12-3 所示）。或許是因為這個架構圖看來豐富，幾乎每一個中心主題都納入大部分的學習領域。但事實上，統整是要讓學科間發揮相互增強的效果，讓學生發現一個現象或問題可用多種角度去理解。一個好的相關課程，即使只包含兩個學科，也可以是一個理想的統整課程，完全無損其豐富性。反之，納入眾多學科之後，若無法發揮應有的相融功能，將會增加教師的課程負擔。

此外，七大領域各自已統合了原有的某些科目內容，未來在課程綱要持續研修時，若領域能先行進行統整，未來依需要再與其他領域作跨領域統整，至少不會讓初步嘗試的課程設計者混淆不清，而產生課程設計的疲乏感。

四、扣緊各領域分段能力指標的課程評估要求

課程統整最受爭議的問題是，課程內涵無法顧及學科知識體系本身既有的連貫性與邏輯性。為了避免這個問題，在每一個主題課程統整中，教師必須確定每一個相關概念所應達到的深度與廣度，如此一來，不同的年級在不同的課程方案中，同一個概念才能相互銜接。所以課程統整方案在著手設計之初，不是急於找一些創新的主題或有趣的活動，而是應先考量哪些是這個課程方案所欲達成的目標？欲達到何種分段能力指標？或欲達成學校哪些課程目標？以及學校課程計畫願景的達成為何。

目前的課程方案最大的優點是活動設計富有創意，能激起學生的學習興趣。然而，有趣的活動旨在達到某些重要的知識、知能、技能的學習，否則會造成學生有「安樂死」的危機。

五、跨學科統整，少見實質教師協同合作

對許多學校而言，課程統整的實施最困難的技術層面問題在於學年或同一領域內，其中尤以國中階段最難。協同教學的部分，一方面不容易處理合科後的日課表排課問題，另一方面教師長久以來並沒有養成協同教學的習慣；有些學校雖有實施班群的規劃，排課問題稍獲解決，但由於是由上而下的分配，教師的合作文化還是不容易培養，國小階段教師通常還是在獨自課程設計之後，再尋求與其他科任教師的配合。

其實，協同教學最重要的部分在於教學前的協同合作計畫，不同學科專長背景的老師一起合作規劃統整課程的組織架構、進行教學設計，才可能帶出教學實踐上的協同教練，讓學生經驗到統整過的主題式教學。現階段若鼓勵協同教學和同儕教練，學校需提供相對應的必要行政支援，致力於加強教師與行政人員間的互動合作，排除一切影響教與學的障礙，供應合作教學所需的對話時間與進修時間，有效的分配、運用物質資源與政治資源。以台北市永安國小為例，相同班群的教師或同領域的教師有共同的空堂和空間，可以一起討論、一起交流經驗，才可能產生有效能的課程統整之設計與協同教學之成果。

六、欠缺有效的多元評量方式，無法確實評鑑學校統整課程的實施成果

許多學校反應，推動統整課程最感不足的就是對統整課程方案的評鑑，除了缺乏課程評鑑機制之外，亦不知道要建立什麼樣的課程評鑑規準，甚至對該方案應採行什麼樣的學習評量方式也沒有確定的方向。單就學習評量而言，雖然許多國小實務工作者對多元評量的概念尚能掌握，但仍然無法跳脫所習慣的紙筆測驗和百分制評量的框架，更何況學校採記的學習領域成績登記方式，仍然以正式的紙筆測驗為主。在實施課程統整的同時，大部分教師都會設計一些學習單輔助學生對課程內容的學習，或記錄學生在各學科成就的成長歷程等。但往往教師在使用學習單時，流於紙筆式操作，在學習單上常出現等第或分數，將學習單變成作品集彙整，而非幫助學生學習反省的工具。另外，也有一些教師嘗試用檔案評量方式來呈現學生的努力與成長，但部分教師在蒐集學生作品之後，卻未能進一步給予學生和家長回饋，或建立完整的真實評量反省回饋系統，以做為評鑑課程統整設計的參考。

大多數實務工作者對課程統整的實施缺乏有效及系統性的評鑑，或者僅能提供膚淺的評估，實在缺乏具體、具說服力的質性評量，來釐清學生學習態度的改變或學生學習知能的成長，並藉之來說明學校統整課程實施的成效。畢竟，課程評鑑並非單純地以「過關遊戲」和「學生作品集」為標準，必須要有明確的指標來評估課程統整的實施成效，而這些評鑑指標的訂定，也必須以學校課程整體的願景以及領域課程能力指標為評鑑依據，更必須在進行課程統整規劃和設計的時候，就要思考到學習內容、學生認知、技能發展，以及實施實作評量的規準。

七、配合學校課程圖像，宜嘗試不同的課程統整取向

在決定使用何種模式進行統整之前，宜先確定這個課程統整方案的目的何在？課程設計者與教學者的先前經驗如何？而非用同一種模式一以貫之。目前國內統整課程的發展取向，以跨學科課程主題式統整方式設計的實例最多，少數學校曾嘗試設計領域內統整課程科際課程（如圖 12-5 所示）或超

台北縣福連國小中、高年級綜合活動分組教學課程設計架構圖

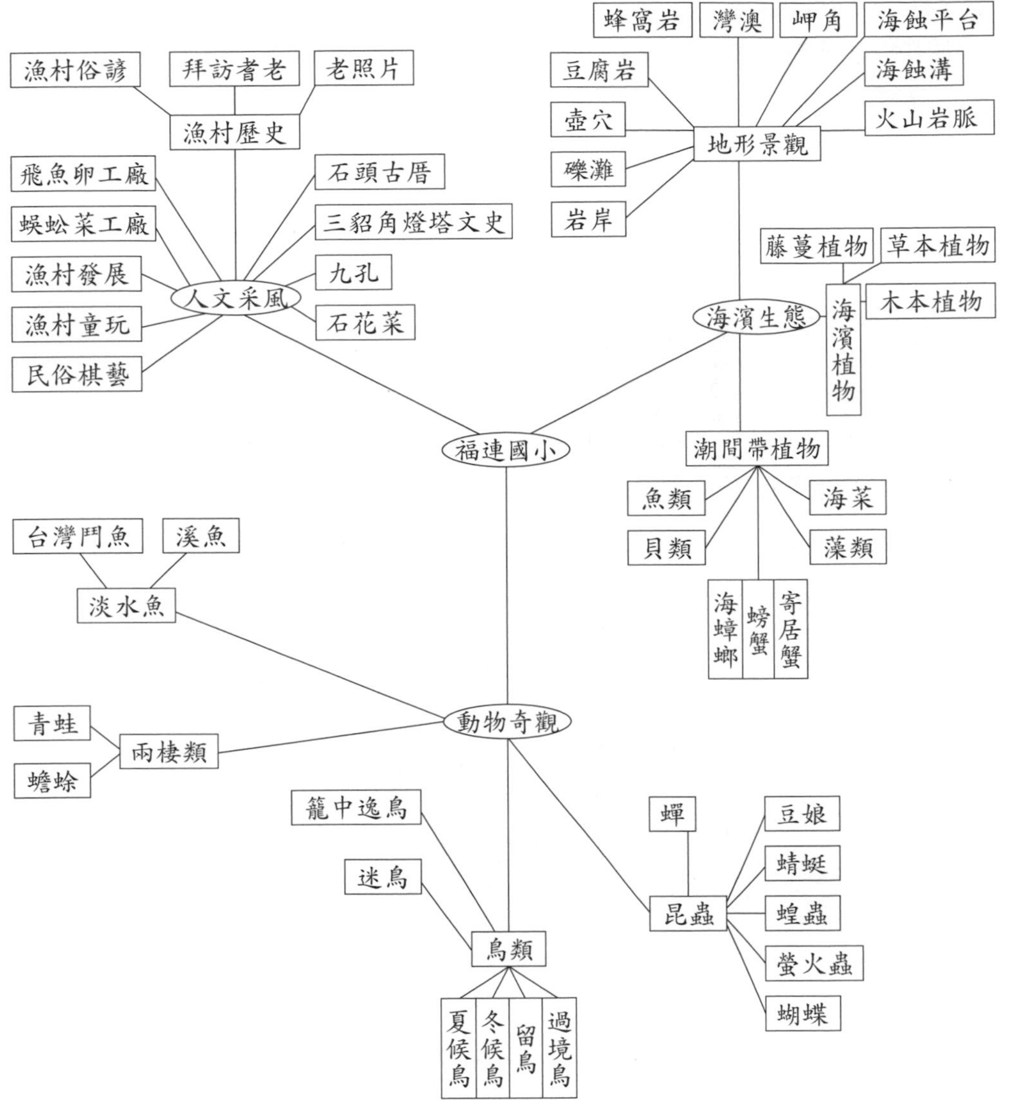

圖 12-5　台北縣福連國小綜合活動課程設計架構圖
資料來源：台北縣政府（2001a）

學科課程（如圖 12-6 所示）；至於前述的相關課程或新興議題融入之轉化課程的融合課程則很難發現。事實上，各統整取向各有其訴求，也各有其長處，適合不同的課程目標與不同經驗背景的教學者。課程設計者應思考學科如何整合才更有意義，教學者的課程自主權與專業能力如何，則端視主客觀情況嘗試不同層次的課程統整取向，才能使課程統整形態更趨多元化。

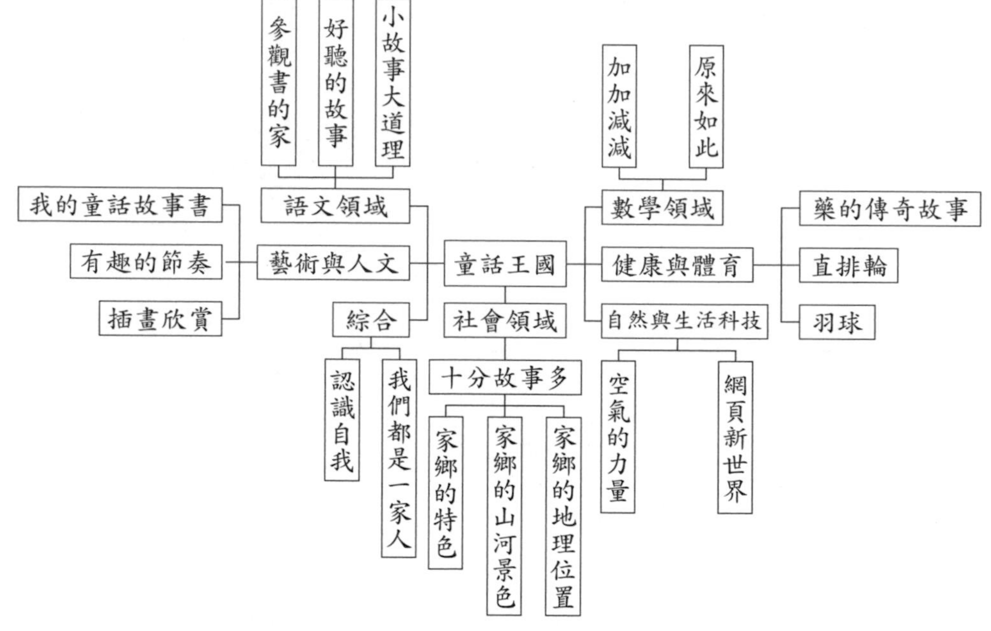

圖 12-6　台北縣十分國小學校本校主題活動統整學習領域教學架構圖
資料來源：台北縣政府（2001b）

伍 省思與建議

課程分化與統整是課程知識布局的不同向度，在當前課程改革中，它尚需要其他課程配套措施的配合，例如：協同教學的運作、教師課程意識的覺醒、課程典範的重建，乃致於教師教學方法與策略的更新，以及學校文化的再造等因素之影響。回顧國內這波課程統整運動發展迄今，大體上的問題在於課程統整設計取向流於工具理性的操作，教師對於課程的知識觀與哲學觀並未能伴隨轉化。為有效重建課程組織，作者認為有幾項途徑可作為未來的努力方向：

1. 重建學習領域為有系統、有計畫的課程組織，使每一個領域都代表一種知識的統整。
2. 最基本的統整課程方式宜為學習生活的統整為主。
3. 發展以基本能力及能力指標為基礎的課程統整，並以實作評量為規準。
4. 課程統整目標宜與學校課程計畫的學校願景緊密銜接，才有意義。
5. 應依學校情境與學生需求，嘗試建立不同型態、不同層次的課程統整方式。
6. 應依據學習評量與課程評鑑結果，逐步修正學校課程統整計畫內容。
7. 重視國小與國中的課程銜接，避免縱向統整出現斷層。

當然上述的建議，最重要還是學校的各級課程領導者能發揮領域內、外的協同合作對話，並逐次發展教師們的反省專業對話，才能建構完善的學校課程統整之設計與規劃。

（本文原載於《現代教育論壇》，2003 年，第 8 期，頁 340-357）

參考文獻

中文部分

台北縣政府（2001a）。**九年一貫課程試辦成果彙集：八十八學年度試辦學校**。台北縣：作者。

台北縣政府（2001b）。**九年一貫課程試辦成果彙集：八十九學年度試辦學校**。台北縣：作者。

周淑卿（2002）。九年一貫課程之統整設計與問題探討。載於**課程政策與教育革新**（頁99-120）。台北市：師大書苑。

張翠敏、李子建、馬慶堂（2002）。**課程統整、校本課程發展**。香港：香港中文大學大學與學校夥伴協作中心。

教育部（2000）。**國民中小學九年一貫課程暫行綱要**。台北市：作者。

教育部（2003）。**國民中小學九年一貫課程綱要：語文學習領域**。台北市：作者。

莊明貞（2001）。九年一貫試辦課程實施：問題與因應策略之分析。**教育研究月刊，85**，27-41。

莊明貞（2002）。九年一貫課程的社會新興議題：政策到實施的反省。**國民教育，43**（1），7-13。

單文經（1999）。課程統整的類型。**國民教育，40**（1），41-46。

黃譯瑩（1998）。課程統整之意義探究與模式建構。**國家科學委員會研究彙刊：人文與社會科學，8**（4），616-633。

黃譯瑩（1999）。九年一貫課程中課程統整相關問題探究。**教育研究資訊，7**（5），60-81。

楊龍立、潘麗珠（2001）。**統整課程的探討與設計**。台北市：五南。

甄曉蘭（2001）。統整課程的探討與設計。**課程與教學季刊，4**（1），1-20。

英文部分

Beane, J. A. (1997). *Curriculum integration: Designing the core of democratic education.* New York, NY: Teachers Collage Press.

Burns, R. (1995). *Dissolving the boundaries: Planning for curriculum integration in middle and secondary school*. Charleston, WV: Applachian Education Laboratory.

Case, R. (1991). *The anatomy of curriculum integration: Forum on curriculum integration*. Burnaby, BC: Simon Fraser University.

Drake, S. M. (1991). How our team dissolved the boundaries. *Educational Leadership, 49*, 20-22.

Drake, S. M. (1998). *Creating integrated curriculum: Proven ways to increase student learning*. CA: Corwin.

Drake, S. M., Bebbington, J., Laksman, S., Mackie, P., Maynes, N., & Wayne, L. (1992). *Developing an integrated curriculum using the story model*. Toronto, Canada: University of Toronto Press.

Fogarty, R. (1991). Ten ways to integrate curriculum. *Educational Leadership, 49*(2), 61-65.

Glathorn, A. A., & Foshary, A. W. (1991). Integrated curriculum. In A. Lewy (Ed.), *The international encyclopedia of curriculum*. Oxford, NY: Pergamon Press.

Hargreaves, A., Earl, L., & Ryan, J. (1996). *Schooling for changes: Reinventing education for early adolescents*. London, UK: The Falmer Press.

Jacobs, H. H. (1997). *Mapping the big picture: Integrating curriculum and assessment.* Alexandria, VA: Association of Supervision and Curriculum Development.

Jacobs, H. H. (Ed.) (1989). *Interdisciplinary curriculum: Design and implementation.* Alexandria, VA: Association of Supervision and Curriculum Development.

Marsh, C. (1997). *Planning, management and ideology: Key concepts for understanding curriculum 2*. London, UK: The Falmer Press.

Vars, G. F. (1991). Integrated curriculum in historical perspective. *Educational Leadership, 49*, 14-15

第十三章 課程改革中大學與小學的夥伴關係：一個校本課程發展的案例分析

壹 前言

從 2001 年國小九年一貫課程正式實施以來，許多課程的創新方案，諸如：學校本位課程、統整課程、課程與教學領導、各學習領域及重大議題課程目標、能力指標之轉化、彈性學習節數課程設計與評鑑改革方案，以及學習成就的真實評量方案等，皆希望透過學校的課程革新，以帶動整體的課程目標，並提升學生的學習潛能，以落實九年一貫課程的目標，培養終身學習的能力、探究反思及創造進取與世界觀的健全公民。

然而，從 1999 年以來，台灣本土所執行的諸項學校課程革新方案都未能真正落實，歸究其主要原因，大致是教師課程意識未能建立、社會大眾對智育發展與升學主義有所期待，再加上這當中教育決策人事更迭，許多政策執行搖擺不定，導致仍有許多教師未能認同課程改革方針，而部分家長對於九年一貫課程的執行方向，例如：一綱多本政策所引發的基測準備問題，仍存有疑慮。基於此，透過師資培育大學與國民小學攜手合作，建立長期專業的夥伴關係，以落實九年一貫課程的實施乃當務之急。教育部除在試辦階段實施試辦輔導小組進入中小學輔導外，更於 2003 年「九年一貫課程與教學深耕計畫」中，推動大學與中小學攜手計畫，分三年期程進行，期使師範校院及設有教育學程中心、師資培育中心之大學與中小學合作，由師資培育體系之教授提供中小學專業支援，並與教師一起實踐新課程，從深耕校園中，共同研究課程革新的實踐策略。

大學與小學夥伴關係建立的「合夥」，包括三種學校：大學的關係，它們是指「合作」——一個機構協助另一個機構；「共生」——兩個機構互相幫助；「有機夥伴」——兩個機構為共同目標而創業（Su, 1991）。基於上述定義的推衍，師資培育機構的教授當然非課程改革的主角，而是扮演改革的推動者，且為協助中小學教師成為課程改革的決策者與執行者，並透過課程發展與實踐創新相互觀摩、交流意見、提出問題，共同商討解決對策。透過合作與協營的模式，使教師體悟並成為課程改革的主體，且願意積極主動去探究創新的途徑與實踐方法。學校教師透過親身參與夥伴關係團隊，因此明白所謂新課程在學習能力指標的掌握與轉化為課程設計與評量依據，在課堂的教學實踐中有獨特體認時，也較樂意分享給同年級或同領域的同儕教師。一旦校內課程革新的菁英教師或師傅教師，願意將解決課程實施的過程與策略分享給其他教師時，合作改革的網絡就會逐漸展開，教師文化的改變便會促進教師有效地進行課程改革；同時，教師也不用單打獨鬥來面對課程變革的沉重壓力。本文旨在探討大學與中小學夥伴的發展背景和脈絡；其次，討論夥伴關係學校所面臨的困境；最後則提出作者實際參與一個專業夥伴關係的案例所遭遇的相關議題做分析，並因此做成結論與建議。

貳　大學—學校夥伴的發展背景

不少大學－學校夥伴方案都源自於美國，在 1980 年代，美國的「全美卓越教育委員會」發表了「國家在危機之中」（*A Nation at Risk*）報告書，掀起了「第一波」教育改革浪潮，部分學者或教育學院與學校建立夥伴關係，例如：在 J. I. Goodlad（1988）的領導下，成立了「教育更生的國家網路」（National Network of School-University Partnerships for Educational Renewal）；T. R. Sizer（1984）奠基於高中的研究而成立「基本學校聯盟」（The Coalition of Essential Schools）；H. M. Levin（1998）開始「躍進學校方案」（Accelerated Schools Project）等。及至1990年代，布希總統在1991年提出「美國二千年——一份教育策略」；1994年，柯林頓總統又提出「二千年目標——教育美國法案」，帶動了「第二波」教育改革。值得注意的是，除了美國政府推行教育改革系列措施外，大學－學校夥伴的建立即成為學校改革的另一種重要方式（McDonald et al., 1999: 2）。

此外，M. Fullan（1993）則根據加拿大的改革經驗認為，大學－學校的協營夥伴關係之建立可分為：

1. 長時間的夥伴（以三年為期，可再續約）：如「學校協營」，以教師發展、學校發展、學區的重建，以及教育學院以持續方式支援改善為重心。
2. 專業發展學校：大學與學校合作，透過職前教師的培訓，為在職、有經驗的教師提供專業發展和場域為基礎研究途徑，以提升學校教與學的素質，而學校逐漸成為卓越的範圍與探究中心。
3. 教師領導和視導：教師成為課程的領導者、其他教師的教練教師、學校的教職員發展人員、同儕教練、科主任或校本的規劃成員等。

基於以上分析，大學－學校夥伴關係的條件，J. I. Goodlad與K. A. Sirotnik（1998）即指出大致為：

1. 有效地分享雙方的知識與資訊。
2. 澄清與傳遞一小部分共同的教育信念，並探討教育觀念對各自機構的實踐涵義。
3. 分別持續地改善教師的教育課程和學校的運作。

此外，也有研究發現，大學－學校夥伴關係的發展可分為八個階段（Trubowitz, 1986）：

1. 第一個階段為「敵意與懷疑」：在此階段裡，夥伴關係雖已互相認識，但學校代表很擔心大學教師以學校做為實驗場所，是為了解決學校問題而進行具創意的試驗，在蒐集資料後便不顧離去。
2. 第二階段為「缺乏信任」：在此階段裡，學校教師覺得大學所設計和安排的活動（如教師進修活動）是反映他們不足之處（如知識不足以應付教育的新挑戰），有時候他們會覺得自己的辦事能力受到質疑；相同地，大學教師亦會覺得學校教師抗拒改革。在這種缺乏信任的氣氛下，除非雙方（機構）人員以雙贏的原則進行協商，否則「合夥」關係很難建立。

3. 第三階段為「休戰」：在此階段裡，初步信任得以確定，教師開始覺得大學教授並非只是提供意見，而是互相學習和提供支援的夥伴；大學教授亦積極參與學校的活動，與學校教師平等相處。
4. 第四階段為「混合接受」：在此階段裡，大學教授已能與學校教師以無威脅的方式共同工作，逐漸成為教師的擁護者，並能協助教師倡議校內的改革。
5. 第五階段為「接受」：在此階段裡，雙方合作進入一個穩定的階段，雙方人員亦覺得夥伴合作關係為各自的組織帶來好處。可是有時候，大學和學校方面的人事會產生變化（如校長退休），雙方的夥伴關係亦因而產生新的變化。
6. 第六階段為「回歸」：在此階段裡，除非雙方注入新的力量，隨著人事的變動，夥伴的合作亦會邁向失敗的境地。
7. 第七階段為「重生」：在此階段裡，新意念、新人事、新經驗等為計畫注入新的能量。
8. 最後階段為「持續發展」：在此階段裡，雙方恢復合作的熱忱，對發展前景充滿希望，雙方人員亦會改變自己的行為，同意關心他人的需要。

因國情不同，本土大學與學校夥伴關係的建立，大學教師在這波課程改革進程中扮演著「輔導教授」或課程計畫的「方案評鑑者」，且參與國中小「課程發展委員會」也點綴性地以「諮詢教授」出現。無論是在課程計畫的審查或深耕計畫的政策推動者，名義上雖為「大手牽小手」，但專家夥伴關係的建立往往是「小手牽不到大手」，而往往流於蜻蜓點水式的輔導，上焉者給予技術取向的專業知識協助，下焉者在很多大學－學校攜手計畫中掛名指導，空領研究或車馬津貼，但卻未實質建立脈絡式的合作協營、支援與創造學校更新的意義與價值。而所謂的「有機夥伴」，兩個機構為共同目標而創業的共生模式，卻少見於本土課程改革情境中發展，這其中可能涉及兩者的學校文化及大學教授與中小學教師的專業興趣有所不同所致。

參 大學－學校夥伴關係建立的難題與困境

並不是所有大學－學校夥伴關係的建立都是穩定成長的，大多數的方案會因專業興趣與典範取向，或者由於大學與中小學不同文化的差距，而產生變革上的文化與價值衝突。不少學者（Buchmann, 1987; Schlechty & Whitford, 1988）研究指出，學校－大學夥伴關係不易建立，是由於彼此的文化存有差異；學校文化以行動為主導，而大學文化則以探究和反思為主導。M. Haberman（1971）明確指出，學校人員大多認為高等校院的師資過於理論化，過於強調分析多於解決方法，且不善於在既定的中小學和官僚體制內工作（如在辦公室時間內固定工作）；高等校院的人員卻常覺得學校人員過於保守，未能接受研究成果的價值及對重大教育議題未能提出回應，他們甚至可能認為，學校人員在智能、地位和教育水準等方面都稍遜於自己。

在發展大學－學校的夥伴關係裡，學者 T. L. Gross（1988）及 Z. Su（1991）認為，最大的阻力來自於大學人員所擺出的「恩賜」姿態，以及大學人員以「專家」、「強勢」、「輔導教師」等身分自居，並強調他們與學校教師之間在地位上的差異。S. K. Million 與 J. W. Vare（1994）在討論「專業發展學校」（professional development school）的經驗時也指出，學校教師希望大學教授能尊重他們的經驗，並認同這些實際經驗是一種合法的知識，期望在夥伴關係裡與大學教授平等相處，在決策的過程裡能享有平等的聲音與權力。

另外，也有學者認為，大學與學校人員在建立夥伴關係的過程中，應有不同的角色，例如：T. Stoddart（1995）在反省數學課程與教學改革的夥伴經驗後指出，學校教師期望大學教師專職扮演師資培育教育工作者的角色（而非輔導教師的角色），他們自己則希望從教學的改革中（而非課程改革），領會學生所獲得的經驗，並向其他的學校實務工作者分享自己的經驗和推廣改革的模式。大學教授則仍根據本身的專長，專注於向學校教師介紹創新的教學法、研究和發表研究成果，不過他們會從教師的角度了解改革的可行性和成效。Fullan（1993）認為，大學與學校雙方應尊重彼此的文化，並致力發展各自的長處，例如：大學人員集中注意成果和績效責任，學校人員則多著重成果和教學方案的連貫性，以及對教學實踐的反思。

基於以上分析，要達到較平等的夥伴關係，C. Biott（1992）建議，夥伴關係的典範轉移，由實施夥伴關係，演化成為發展性夥伴關係，此等夥伴關係是在尋求雙方對現存的教育問題做全新的反思，意即從另外不同的取向探討問題的成因及解決方法。這種發展性夥伴關係強調，學校教師的科技理性知識與大學教師的理論性知識同樣重要，並主張大學與學校教師共同進行研究，一起從現實的處境界定研究的問題（如表 13-1 所示）。

表 13-1　夥伴計畫模式之模式觀點

範式 項目	技術性------------------------------	批判性
夥伴關係	實施夥伴關係 （implementation partnerships）	發展夥伴關係 （development partnerships）
本質及脈絡	強加的 正規的／規範的 機械的 明確的任務 高度預測性	自願的 非正規的／即時的 有機的 反應性任務 低度預測性
宗旨	即時的、實際的解決 減少機構內部不足的情況 接納／實施	轉化的 對現存問題做全新的理解 反思／發展
對知識和理性（rationality）的觀點	客觀性／技術理性 技術性知識 通則性的解決方法	主觀性／具範圍理性 專業的科技知識 個人詮釋／直覺
課程設計	由專家設計課程（決定內容、施教程序及評鑑等）和提供資料；防範教師因素	一系列資料和意念，讓教師進行專業決策；學生在學習過程中也主動參與，提供額外資訊
改革重點	學生的支援服務 課程與教學	課程與教學團隊發展 系統性變革
探究重點	以大學教授為主導，研究問題大，多不干涉教師和學生在接納變革時遭遇的困難；研究重點多為變革的成效	大學與學校教師共同負起研究的任務，教師也會進行行動研究，大學與學校教師共同界定研究問題（真實的困難）

資料來源：Biott（1992: 18）

綜上所述，大學－學校夥伴關係方案在台灣本土係屬教育改革進程的初期試辦階段，成效為何尚待進一步評估，甚至究竟由新專業主義所主張的同儕教練（peer coaching），以教師為研究者來影響同校或其他學校的互助合作夥伴關係方案——「小手牽小手」；或者以大學教授為主導的實施夥伴關係的「大手牽小手」，何者較為有效，仍待進一步加以驗證。惟透過不同機構的夥伴合作關係，使雙方機構的人員基於互利的觀點，共同分享決策，將有助於互動式專業主義的發展和學校變革的開展。

肆 一個大學與小學專業夥伴攜手合作的案例分析

山下國小（化名）位於陽明山麓、磺溪之側，並與美國學校、日僑學校為鄰，具有多元文化之社區學校特性。作者是在 1999 年九年一貫課程試辦時期初次接觸，該時期，山下國小因是大型學校，所以一開始是選擇低年級進行課程的試驗。作者因擔任該校的試辦階段輔導教師，而有因緣進入學校與行政團隊，並與低年級教師交換學校本位課程的作法，再試圖了解暫行課程綱要實施的問題，並尋求解決策略（莊明貞，2001）。

那時期，山下國小的課程改革大多傾向於技術層面的實施，諸如上課節數的安排、全日、半日的排課原則等，但對於試辦階段課程實施的重點，如課程統整、主題教學及協同教學群等，卻僅止於議題討論而無明確的具體作法。再次的攜手合作是山下國小於 2003 年承辦「大學與國民小學攜手合作深耕九年一貫課程與教學計畫」，所執行的行動研究主題為「本土化與國際化學校本位課程發展之研究」。此為三年計畫，第一年計畫於期末時，研究教師告知作者，學校本位課程模式已大致建構出雛型，課程架構分別為低年級：「建立學生對學校的認同感」；中年級：「建立學生對社區的認同感」；高年級：「建立學生對多元文化的了解與實踐」（如圖 13-1 和 13-2 所示），並提到各主題的教學活動設計已發展出來，但因採各年段的學群課程發展分工模式，且無固定時間研討課程設計問題，以致於校本課程縱向連結有困難，他也提到低、中、高各年級在課程實施上大致問題如下。

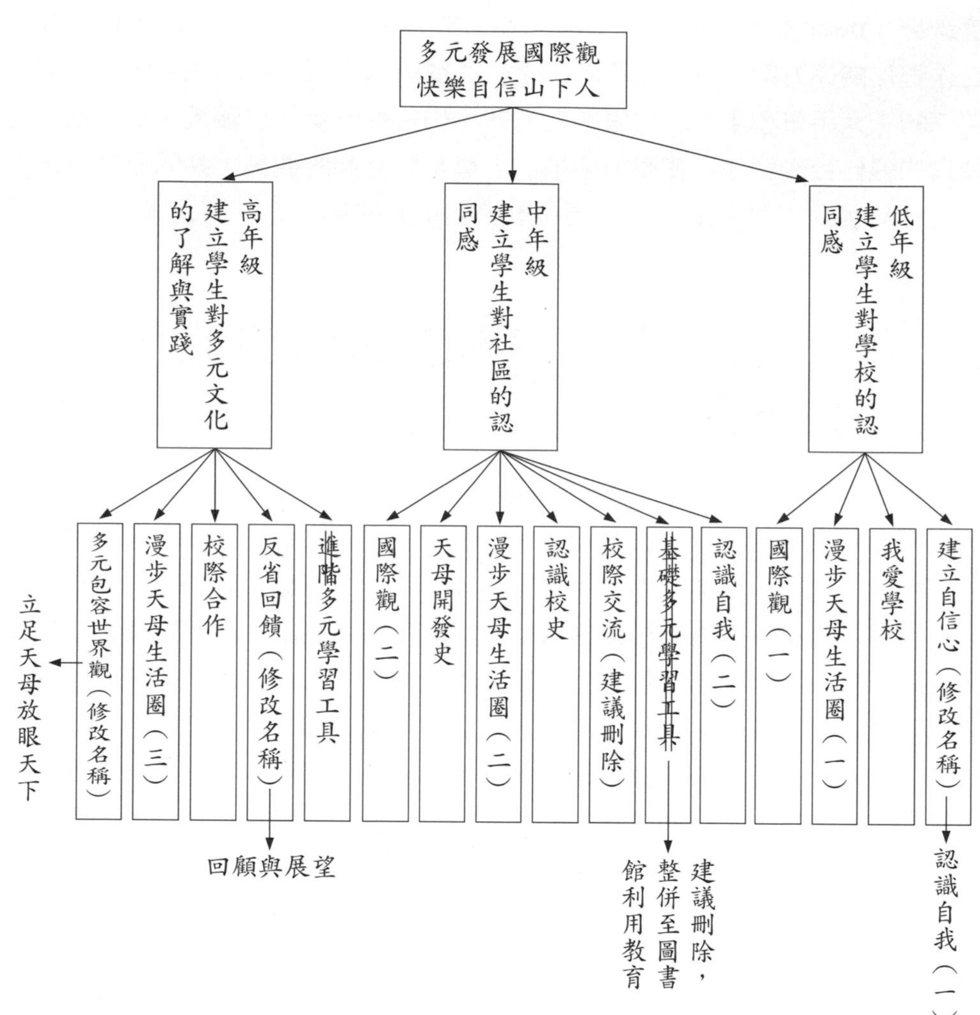

圖 13-1　新山下學校本位課程發展模式架構圖

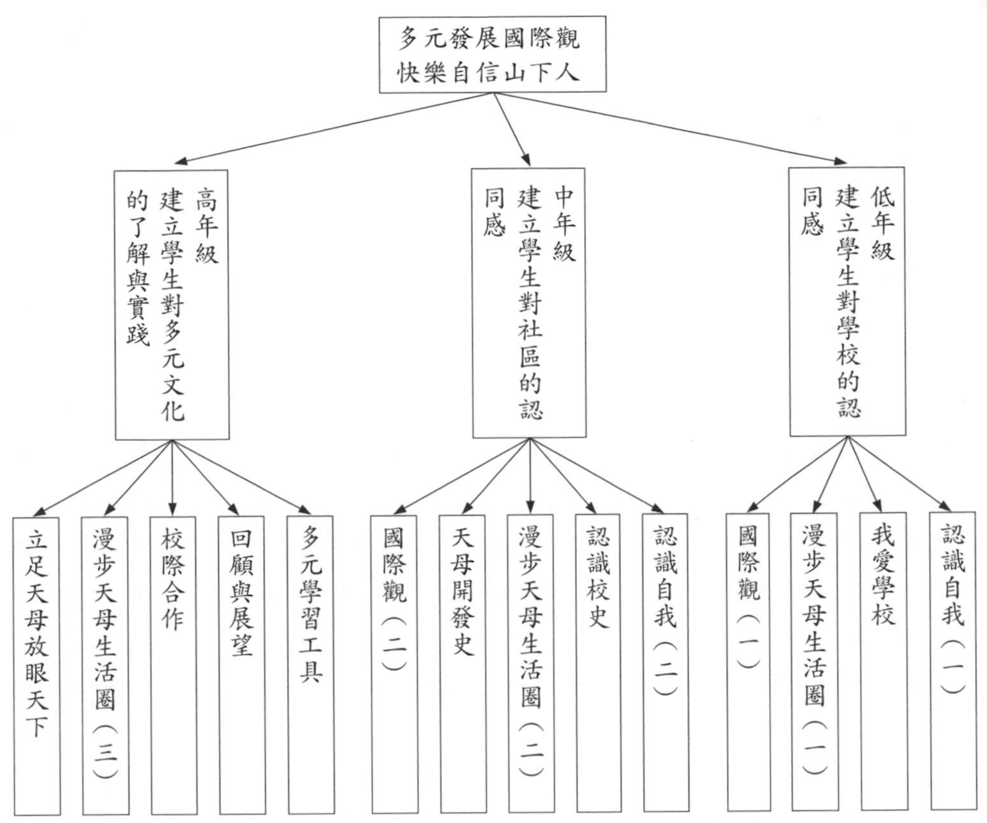

【建議】

1.透過綜合活動能力指標，檢視校本活動課程、學年活動與處室活動，對校本課程的學習主題大綱進行修正，將各年段的主軸發展及縱向連貫，整併出緊密的架構。

2.低、中年級也加入「國際觀」主軸，希望能有更系統化的主題課程發展。

圖 13-2　新山下學校本位課程發展模式修正後架構圖

一、低年級部分

學群在山下國小雖然推動多年，且九年一貫在低年級實施的時間也是最早的，但受限於學校既有之生態與學年班群數的規模（14 班），使得一個學年被分割為三個學群，而這也是導致未來學群在校內推動不易的主因。一旦學年被分割之後，每一個學群之間自然會產生「組內合作、組外競爭」的氣氛，除了確保自己的學群能在學年之內具有指標地位，同時也可以讓家長認同老師的付出與努力。可是這樣一來，其他學群便認定為表現不理想的學群，接踵產生危機意識，自然不願意學年採學群制，輕者消極抵制，嚴重者還會造成班級間的相互對立，這也遠超過當初規劃時所能預想到的結果。

二、中年級部分

本學年教師的平均年資就全校而言，是較為年輕的一群，其原因可能要追溯到職務分配時所衍生的結果。由於山下國小教師在職務分配時，若對學校的行政措施不滿意或感覺不受尊重，學年的集體意識會鼓動同學年的教師一起填某一年段，因此往往會引發學年集體且連鎖的板塊移動。如此一來，被選填的學年必定會有老師被擠到最後剩下的年段，而中年段常被視為資淺老師最後的落腳處。雖然如此，在推動九年一貫課程時，由於並非身處第一線，因此真正的推動也是在這一年而已，比起高年級的情形，相去不遠。但幸好校本課程在該年段是延續低年級的課程而來，所以在推動上面臨的問題，可根據以往的經驗來解決。

三、高年級部分

山下國小的高年段曾被形容為九年一貫的「避風港」，因為新課程逐年實施，就算到高年級也要三、四年的時間，因此一群自主性較強的老師便在三、四年前邀集一群教師一同到高年級，一來避開九年一貫課程的壓力，二來又可以從觀察的過程中吸取經驗。但由於學年的集體意識相當強烈，許多校本課程的工作，例如：課程設計、推動與融入重大議題等，在高年段幾乎不曾出現。就算是該學年正式推動九年一貫課程，也只是在形式上，由舊課本換成九年一貫版本的課本而已，一些課程統整的概念與校本課程的融入皆無法實施，也就是說，是以從前的思維在進行九年一貫的課程。這也造成該校在九年一貫課程推動上，分成低、中年段與高年段兩個截然不同的板塊。所幸，該校每年例行性的中美、中日交流活動課程，正好可以做為校本課程的最佳切入點，只要行政單位以適當的時機點，將原本例行性的活動轉化為特有的校本課程即可。

第一年在校本課程發展上的運作課程架構乃由上而下，再由教師專業團隊規劃主題、設計，但落實至各年級的教學活動設計時，由於教師對學校課程的遠景不甚清楚，或對學校整體的發展欠缺理解，致使教學活動設計本身無法達成課程目標。加以低年級學群間彼此競爭導致學年教師負荷沉重，因此興起抗拒課程變革。學校倫理生態對新進教師在推動校內課程或創意教學上尤其不利，校內教學組長回憶這種有意或無意的抵制，在一段時日下來，同仁的行事漸趨保守。

> 例如：辦活動的時候，學年老師還是會有反彈的聲音，就是為什麼要做這些活動。甚至高年級教師，例如：在一些節日活動環境布置時，會把一些小朋友的作品張貼到走廊上，會反映就在自己教室做就好，為什麼要弄到外面來。（訪談，2005/06/29）

由學群衍生的問題，連帶影響到校本課程的推動與統整活動的落實。基本上，校本課程從課程規劃到設計活動，以致於推動策略，最後到資料彙整、分析與檢核，皆非單獨一位老師可以完成，必須整合數位老師協力完成，因此，班群若能順利完成，也將有助於校本課程的推動與落實。

> 因為我覺得團隊是未來課程發展一個蠻重要的方向。所以，我說這個團體，可以算是「翩翩起舞的蝴蝶」，我不強調我個人，我們是一起的。因為我覺得有她們才有這個課程，做起來才有價值。那我希望外表很漂亮，但實質上內容還是要兼顧，然後發揮它的影響力。（訪談，2005/06/29）

而在課程管理上，課程發展委員會的運作常停留在技術層面的討論，常流於形式，課程領導無法與「大手與小手——專業夥伴」的行動研究配合，參與夥伴關係的研究團隊沒有安排固定時間研討課程，研究需求與成效皆無法透過學校課程管理加以整合。

> 課程發展委員會的運作，在歷次的討論中，校本課程的議題通常較少得到教師的迴響，反而在排課細節、節數配比及科任課等對教師自身權益相關議題的協調上，耗費許多時間。課程發展委員會的運作，在初期由於

會議次數較密集，但每次參與的成員又不完全一致，導致開會時對於所討論的議題一再重複或翻案，甚至沒有結果。後來，改成核心負責成原先擬定草案後，再提交課程發展委員會討論並議決，看來似乎有方向與進度，但一段時間之後，校本課程的議題漸漸不受到關注（可能認為已有書面成果，而忽略核心的執行細節），使議題漸漸被導引到事務性的層面上。（第一年專案報告，2004/06/30）

至於學校文化生態，山下國小在過往的 SWOT 分析中曾提到同儕教師對於積極投入者的排擠，而促使教師對課程的專業認同趨緩。

在教師生態中，年輕及新進同仁被賦予學年認為吃重、冷門的工作或與自己利害較不具相關的事務，而課程開發通常會被歸類為此。這些成員在學年內本來就較不具影響力，若被賦予課程領導的任務，則又略顯沉重。同儕教師的制約力量，常使學年內有意願進行創新教學的教師，不得不考量其他同學年教師的反應。對開發課程並實作的教師，只有少數願意配合，多數依舊採消極抵制的態度，使得校本課程在學年的開發與落實上逐漸萎縮，並讓原本抱持熱忱的教師變得低調保守。（第一年專案報告，2004/06/30）

第二年的專業夥伴關係，作者自覺在山下國小的課程發展角色應該是「積極投入」，因為扮演客卿就會客氣，反而無法有實質的建設觀點。基於此，作者針對第一年的校本課程實施問題，提出以下學校課程重建的建議：

1. 參與「本土化與國際化學校本位課程」的團隊成員須固定由教學組排定教師，協同工作坊進行課程研發與修訂課程目標，以及校本課程在各學年的主題。
2. 為凝聚教師專業團隊，避免單打獨鬥，需鼓勵全校教師參與第二年的「課程設計與評鑑工作坊」，此不僅能提升全校教師的課程意識，且校本課程的評鑑能力需要逐步建構，所以各學年教師的參與，可促進研究團隊回到學年內，對於整個校本課程的遠景、目標與各領域之結合可以更加緊密。

3. 第一年的校本課程教學活動設計與綜合活動領域的學習能力指標，其銜接與轉化策略及評量方式並不清晰，需要做適度的調整，這是研究團隊需要回到學年內去溝通協調的原因。
4. 原初特色課程模式主題過多，教師課程負擔過大，加以各主題與校本課程「本土化與國際化」的總目標需再做調整，過多的教學活動需進行「塑身減肥」，因此為避免中、高年級因彈性時間的不足，將校本課程融入綜合活動較為可行。

由於身為山下在地人的觀點，作者也頗為認同學校在先前所建構的願景──「多元發展國際觀、快樂自信山下人」，但仍對新山下模式在與若干領域能力指標的呼應，以及學校課程評鑑指標的建構時存有改進疑慮，所幸獲得學校課程領導核心──校長的全力支持。

> 我們嘗試在學校願景指標下建構校本課程、發展主題，大多是自編的課程，由教師討論，包含課程評鑑內容，並加以修訂、集結出版。這是一個評鑑、回饋的機制，將發展歷程具體化，落實「多元發展國際觀、快樂自信山下人」。莊教授本身是在地人，具備社區發展專家角色，而我們的家長也各有專才，像是草山聯盟的背景，對磺溪、山下生活圈再造的了解，可請教授及家長就自己的專業背景予以建議。山下國小的多樣化評量已推動了十年，倡導評量診斷；回歸課程的意義後，段考時間沒有統一的時間、內容，在多樣化評量方面居於領導地位。（會議紀錄，2003/02/19）

校長對校本課程在低、中、高年級時融入在彈性課程及若干領域課程的概念相當務實，雖然其後是以中年級融入綜合活動，高年級仍採活動課程的方式，例如：「山下水道祭」，是由草山文史聯盟的志工家長協助實施，但因國際觀的課程內容「了解並融入多元文化」的「世界大不同」主題課程於課程設計時，無法對應到適合的能力指標，並加以轉化為教學活動示例，最後透過校本課程研究小組的修訂，逐漸發展為「主題之旅計畫」。

> 我們注意到一個問題，起初由領域召集人來想哪些單元可訂哪些主題，原已包含學校課程（山下特色課程），但現在就不必以領域來區分，而是融入在彈性課程中，在學習中安排學習主題，可加入「社區資源」，

可列入像是麥當勞商圈、銀行、啟明、啟智學校、美國學校、日僑學校等，中、高年級可再想想與自然領域結合的主題，未來也可由自然主題達成校本課程。學校課程可說是一部分領域內的，一部分是外加的。就好像很多顏色的珠子，把各大領域特色的珠子挑出，構成山下的珠鍊，山下特色的課程對南港的學生可就無法產生共鳴，專輯出版後也是可以不斷修訂的，這也正是我們討論的課程是持續發展的。（會議紀錄，2003/02/19）

而六年級的校本課程已有基本學測對高階學科的測驗壓力，教師對家長的疑慮也會影響其課程的實施，而直接受影響的是排擠到彈性課程及綜合活動課程。第二年執行的研究教師指出：「教學時數不足是造成落實學校本位課程不足的因素之一。」

六年級的校本課程有教學計畫，但在執行上卻無法落實。一則，教師們對校本課程的目標與意義不了解；二則，家長重視升國中的課業壓力排擠效應；三則，為通過校本課程的游泳檢定，需前往山下國中進行游泳課程。因此，校本課程的實施時間遭到縮減。（第二年專案報告，2005/06/30）

同時，作者也發現，自己很難完成平等共營方式共同發展課程，大多數的時間，自己也扮演著「服務遞送」與「資訊提供」的角色，甚至有時也不自覺地成為「政策宣達」的角色。以領域能力指標解讀與轉化事件為例：

各領域能力指標的訂定，保留教師專業自主的空間，也留下了模糊不清的發展空間。教師們真的都讀過能力指標嗎？還是跟以往一樣，跟著教學指引照表操課呢？透過莊教授的資訊分享，我們得知能力指標的解讀有說明與教學示例，但是還有多少教師還在自己努力或置之不理呢？九年一貫課程的實施，有賴教育資訊的流通與教育資源平台的共享。（訪談，2005/06/28）

雖然在第二年的執行計畫中，全校的專業成長工作坊只在提升教師對能力指標詮釋與解讀的能力，但其中更重要的是進行校本課程評鑑，然而，研究教師在推動此項工作時，卻遭遇教師們的抗拒。

> 本校為規模 84 班的大型學校，教師人數眾多，在推行政策時往往有多方意見，何況要教師們進行課程評鑑，一則，課程評鑑意識不足，二則，對「評鑑」有所反抗，因此，推動課程評鑑的成效不易發揮。教師們也容易把課程評鑑與教師評鑑混為一談，因此，抗拒性增加與評鑑結果真實性不足。（第二年專案報告，2005/06/30）

固然在實施夥伴關係，資源教材的提供也是一項重點，然而，補救教師能力不足更為重要。針對加強教師在課程評鑑的意識與課程認同在夥伴關係上是需要持續不斷的，然而，因為作者研究的焦點在於課程實施的專業文化之建立與教師課程實踐的能動性如何發展，更關切專業夥伴在第二年研究的課程實踐成長經驗，以致於作者無法確認課程設計與評鑑工作坊落實到全校各年級課程實施的成效為何？

伍 結論與建議

大學與中小學夥伴關係的建立，往往在於師資培育體制的人員關心課程政策之實施，或者課程如何理論化為課程實踐較多，強調研究分析與資料詮釋多於課程實際問題之解決；相反地，學校卻希冀大學教授協助解決課程實施問題，或提供「萬靈丹」式的解決政策，來消除課程變革所帶來的抗拒與壓力。但由於校際之間影響課程變革的因素很多，技術取向的夥伴關係往往不能滿足大多數實務工作者基於教學工作的繁重，且必須兼顧行動研究負擔的壓力；此時，文化取向觀點強調要維持個別學校文化的自主性，並支持教師文化的作法，顯然較為可行。畢竟，變革過程出現的衝突與誤解，往往是由不同文化的互動和矛盾所造成的。作者的夥伴學校——山下國小，已逐漸在家長參與中建立了學校社區式倫理，讓分享式的課程決策逐漸在校本課程發展中落實，是文化取向夥伴關係建立的有利條件。

在本研究案例中，我們發現若大學教授的資源與時間不足，易導致合作關係的斷層，雖然深耕計畫在專業夥伴的計畫執行有三年，但大學教授若未爭取到足夠的研究資源，去聘請研究團隊來協助校本課程發展之推動、探訪學校、參與課程發展的專業對話，或進入教室觀摩教學，給予教師實際改善教學政策，往往無法持續。此外，大學與中小學屬性不同，工作坊的安排除可在週三下午外，在長假期之安排不致影響教師課務，但大多數中小學教師認為，長假期不宜安排在職進修，兩者很難取得共識。

學校與師資培育機構的合作，除技術性支持以外，更應有發展性支持，意即互助合作模式中的參與者，包括教師、行政人員、校長、大學教授等，在互信的基礎下，應儘量磨合到最小的文化價值落差，因為無論在大學或是中小學，都可創造出一種自我更生和自我完善的能力。尤其是透過夥伴關係，中小學在新制實習輔導制度下，有機會發展成「專業發展學校」，成為以校為本的師資培育大學教師的專業發展場域。而大學教授與中小學在夥伴關係的投入上，有必要列為晉級升等的評鑑依據，此才能鼓勵大學教師走出學術象牙塔，與學校教師合作行動研究；同時，學校校長也應體認夥伴關係之建立可以促進校內課程革新。如何引進專業的支援，是每一位課程領導者在課程改革中必須思慮的課題之一。

（本文原載於《教育研究月刊》，2008 年，第 176 期，頁 40-52）

中文部分

莊明貞（2001）。九年一貫課程實施初步成果及問題與因應策略。**教育研究月刊，85**，27-41。

英文部分

Biott, C. (1992). Imposed support for teachers' learning: Implementation or development partnerships? In C. Biott & J. Nias (Eds.), *Working and learning together for change*. Buckingham, PA: Open University Press.

Buchmann, M. (1987). Reporting and using educational research: Conviction or presuasion? In J. I. Goodlad (Ed.), *The ecology of school renewal, 86th Year Book of the National Society for the Study of Education* (pp. 170-191). Chicago, IL: University of Chicago Press.

Fullan, M. (1993). *Change forces probing the depths of educational reform*. London, UK: The Falmer Press.

Goodlad, J. I. (1988). School-university partnerships for educational renewal: Rationale and concepts. In K. A. Sirotnik & J. I. Goodlad (Eds.), *School-university partnerships in action: Concepts, cases, and concerns* (pp. 3-31). New York, NY: Teachers College Press.

Goodlad, J. I., & Sirotnik, K. A. (1998). The future of school-university partnerships. In K. A. Sirotrik & J. I. Goodlad (Eds.), *School-university partnerships in action* (pp. 205-225). New York, NY: Teachers College Press.

Gross, T. L. (1988). *Partners in education*. San Francisco, CA: Jossey-Bass.

Haberman, M. (1971). Twenty-three reasons can't educate teachers. *Journal of Teacher Education, 22*(2), 133-140.

Levin, H. M. (1998). Accelerated schools: A decade of evolution. In A. Hargreaves, A. Lieberman, M. Fullan & D. Hopkins (Eds.), *International handbook of educational change* (pp. 807-830). Boston, MA: Kluwer Academic Publishers.

McDonald, J. P., Hatch, T., Dirby, E., Ames, N., Haynes, M., & Joyner, E. T. (1999). *School reform behind the scenes*. New York, NY: Teachers College Press.

Millon, S. K., & Vare, J. W. (1994). *School and university collaboration: Bridging the cultural and value Gaps*. Paper presented at the annual conference of the National Council of States, Charleston, SC. (ED378 162)

Schlechty, P. C., & Whitford B. L. (1988). Shared problems and shared vision: Organic collaboration. In K. A. Sirotnik & J. I. Goodlad (Eds.), *School-university partnerships in action: Concepts, cases, and concerns* (pp. 191-204). New York, NY: Teachers College Press.

Sizer, T. R. (1984). *Horace's compromise: The dilemma of the American high school*. Boston, MA: Houghton Mifflin.

Stoddart, T. (1995). The professional development school: Building bridges between cultures. In H. G. Petrie (Ed.), *Professionalization, partnership, and power: Building professional development schools* (pp. 41-59). New York, NY: State University of New York Press.

Su, Z. (1991). *School-university partnerships: Ideas and experiments* (1986-1990). Occasional paper, 12, Washington University, St. Louis, MO. (ED337 917)

Trubowitz, S. (1986). Stages in the development of school-college collaboration. *Educational Leadership, 43*(5), 18.

第十四章
國小教師學習評量信念與實踐之個案研究

壹　前言

一、研究背景

任何國家在進行課程改革過程中，大多會尋求學習評量系統的改進，或者先去理解其原有的考試文化為何。考試文化在教室的教學與評量中究竟運用什麼來傳達？它的意涵為何？它的價值取向是什麼？教師、學生及家長如何運用它？它在教室教學之中造成了什麼影響？這些現象，若我們不清楚它的真實面貌及影響，甚而不了解它對各方面的意義與歷程，則我們如何能從中導正「過度應付考試的文化」或「考試領導教學」的現象？自從我國教改會提出改變入學方案以導正考試文化之後，多元入學已成為導正過度考試文化的既定教育方針。然而，大多數的家長仍質疑多元入學方案的公平性何在？而實際上呈現在教育場域中，可以取代制式考試文化的又是什麼？之所以讓我們理不清評量制度改革的方向，很可能是因為我們一向很少去正視教師在教室之中的評量歷程，究竟是什麼現象？以及其現象背後所引發的文化價值及其信念又如何？

而在實踐這些評量方式的背後，國小的教師們是否有強烈的信念或價值體系的支持？在體現這些評量方式的周圍，是否有深入的社會與文化背景的襯托？這些都是我們的疑問。值此課程改革如火如荼推動之際，作者認為，傳統制式考試文化更需導正，然而最根本的是，教師的實踐信念及課程革新的社會氛圍，更是一切社會重建之本。如果考試文化的確存在，那麼考試的現象也必然反應目前我們所處主流社會的某種價值與需要。

不論是美國 1990 年代所提倡的真實評量（Authentic Assessment）（Wiggins, 1990），或是英國在國定課程實施後所反省的評量文化（Broadfoot, 1996; Gipps, 1995），都是從當地課程改革中所衍生出來的改革機制；如果我們不能深根於本土的課程與教學革新機制，於自己的社會文化脈絡中，當他人變換風向時，我們自己就會落得無所適從。因此也許評量的典範已從計量的典範轉移到脈絡的典範，且他們咸信優質的評量是教育改革的主要工具（Wolf, LeMahieu, & Eresh, 1992）；然而，這些都是專家、菁英的信念。本研究亟欲探求的則是教育的實踐者，他們所想、所體現者為何？

二、研究目的

本研究以本土教室中的個案教師為焦點，實際觀察他們在日常教學情境中如何進行評量的工作，然後從這些具體工作，探索教師對於評量相關課題的知覺，以及巨觀層面的歷史脈絡和近年來社會的變動，此外，並以個案學校為基礎，探討學校脈絡對於教師之評量信念與實踐之影響。在評量的領域中，除了前二年國科會整合型跨國研究所給予的啟示之外，作者採取 Stake（1995）的逐步對焦法，來突顯適合於各國脈絡而又能進行跨文化（cross-culture）比較的重要課題。經與各子案的比較對話之後，期盼本研究之結論能提出台灣本土課程改革中有關學習評量建制的參考。

具體而言，本研究的目的有下列幾點：

1. 探討個案教師在日常生活情境中，如何進行學習評量。
2. 探討個案教師對於實施於教室中的評量之覺知、其所持的信念，以及從信念到實踐的關鍵事件，及其做決定之過程。

3. 探討個案教師在統整課程情境脈絡中，其所遭遇的評量困境為何，其又如何實施多元評量。

貳 文獻探討

以下首先說明教育改革與評量典範轉移的趨勢，並比較新、舊評量典範觀點的差異；其次說明課程統整與變通性評量方法的關係及其論證的後果效度；最後說明多元智能理論在教學及學習評量上的應用。

一、教育改革與評量典範的轉移

近年來，世界各國積極進行教育改革，其共同點之一，皆是以評量方式的變革作為促進教育改革成功的重要關鍵。以美國為例，其教育測驗與評量革新的動力主要原因為：(1)國家意識危機燃起，希望對教育結構、內容、過程等徹底翻修；(2)警覺到國家在世界市場上經濟不利的狀況；(3)受到語言、學習及認知理論興起的影響；(4)試圖想減低或消除標準化測驗所造成的負面影響，特別是一些文化不利或少數族群者（莊明貞，1998a；Torrance, 1995）。台灣近十年來，在教育鬆綁、反學科知識本位、人本化、多元文化理念下，大力推動教育改革，教育部也陸續推動幾項重大方案，例如：公布「國民中小學九年一貫課程暫行綱要」（教育部，2000a）、「國中基本學力測驗」、「高中高職多元入學方案」，以及「大學多元入學方案」等政策，其主軸皆在藉由評量制度的革新，來提升教師的教學品質和學生的學習成就。

事實上，根據歷年來教育部公告的課程標準、中小學學生成績考查辦法等相關規定，早就明訂評量可以包括：紙筆測驗、口試、表演活動、實際操作、創造設計、報告撰寫、資料蒐集整理、鑑賞、晤談、自我評量、同儕互評、校外學習，以及日常實踐等多元評量方式；可是多年來，在學科課程與聯考制度的共生結構下，大多數教師早已習慣採用傳統紙筆測驗，而造成考試領導教學（measurement-driven instruction）或者是評量引導課程發展

（assessment-led curriculum development）的結果，常使教學流於機械式記憶與練習，流於低認知層次的學習，很難培養學生創造思考、主動求知、學習合作、幫助他人、審美欣賞、解決問題，以及彈性應變的生活核心能力。換言之，傳統計量取向的標準化測驗雖有計分容易與客觀公平的優點或特色，然其對教學及學習上的負面影響也受到許多研究者的批評，例如：⑴鼓勵學生從事片段、瑣碎知識的學習，而非概念的整合、統整，因而窄化了評量方式和內容；⑵對於學生解題、思考、學習策略、人際互動，以及失敗原因等過程性學習，無法提供深入訊息；⑶窄化學習、僵化教學，不能反應學生在某學科上的真實能力；⑷過度強調評比功能，測驗分數和等級被誤用為代表學生全部的能力；⑸反應出語言、階級及性別上的偏見（黃秀文，1996；Garcia & Pearson, 1994; Pinar, Reynolds, Slattery, & Taubman, 1995; Pratt, 1994）。其中，課程再概念化學者如 Pinar 等人（1995），更企圖解構行為目標、標準化測驗、量化研究與一切科技主義，鼓勵實務工作者挑戰各種課程變革背後的知識假定，並尋求課程的再概念化。

傳統標準化測驗無法符應當代教學需求，真確反應學生多面向的能力，因此近年來學者提出另一評量典範——變通性評量（alternative assessment），以替代標準化紙筆測驗或多重選擇式測驗。基本上，變通性評量主要是受到認知學習論的影響，主張知識是建構的，學習是個人從新知識和先前知識所建構的有意義學習，學習有社會文化的內涵，而個人動機、努力和自我尊重皆會影響學習的表現。換言之，知識的學習是一種生活技能的應用。因此，變通性評量重視知識的真實性應用與自我評鑑標準。此外，變通性評量強調課程本位的能力評量（curriculum-based competency assessment），與不同社會文化常模的建立（莊明貞，1998a；Herman, Aschbacher, & Winters, 1992）。有關新、舊評量典範觀點的差異比較，如表 14-1 所示。

從表 14-1 中可以發現，評量典範的轉移引發了以下四項重要的發展趨勢：⑴由過去注重靜態評量（static assessment）、定期舉辦總結評量，如段考、月考、期末考等，改為動態評量（dynamic assessment），關注的是學生學習的變化與成長；⑵過去的評量大多為制度化評量（institutional assessment），目的在配合教育行政單位或學校的措施，如給學期分數、

⊃表 14-1　新、舊評量典範的比較

舊的評量典範	新的評量典範
所有的學生基本上都是相同的，而且都用相同的方式學習；因此教學與測驗是統一與標準化的。	沒有所謂的標準學生；每一位學生都是獨特的，因此教學和測驗必須個別化和多元化。
常模或標準參照標準化測驗的分數，是學生在知識和學習上最主要、最正確的指標。	採用實作為基礎的直接評量，包括多種測驗工具，提供他人了解學生的知識和學習更完整、正確和公平的描繪。
紙筆測驗是評量學生進步的唯一有效工具。	學生所製作並持續記錄的學習檔案，包括紙筆測驗及其他評量工具的成績，描繪出學生進步的完整圖像。
評量和課程、教學分開，亦即評量有其特定的時間、地點和方法。	課程與評量之間沒有清楚的界線，亦即評量經常發生在課程與每日的教學之中。
外來的測驗工具和機構才是提供學生知識與學習資訊的客觀者。	以人的因素為主：那些主動和學生互動的人（如教師、家長和學生自己）才是正確評量的關鍵者。
學生在學校中必須精熟一套清楚界定的知識體系，而且可以在測驗中展現或複製。	教育的主要目標是教會學生如何學習、如何思考，以及盡可能以各種方式展現才智（亦即培養終身學習者）。
如果無法透過制式化及標準化測驗來客觀評量的知識，是不值得教或學的。	學習歷程和課程內容同等重要；並不是所有的學習都可以用標準化測驗來進行客觀評量。
學生是被動的學習者，是一個等待填滿知識的空容器。	學生是主動且負責的學習者，在學習過程中是教師的合作夥伴。
測驗和分數引導課程、教學與學校目標。	課程和學校目標的設定是為了引發學生完整的才能和學習潛能。
依據常態分配曲線及學生在某一天特定考試中的分數，把學生分為成功者、普通者和不及格者的作法，對於學生的知識和學習是一種可信任的評量方式。	J型曲線才是學生的知識和能力可以信任的評量依據，因它以複合的方式呈現學生知識和能力的成長。
單一模式的測驗，以語文和邏輯數學的評量為主，是測試學生的唯一可行方式。	多元智能理論的評量模式是測試學生的可行方式。
教育者應採用行為學派的模式來了解人類的發展。	教育者應採用人本／發展的模式來了解人類的發展。

表 14-1　新、舊評量典範的比較（續）

舊的評量典範	新的評量典範
所有學生應該在相同時間接受相同工具的測驗，並採用相同的標準來評量，讓教育者來比較和對照學生之間的成就。	學生的發展階段各不相同；測驗必須個別化以配合其發展，並提供教育者有用的訊息，以培育更多成功的學生。
發展測驗時最關注的是效率（亦即易於計分、易於量化、易於實施）。	發展測驗時最關注的是對學生學習的助益；如果評量可以滿足學生的需求並幫助學生成長，效率就不是考量的因素。
評量被用來排名次、做比較、決定學生的優劣。	評量應用來促進和表揚學生的學習，加深理解，並將所學轉化應用到校外生活的能力。
教學應該著重於課程內容和資訊獲得。	教學應該要難易適中，以學習歷程、思考技能的培養，並能了解課程內容與真實生活的動態關係為焦點。
學業的進步和成功應該採用傳統的、事先決定的和標準化的工具和標準來評量。	以新近、有研究根據，並具有教育性的方式來評量學業的進步，這些方式考慮了個人需求、個別差異、認知和心理的因素。
學習就是要精熟各式各樣客觀事實的資訊，例如：日期、程序、公式、圖像等。	學習是一個主觀事件；個體經由學習來改變、擴展、質疑、加深、更新和延伸其對自己和世界的認識。
成功的教學是幫助學生有能力通過各種考試，這些考試是用來評量學生在不同科目中的知識。	成功的教學幫助學生日後能過充實的生活，所以重心在於教學生能將教室所學應用在日常生活中。

資料來源：修改自 D. Lazear（1994: 5-7）

排名、選拔成績優良等；現今的目的則強調個人化評量（individual assessment），以學生個人為本位，評量其學習成果，以便為他量身訂做教學和學習計畫；⑶過去的評量為單一評量（single assessment），只重智育，忽略高層次的問題解決和創意，評量方式以筆試，甚至以選擇題為限；現今的評量為多元評量（multiple assessment），不僅重視問題解決和創意，同時也兼顧情意、技能等學習成果，評量方式也以多元方式蒐集學生的資料；⑷過去的評量常為虛假評量（spurious assessment），使用虛假的測驗題材，不重視題材的生活化和應用化；現今的評量則強調真實評量（authentic assessment），讓學生所學與其經驗相結合，因此測驗的題材與情境力求真實，評量的目的在於促進學生內在智能與品格的發展（王文中、呂金燮、吳毓瑩、張郁雯、張淑慧，2000）。

二、課程統整與變通式評量

在台灣，自 2000 年教育部公布「國民中小學九年一貫課程暫行綱要」以來，課程統整已成為新課程改革中最具爭議，也是最核心的議題。「課程統整」（curriculum integration）是指，將兩種或兩種以上的學習內容或經驗，組合成一種有意義、統整的學習內容或經驗（黃炳煌，1999）。M. Blythe（1996）指出，課程統整是一種課程發展方式，此課程發展方式在延伸學科的連結至跨領域的學習技巧，以及非單一學科所能建構的主題。美國哥倫比亞大學教授 J. A. Beane（1997）對「課程統整」的定義是：「課程統整是課程設計的理論，透過教育家與年輕人共同合作而認定的重大問題或議題為核心，來組織課程，以便促成個人和社會的統整，而不考慮學科的界限。」就廣義而言，課程統整包括四個層面：知識的統整、經驗的統整、社會的統整、課程設計的統整。

近來學者探討課程統整類型的文獻相當豐富（周淑卿，2001；薛梨真，1999；Clark, 1986; Drake, 1992; Fogarty, 1991; Jacobs, 1989; Palmer, 1991），多數的課程學者認為，課程統整是一個連續性的課程概念，透過主題擬訂與組織中心，逐漸地建立概念、通則連結的關係（如圖 14-1 所示）。

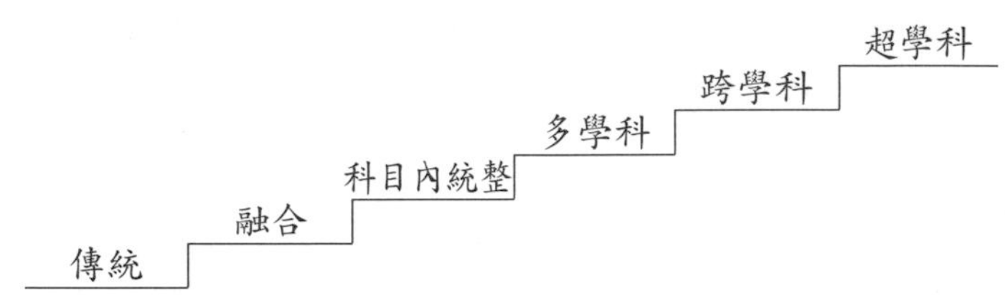

圖 14-1　課程統整的連續性概念
資料來源：Drake（1998）

教育部（2000b）出版的《課程統整手冊》（理論篇）中，提出了三種課程統整的途徑：第一種方式僅藉由課程內容來建立共同的關係，但仍維持分科的型態，如相關課程、多學科課程、複學科課程等；第二種方式除內容上的統整外，更調整了學科的界限，如融合課程、廣域課程、跨學科課程等；第三種方式則打破學科的界限，原先學科的名稱也以各種主題、問題代替科目名稱，如核心課程、生活中心課程、社會中心課程、活動課程、問題中心課程、科際整合課程、超學科課程等。

課程統整趨勢對於傳統學科取向課程的衝擊，是以各學科及其獨立的論證方式來組織課程，統整取向略有不同，例如：A. A. Glatthorn 與 A. W. Foshay（1991）提出四種形式的統整：關聯課程、廣域課程、科際整合課程和超學科課程；S. M. Drake（1991）區分為多元學科、科技整合和超學科等課程；G. F. Vars（1991）則區分為關聯課程、結構式核心課程和非結構式核心課程；R. Fogarty（1991）由統整的程度，再區分為單一學科間的統整（分科式、並聯式、巢列式）和跨學科式的統整（次序式、共有式、網狀式、線串式、整合式）等，這其中以主題式跨學科的科際整合課程最受國內教師採用。如 Beane（1997）以及 D. M. Wolfinger 與 J. W. Stockhard（1997）所言：真正的課程統整是以學生真實世界中的問題和生活經驗作為組織課程的核心。課程的組織應是提供他們真實的問題解決，並將課程發展為實用及有意義的知識和技能，進而增進個人和社會的統整。換言之，課程統整的實施，其評量方式就必須採用異於傳統標準化測驗以外的變通式評量。

課程統整強調，不同學科知識和技能、學生經驗和校外生活之間的相互關聯性，因此教師在實施課程統整、教學與評量上，至少面臨以下五項挑戰：(1)教師必須有豐富的知識基礎，不僅要精熟任教科目的知識與技能，更要探索不同學科之間概念的完整性（conceptual unity）、豐富意涵（meaningfulness），以及和諧一致性（coherence）；(2)採用以學生為中心（students-centered）和動手做（hands-on）的教學策略，而非教師主導的講述教學法；(3)課程統整的內容關聯性是很重要的，而不能犧牲其他的知識與技能；(4)教師需要行政支持，以便順利更動課程表或進行協同教學；(5)統整教學必須採用傳統標準化測驗以外的變通性評量方法，如真實評量、實作評量、檔案評量等，以了解學生高層次思考歷程和解決問題的能力（Soodak & Martin-Kniep, 1994; Wolfinger, & Stockhard, 1997; Wortham, 1996）。茲簡要說明變通性評量方法中真實評量、檔案評量、實作評量的概念，以及其優點和限制。其所論證的後果效度如下。

（一）真實評量

真實評量可以視為脈絡取向的評量典範，所謂「真實」是要和傳統標準化測驗「虛擬」的測驗情境、項目與內容相對應。真實評量所要評量的是學生所要達成的學習目標及直接教學的結果，包含「評量情境的真實」與「評量樣本的真實」兩層意義，前者係指真實評量是在教室中形成與進行；後者係指直接從學生的作品或實際表現去評量學生的能力，而此評量方式所得到的結果較接近學生的真實能力。評量的方法可以包含以下幾項技術：實驗操作、作品集、表演、展示、檢核表、教師觀察等，其實施方式可以是日常教室的形成性評量、總結性評量或特殊教學計畫；其評鑑是以人的判斷為主，並強調多元化評量。評量改革論者雖強調，真實評量可以改進與延伸教學目標，並可評估學習者的進步情形，但因為教師在教學過程中對於學生表現過於真實、過於複雜，教師也會遭遇到如何去詮釋、引導或評量學生作品或表現的難題（莊明貞，1998b；Torrance, 1995）。

（二）檔案評量

「檔案」意指有目的的蒐集學生作品，展現出學生在一個或數個領域內的努力、進步與成就。整個檔案從內容的放入、選擇的標準、評斷的標準等，都有學生參與，同時歷程檔案內還包含了學生自我反省的證據。此外，檔案包括：⑴陳列檔案（showcase portfolio）：提供學生依時間順序，表現學習中的證據；⑵文件檔案（documentation portfolio）：由教師或學生依時間順序，蒐集其學業進程中的各項學習成果；⑶歷程檔案（process portfolio）：教師安排一個較大型、持續進行的設計活動，讓學生在每件作品旁註解創作的過程；⑷評鑑檔案（evaluation portfolio）：由外來的評鑑人員，依據既定的標準來評鑑學習的成果。這四類檔案實際上運用到班級教學時，可以合併使用，而不是截然分立的（莊明貞，1998c，1998d；單文經，1998；Valencia, 1990）。檔案評量（portfolio assessment）的特色包括：(1)採用多元方式評量學生的作品；(2)強調縱貫的學習歷程；(3)鼓勵學生自我反省與自評；(4)教師與學生的共同參與；(5)檔案的讀者皆可互相對話；(6)與教學脈絡結合。檔案評量的優點是：(1)呈現出廣泛範圍的學習作品；(2)允許學生的個別差異存在；(3)鼓勵並發展自我評量；(4)建立合作性的評量；(5)評量的焦點在於進步、努力與成就；(6)連結評量、教學與學習（吳毓瑩，2000；施婉菁，1999；Melgrano, 1994）。

（三）實作評量

「實作」指的是執行或歷經（process）一個工作，並完成工作。實作評量（performance assessment）的本質是要求學生投入專業的探究，以創造他們在生活中有價值的知識，而非只是證明他們在學業方面的成就；評量結果的重點不在測驗分數或繳交作業，而是專業領域知識的表現。因此，實作評量一開始在教育上的應用，又稱為實作本位評量（performance-based assessment）。實作評量具有下列特質：(1)強調實際生活的表現；(2)著重較高層次的思考與解決問題的技巧；(3)重視學生學習的個別差異；(4)促進學生自我決定與負責；(5)講求評分、標準與人員的多元化；(6)強化溝通與合作學習能力；(7)兼重評量的結果與歷程；(8)著重統整化、全方位、多樣化的評量；(9)強調專業化、目標化的評量；(10)強調教學與評量的統合。實作評量的優點是：(1)結果的解釋比標準測驗更有效；(2)使用後果可引導有意義的教學和學習；(3)情境本質是整體的、連續性、有意義的全方位評量。而實作評量也有其限制：(1)課程經營易中斷；(2)經濟效益不佳；(3)結果缺乏比較性；(4)能力評定易產生偏誤；(5)信度問題；(6)效度問題；(7)概化有限（呂金燮，2000；李坤崇，1999；Wiggins, 1989）。

（四）後果效度

所謂後果效度（consequential validity）是指，站在學生的立場來看，測驗對於學生在校內外生活影響的程度，例如：R. L. Linn、E. L. Bader 與 S. B. Dunbar（1991）以及 S. Messick（1989）等測驗學者咸認為，制式測驗結果的誤用，對於那些來自於主流社會具有不同文化、語言和經濟背景的學生而言，可能帶來不利。

傳統上，對測驗效度的觀點，無非是從古典測量理論而來，包括內容效度與效標關聯效度等。「真實評量」對效度的解釋，可以延伸為此種測量是否關聯在同一科目裡，學生的學習表現能否與真實情境一致，或是否關聯一個科學專家對課程目標如何有效達成的專業判斷。質言之，「真實評量」對後果效度的解釋，在於能否使學習對教材內容的反應能與其舊經驗產生連結，評量係影響教室中的學習歷程。基於此，一個完整的評量，效度的觀點必須回歸到社會文化脈絡中加以探討。

這種後果效度的觀點，更能解釋學習評量即是為了達成教學目標。心理計量觀點的測驗發展在工具理性的前提下，可以有效地發展涵蓋一組群的課程內容且易於計分解釋的標準化測驗，但是否能以論文式、實驗操作，或從事文化或歷史觀點的博多稿分析以達成教學的目標，則令人質疑？而真實評量的效度則是學生在學科領域表現出來的技能，是否能具備專業能力或未來生活技能的應用，亦令人質疑。從這一個延伸效度的觀點加以分析，過去我們認為一種有效的評量工具，可能不一定是一個理想的評量方式，因為好的評量方式在有效達成教學目標的定義下，就必須符合評量在真實情境的應用，以及對受試者的公平性要求。換句話說，評量目的與評量結果的解釋，除了在測量學生學業成就的進步外，對於其是否能將所習得之概念有效的發展，以應用在往後的生活經驗與問題解決上才是最重要的。當然真實評量是否能運用在不同文化、不同語言、不同社經地位的學生身上，還有其他因素尚須考量，光有評量上的改革，課程與教學的習得卻無任何改變，對一些文化不利的學生仍毫無用處。Wolf 等人（1992）曾提出，要達到實作評量的公平性需具備七項條件，茲臚列於後：

1. 內容：學生是否都能了解？表現：學生了解的程度為何？表達：要提供什麼來確定學生有能力將其所學的表現出來？
2. 真實評量即使宣稱是中立的，但是否真能避開主流文化的霸權影響？
3. 是否能使用新的參照分數來評量學生的表現，而更增加學生的比較與競爭？
4. 是否能提供專業的發展機會，以確定教師使用的評量工具公平與適當？

5. 是否能反應社會的真實面貌，以掌握學生所屬群體的特性？
6. 重視結果的評量方式，能否提供教師教學上詳實的資訊？
7. 單一的評量方式能否符合學生不同的學習需要？

三、多元智能理論在教學上的應用

美國哈佛大學心理學家 Howard Gardner（1983, 1995）提出的「多元智能理論」（theory of multiple intelligence）主張，人類身上至少有八種智能存在，挑戰傳統的智力理論和智力測驗；這八種智能分別為：語文（linguistic intelligence）、邏輯－數學（logical-mathematical intelligence）、視覺－空間（visual-spatial intelligence）、肢體－動覺（bodily-kinesthetic intelligence）、音樂（musical intelligence）、人際（interpersonal intelligence）、內省（intrapersonal intelligence），以及自然觀察者智能（naturalist intelligence）。

Gardner（1983）所稱的「語文智能」是指，有效運用口頭語言或書寫文字的能力；「邏輯－數學智能」是指，有效運用數字和推理的能力；「空間智能」是指，空間感覺的敏銳度及空間表現的能力；「肢體－動覺智能」是指，運用整體身體來表達感覺與想法，以及運用雙手靈巧製作事物的能力；「音樂智能」是指，感覺、辨別及表達音樂的能力；「人際智能」是指，察覺並分辨他人情緒、意向、動機及感覺的能力；「內省智能」是指，個人自知之明的能力；「自然觀察者智能」是指，對所有生物的分辨觀察能力、對自然景物敏銳的注意力，以及對各種模式的辨認力。Gardner 認為，智能是要被運用以解決問題，並在自然的情境脈絡下產生成果，是實用性的，因此使用多元智能理論來進行教學方法，就是要不斷地思考，如何將某一智能的教材與教學活動，轉換為另一種智能教學。多元智能理論在教學上的應用，如表 14-2 所示。

表 14-2　多元智能理論在教學上的應用

八種智能	多元智能教學
語文智能	講故事、腦力激盪、錄音、寫日記、出版
邏輯－數學智能	計算與定量、分類與分等、蘇格拉底式問答、啟發式教學、科學思維
視覺－空間智能	影像立體呈現、彩色記號、圖畫比喻、思維速寫、圖解符號
肢體－動覺智能	使用肢體語言回答問題、課堂劇場、概念動作、操作學習、肢體圖、身體的學習區域
音樂智能	旋律化、主題音樂集成、概念音樂化、記憶音樂、心情音樂
人際智能	同伴分享、人群雕像、合作小組、圖板遊戲、模擬、服務學習
內省智能	一分鐘內省期、個人經歷的聯繫、選擇時間、情緒調整時間、制定目標
自然觀察者智能	動手做的實驗、田野之旅、感官的刺激

多元智能理論提示各教育階段的教師，在安排教學活動時要同時兼顧八種領域的學習內容，綜合運用多樣化的教學方法，同時提供有利於八種智能發展的學習情境，讓每個人的八種潛能都有獲得充分發展的機會。此外，在兒童的學習成長中，親師扮演著極為重要的角色。Gardner（1995）等學者提出「明朗化經驗」與「麻痺化經驗」的觀念，以說明師長的作為可以如何啟發與關閉兒童的智能——明朗化與麻痺化經驗是一個人智能發展的轉折點，可能發生在一生中的任何時候，但通常發生在童年的早期。

多元智能理論相信每一個孩子都是一塊璞玉，願意以智能、耐心去用心雕琢成器，展現其不同面向的光芒；因此要做一個能啟發兒童潛在多元智能的老師，要能幫助學生搭起鷹架，將其體驗、認知基模建構好。多元智能教學的方式，應該包含以下三個意涵：

1. 「了解」：老師要認識自己以及學生的強勢智能在哪裡。
2. 「運用」：老師要運用自己的強勢智能去切入學生，引導其學習，發揮其長才，如此方符合終生學習的精神。
3. 「啟發」：要不斷地啟發學生的強勢智能及多元智能。

四、多元智能理論在學習評量上的應用

多元智能理論指出，每個人至少有一種基本智能存在，只要提供適當機會和情境，這些智能都有獲得充分發展之機會。此理論在教育上的啟示是使教師意識到要超越原有的教學方法（指過分依賴語文與數學邏輯進行教學），而進行較活潑的多元智能教學法，在教學中，應多給予兒童明朗化經驗以啟發其多元智能，評量方式也應跳脫以往，以多元的角度及方法融於教學中。在論及評量典範轉移之前，Lazer也曾提出多元智能取向的評量，並認為新制評量的典範，必須運用多元智能理論發展多元評量方式，而成功的教學，是教導學生轉化知識的能力，將教室的學習運用於日常生活中。多元智能在學習評量上的應用，如表 14-3 所示（郭俊賢、陳淑惠譯，2000）。從多元智能評量清單中，可以看出八種智能的開展，分別以語文技巧、認知型態、意象、實作、聲音、關係、內心歷程，以及環境為評量工具，呈現出一個豐富的評量選擇，讓在不同智能上各有所長的學生獲得自我肯定與他人的尊重，落實尊重學生個別差異及因材施教的教育和評量理念。

多元智能的評量資料將由多種文件組合而成「多元智能檔案評量夾」，可能包括老師的觀察紀錄、學生的手稿、相片、錄音帶、光碟等。而光碟和超文本（hypertext）的使用，可以將所有資料很方便的存在一片光碟上，以提供教師、家長、學生、行政或輔導人員有關此兒童心智能力的豐富紀錄（而不只是成績單上的一個分數），讓成人更了解兒童，做為調整教學活動設計的依據，使兒童能有更充分的機會發揮其多元智能潛能。多元智能論者建議，家長及教師應在其手邊備有一些簡單的科技產品，以便隨時記錄兒童在自然情境下所表現出來的多元智能。

表 14-3　多元智能評量清單

語文智能（以語文技巧為基礎的評量工具）	邏輯－數學智能（以認知型態為基礎的評量工具）	視覺－空間智能（以意象為基礎的評量工具）	肢體－動覺智能（以實作為基礎的評量工具）
•書面論文 •字彙問答比賽 •語文訊息的回憶 •錄製聲音紀錄 •詩詞創作 •語文式的幽默 •正式演說 •認知性辯論 •傾聽與報告 •學習日誌與日記	•認知組體 •高層次的推理 •型態的遊戲 •摘述要點 •邏輯與推理遊戲 •心靈清單與公式 •演繹推理 •歸納推理 •計算過程 •邏輯分析與批判	•壁畫和混合畫 •圖像表徵與視覺圖解 •視覺化與想像力 •閱讀、理解與地圖製作 •流程圖與圖表 •雕塑與建築 •想像的對話 •網路化 •錄影與照相 •操作示範	•研究室的實驗 •戲劇化 •原創與古典的舞蹈 •比手畫腳和模仿 •扮演 •活人畫 •發明的計畫 •體操與遊戲 •技巧示範 •透過肢體語言與姿勢來解說
音樂智能（以聲音為基礎的評量工具）	**人際智能（以關係為基礎的評量工具）**	**內省智能（以內心歷程為基礎的評量工具）**	**自然觀察者智能（以環境為基礎的評量工具）**
•創作概念歌曲與饒舌歌 •用聲音解說 •辨認旋律的型態 •譜曲 •用概念把音樂和節奏連結起來 •編管弦樂曲 •創作打擊樂型態 •認識音調的型態與音質 •分析音樂的架構 •複製音樂與節奏的型態	•小組分工合作 •向他人解說或教導他人 •「思考－配對－分享」 •「接力賽」 •提供和接受回饋 •訪談、問卷和調查 •同理心的歷程 •隨機的小組問答 •評量你的隊友 •測驗、訓練、再測驗	•自傳式的報告 •個人應用的腳本 •後設認知的調查與問卷 •較高層次的問答 •專注力測驗 •心情日記與日誌 •個人的投射 •自我認同的報告 •個人歷史的關聯 •個人的偏愛與目標	•動手做的實驗或示範 •種族或自然型態的分類 •與大自然邂逅及田野旅行 •環境的回饋 •大自然的觀察 •照顧植物和動物 •感官刺激運動 •力行自然保育 •典型的型態認知 •自然世界的模仿

資料來源：郭俊賢、陳淑惠譯（2000：117）

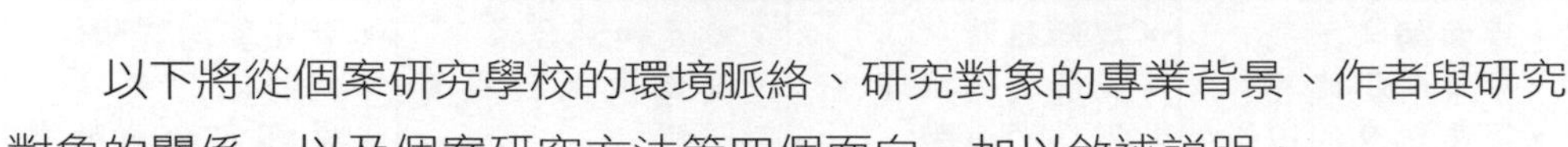

參 研究設計與實施

以下將從個案研究學校的環境脈絡、研究對象的專業背景、作者與研究對象的關係，以及個案研究方法等四個面向，加以敘述說明。

一、研究場域——歡樂國小

歡樂國小（化名）是台北市一所公立小學，創立於1960年代，目前有一百多班，三千多位師生，屬於大型學校，學校雖無美侖美奐之校舍與現代化之硬體設備，但教師與家長具有高度的教育熱忱，全校近年來投入開放教育、小班教學精神、九年一貫課程試辦等教育革新工作（如表14-4所示），成為生氣蓬勃且頗富盛名的北區教改學校。

表14-4　歡樂國小參與教育革新工作一覽表

年度	教育革新工作
1994年	參加「台北市教學及評量改進實驗班計畫」，少數教師開始嘗試部分課程統整和主題教學設計。
1996年	成立「開放教育推動小組」，宣導開放教育理念。
1997年	全面推動「開放教育」與「親師合作」，以課程統整和主題教學設計作為開放教育主軸。 全校教師在每學期開學前完成主題式學期教學計畫，並在第一次班級家長會中向家長提出說明，尋求家長支持並協助完成教學計畫。
1998年	教師自組開放教育參訪團，赴日本名古屋參加緒川小學慶祝20週年校慶之「開放教育教學研究成果發表會」，順道參觀卯之里、池田等實施個性化開放教育聞名的學校。返校後舉行參觀心得發表會，引發教師課程設計的主體意識。 參加「教育部推展小班教學精神實驗計畫」。 30週年校慶，以「學校過生日」為學校本位課程發展共同主題，進行課程研發和教師群協同教學實驗。

➲表 14-4　歡樂國小參與教育革新工作一覽表（續）

年度	教育革新工作
1999～2000 年	參加「教育部九年一貫課程試辦學校」。 組織「課程發展委員會」，研訂學校願景與圖像： 學校共同願景：發展學校特色、回歸教育本質、幫助孩子成功。 學校圖像：生氣蓬勃，溫情有愛。 兒童圖像：健康有愛，快樂有夢，能尊重他人的孩子。 教師圖像：喜愛孩子，樂於學習，樂在教學的專業教師。 家長圖像：以愛與榜樣支持教育革新，成為教師的工作夥伴與學校教育的合夥人。

二、研究對象——敏敏老師

本研究的個案敏敏老師（化名）就讀高中以前是在台中成長求學，清華大學外語系畢業後從事與外語有關的工作。其後考上國立台北師範學院師資班，畢業後分發國小實習，實習期間考取國立台灣師範大學國中英語師資班，畢業後又考取國立台北師範學院初等教育研究所（即國民教育研究所前身，現改為教育政策與管理研究所），畢業後回原國小任教四年。從上述學經歷背景中可以了解，敏敏老師具有優異的外語學士和教育碩士之學歷背景，並曾接受國中小短期的師資培育專業訓練，因而在日後的教學中，也展現了不同於師範體系科班出身老師的實踐主體，其教學信念與學習評量風格，也深受其專業背景之影響。

在研究所就學經驗中，影響敏敏老師教育理念的關鍵人物與事件有三：其一是國立台灣師範大學和國立台北師範學院初等教育研究所二位教授所說的一段話：

> 教育改革今天如果真的要突破一個格局，要跟各行各業的人討論，妳要多去接受三教九流的人，因為將來這些小孩子是要走到社會上的……，所以學校有必要呈現真實生活的一部分。（晤談紀錄，1999/10/22）

此啟發了敏敏老師思考教育改革與社會脈絡的關聯性，並期待自己能持續進行研究，希望對教育有所貢獻；其二是敏敏老師撰寫其碩士論文「國小教師教育信念之研究」時，發現：

其實老師們的信念大部分因為受到整個大環境教育潮流的影響，也蠻偏向現在所謂的要改革的開放教育這個路線，但是他們的信念跟行為其實不見得是完全一致的，老師可能想要對學生採取個別的關懷、愛的關懷，但是事實上也許他處罰學生的機率其實是相當高的，他的信念跟行為並不一定一致，讓我會去注意到自己平常教學時的信念跟行為是否一致。（晤談紀錄，1999/10/22）

1998 年 6 月，敏敏老師主動申請調動至歡樂國小的原因，是有鑑於該校主動參與各項教育革新工作，以及校內若干教師主動嘗試新的教學法，並突顯教師課程自主實踐的動力。

我覺得那是一個激發動力的地方。（晤談紀錄，1999/10/22）

第一年敏敏老師擔任 3 年乙班（化名）級任老師，第二年擔任 4 年甲班（化名）級任導師，亦是四年級的學年主任。1999 年暑假，歡樂國小成為教育部九年一貫課程試辦學校，經由輔導室何主任（後轉為教務主任）的意見徵詢，敏敏老師同意進行課程統整研究計畫，並在自我閱讀、摸索、進修中，嘗試以其非常感興趣的「多元智能教學」，進行主題式之課程統整設計和多元化評量的教學計畫。

三、研究角色——師資培育者／課程研究者

研究者的背景及其與研究對象的關係等，均會影響觀照和詮釋的視野。研究主持人為本文第一作者，課程研究專業背景，長期關注課程革新與評量制度之改進，並於 1995～1998 年間從事一系列國科會以新制評量改進各學科課程之研究，希冀以評量典範之轉移帶動本土課程之革新；並曾指導研究生從事課程理論化、課程改革與歷程檔案研究評量在國小應用的相關研究。研究共同主持人為本文第二作者，師範體系專業培育的博士，有三年的國中任教經驗，目前專職於師範大學教育學程中心，負責中小學教學和實習指導工作。由於兩位研究者的教育專業背景和教學工作性質，因而對國小的學校文化和教學革新工作具有較高的反省性和敏銳的觀察分析，但亦有可能因熟

悉國小的實作領域而對某些有意義的訊息視為理所當然。

作者透過課程與教學研究所在職研究生之引薦，認識了歡樂國小的敏敏老師，進而在研究過程長時間相處中很快熟悉和了解彼此。敏敏老師因為有撰寫碩士論文質化研究的經驗，很樂意提供作者所需的研究資料，並在研究過程中主動協助作者進入現場，且致函家長同意作者在教室中進行觀察及教學錄影（檔案紀錄，1999/10/25）。

四、研究方法——個案研究

本研究係屬一個個案研究，採用教室觀察與錄影、個案訪談與錄音，以及相關文件資料蒐集等三種方式產出個案的資料，以了解小學教師在日常生活情境中，實施學習評量的信念、方式及其可能的影響因素。研究時間自1999 年 10 月下旬至 2000 年 4 月下旬為止，在研究過程中，一直持續不斷蒐集相關資料。

（一）教室觀察與錄影

個案研究所使用的觀察，可以從正式的觀察到隨意的觀察。在正式觀察前，作者會先構思觀察的項目、重點等細目，以作為觀察紀錄的架構。本研究為呈現教室真實情境，並未事先設計結構式觀察表，觀察的內容主要包括：敏敏老師的教學活動設計、學習評量方式、師生互動、教室學習環境布置等情形。

作者在 88 學年度上學期期中進入現場，之後固定每星期四下午進現場一次，觀察國語課教學 2 節，計進行 8 次觀察；下學期改為每星期一上午進現場一次，觀察數學課教學 1 節，計進行 3 次觀察；總計上、下學期共進行 11 次教學觀察紀錄。在參與觀察時，作者除在現場進行快速田野觀察記錄外，亦經由家長、教師、學生同意，進行 5 次的教學活動錄影（本文中未摘錄教室觀察資料）。

（二）個案訪談與錄音

訪談是個案研究採用的重要資料蒐集方法之一。為了更深入了解敏敏老師的學習評量信念，以及評量實踐方法的決定過程和影響因素，因此於每次教室觀察結束時（4 年甲班學生則交由實習教師負責），作者即針對歸納之若干問題焦點立即進行重點訪談與開放式訪談錄音，在該校教務處何主任的安排下，訪談工作大多於該校家長會辦公室進行，以避免受到干擾；每次訪談時間約兩小時，每次訪談內容均整理成逐字稿，並經敏敏老師過目校正，且進一步以提高研究資料真確性作為分析之用。訪談紀錄如表 14-5 所示。

⮌表 14-5　敏敏老師訪談紀錄表

訪談次數	訪談日期	訪談時間	訪談地點
第一次	1999.10.22（五）	14:45	歡樂國小 4 年甲班
第二次	1999.11.11（四）	16:30	歡樂國小家長會辦公室
第三次	1999.11.18（四）	16:30	歡樂國小家長會辦公室
第四次	1999.11.22（一）	16:00	歡樂國小家長會辦公室
第五次	1999.12.02（四）	16:00	歡樂國小家長會辦公室
第六次	1999.12.09（四）	16.00	歡樂國小家長會辦公室
第七次	1999.12.23（四）	16:50	歡樂國小家長會辦公室
第八次	1999.12.30（四）	16:40	歡樂國小家長會辦公室
第九次	2000.03.20（一）	11:20	歡樂國小家長會辦公室
第十次	2000.03.27（一）	11:20	歡樂國小家長會辦公室
第十一次	2000.04.24（一）	11:10	歡樂國小家長會辦公室

（三）相關文件資料蒐集

作者徵求敏敏老師同意後，於每次教室觀察時翻閱學生的各種作業和檔案評量，包括：考卷、成績單、聯絡簿、習作、學習單、作文簿、書法簿、報告等。研究期間，敏敏老師和其實習教師亦提供教學日誌和完整的教學計畫、戶外教學活動學習手冊和各種學習活動評量單。

（四）資料分析

本研究所產出的資料多元且龐大，在閱讀完 11 次訪談的逐字稿和敏敏老師的教學日誌後，作者依據研究目的「國小教師學習評量信念與實踐」為焦點，採逐步對焦和歸納法進行資料分析比對，仔細檢視原始資料的每一評量行為及敏敏老師對此評量行為的描述和解釋，將每一個事例和教師每一段言談都放在其情境脈絡中去理解，以嘗試找出支持每個評量事件背後的信念，以及從信念到其實踐的決定過程。

肆 結果與討論

以下乃根據原始資料中的個案訪談內容與教師日誌，聚焦於敏敏老師如何在日常生活情境中，進行其教室的學習評量，並探究在教室中評量的覺知和其所持信念，以及從信念到實踐的關鍵事件如何影響其做決定；另外，也欲了解教師的課程統整方式與多元化評量實施的呈現現象。

一、教師實施多元化學習評量的情境脈絡

敏敏老師實施多元化學習評量的有利情境，大致包括四項重要因素：第一，是國民教育對多元評量革新政策的推動：歡樂國小在 1994 年即參加了「台北市教學及評量改進實驗班計畫」，1999 年又參加了國民教育九年一貫課程試辦，在其中結合了多元評量的推動，因此大多數老師對多元評量並不陌生；第二，校長的課程領導及其對多元評量理念的堅持：該校林校長（化名，現已退休）於 1997 年 8 月到任後漸進推動多元評量，從一學期二次統一的紙筆測驗，漸進調整為一次紙筆測驗、一次多元評量，再發展成三次教師的自主多元評量。如同敏敏老師所言：

> 林校長來了以後，她很鼓勵的是所謂的多元評量，只是說在多元評量上，因為怕家長不知道學生學習成果到底怎麼樣，怕老師在這個過渡階

段，不知如何向家長交代，所以剛開始的多元評量開放，她還是一學期給予兩次評量的機會，其中一次會安排為所謂的紙筆測驗，大家統一時間的紙筆測驗。直到這一學期，才真的三次全部改由老師自主的多元評量。（晤談紀錄，1999/10/22）

第三，學校行政人員的充分支持：敏敏老師任教的 4 年甲班所有的科任老師都是學校行政人員，因而充分支持她進行課程改革與多元評量；第四，教師評量自主權的發揮：敏敏老師在學校積極課程革新的脈絡中，可以自主決定評量的方式、時間和內容。

三年級下學期我會想說讓學生可以蒐集資料，讓學生可以放在他的資料夾裡面，我是不知道那是不是就是正確的檔案評量，但我就是以這個作為我教學評量的方式之一。當然，三年級做的時候效果很好，校慶時，學生和家長都看到了資料夾裡的東西，反應都很好，而且其他班老師也都給予我們班孩子極大的肯定。這學期，我在其中的一些作業加入了自我評量的部分，也讓同學們用立可貼做了一些同儕之間的回饋，我希望這個卷宗檔案能讓小朋友更清楚自己的學習過程，而我也會再從更多方面學習正確的卷宗評量方式，落實多元化的評量。（晤談紀錄，1999/10/22）

敏敏老師實施多元化學習評量的不利情境，大致包括國中的升學壓力、教師的誤解，以及家長的不信任和抗拒等三項重要因素，茲說明如下。

（一）國中的升學壓力

國中的升學壓力顯然向下延伸影響到了國小多元評量的實施，敏敏老師提出以下安安國中（化名）事件，說明了在升學主義校際評比下，國小在教育理想和現實的拉扯下，傳統紙筆測驗相較在多元評量上仍然占上風。

「安安國中事件」

因為前一陣子，安安國中給我們學校強烈反彈，質疑我們學校開放教育成果，學生畢業後的品質不是很理想，好像是歡樂、＊＊、＃＃三所學校裡面，他們覺得我們是最差的一所。……在這樣的壓力下，結果我們學校現在雖然沒有規定我們評量內容要一致，因為也不可能一致，因為有的班作主題教學，或是大單元課程統整，所以內容上沒有辦法一致，但至少希望我們統一考試時間；從第二次多元評量開始，儘量大家在同一天評量，而且希望我們做紙筆測驗。多元評量的部分希望我們做的是紙筆測驗，因為學校現在是認為安安國中覺得我們的紙筆測驗量太少，他們懷疑學生根本不懂得什麼叫做紙筆測驗。……那第三次多元評量，我們已經知道說一定要有統一時間、統一內容，……學校現在希望營造一個考試氣氛，好讓學生至少懂得考試時候要有那種緊張、臨場感、壓迫感，他們希望讓學生感受一下，才不會到國中說完全感受不出考試的壓力，然後適應不良。（晤談紀錄，1999/12/09）

（二）教師的誤解

歡樂國小自 1996 年起即宣導開放教育理念，1997 年全校全面推動實施開放教育，除了以心靈開放、時間開放、空間開放、資源開放、內容開放、方法開放、評量開放為原則，並以課程統整化、教材生活化、教學活動化、評量多元化為精神標的，歡樂國小的學校共同願景是「回歸教育本質，幫助孩子成功」，兒童圖像是：「健康有愛，快樂有夢，能尊重他人的孩子」，因而導致少數老師誤認為紙筆測驗不屬於開放教育的評量方式。

我知道有一個班級的老師，他們班就是不做所謂的傳統紙筆測驗，他們班的測驗方式是發下去，全部都是屬於就是類似我們大學考試一樣，是屬於查資料，你可以 open book、open reference，只要你查得出來答案就可以了，那整整一年多，幾年兩三年他都是這樣子做。像他們班實習老師就很訝異說這樣學生會不會考試，所以他就趁有一次級任老師真的出差，他代課的時候，就規定小朋友書通通不准拿出來，然後就這樣子考試。學生就開始抗議，他就說抗議什麼，老師說這樣考就這樣考，我要看你們會不會。結果全班聽說非常壯烈犧牲，全班考得一蹋糊塗，然後級任老師回來也很不高興，覺得你這樣考試方式當然考得很差呀！（晤談紀錄，1999/12/09）

（三）家長的不信任和抗拒——開放教育會降低孩子的學習能力嗎？

敏敏老師於開學初召開第一次的班親會，向家長說明學期的教學計畫，包括：〈我長大了〉、〈美麗的世界〉、〈健康快樂的生活〉、〈多元化的學習〉、〈民俗節慶活動〉等五個，以多元智能為架構的主題式單元教學活動設計，以及與課程內容有關聯的戶外教學參觀地點：動物園、植物園、台灣科學教育館、天文館、原住民博物館，均獲得家長的尊重和贊同。然而，

> 家長最大的疑慮是取消全年級的統一評量部分。有些家長擔心沒有統一評量後，孩子是否會無法習慣考試？而上國中後是有許多考試的。（教學日誌，1999/09/04）

此外，家長受到安親班教師反應的影響，也對開放教育的評量方式產生不信任感。

> 今天因為台北市家長的確是很忙，他聽安親班老師一直反應老師教的不對，其實那不叫不對，只是我們把建構過程加進去，今天反而因為升上國中以後，紙筆測驗成績一評量出來，好像不太理想，家長就覺得安親班老師說得可能也有點道理，現在反過來質疑所謂開放教育的成果。（晤談紀錄，1999/12/09）

部分家長對分數的看重，對百分等級的執著也會影響教師對評量結果的呈現。

> 其實從三年級帶到現在，我知道很多家長還是放不開傳統的所謂分數概念，可是我對學生的要求，我都會直接跟他們講：老師只是要確定你會不會，對我來講你只要達到80分就好，你只要達到80分，老師就可以認定基本上你在這方面應該算是會的；如果你達不到80分，你就要做補救教學測驗。（晤談紀錄，1999/12/19）
>
> ……部分家長如果實在有他的堅持要求的地方，他對分數上這麼看重，我們也沒有辦法說堅持，可是我自己為了讓家長比較不會因為分數而

對小朋友的信念產生打擊，所以我在成績單的設計上也會有所更改。像這學期就改成質量並重的成績單，上學期已經先更改了一部分。像上學期，我們早就沒有用五等第了，只是把它分成五個向度。（晤談紀錄，1999/12/19）

敏敏老師雖然持多元評量的信念，然而，因應家長對傳統測驗分數的期待，她的評量方式實踐是逐漸朝向對成績單設計方式的改進，用質量評量兼具的方式使家長能明瞭學生學習成長的軌跡。

教師在實施個別評量時，也會遭遇來自家長的抗拒。敏敏老師談到：

其實我覺得像這種比較屬於個案或特殊的兒童，我是認為一定需要不同的評量方式，因為正常的我們這種普通的評量方式，他根本有時候會拒絕加入參與，那也許尤其像發表上、整組的討論上，他根本就不參與。……媽媽認為他只是不願意做，不代表他不會。那因為家長蠻堅持的，而且家長非常排斥我們將他視為特殊兒童，所以在這種家長沒有辦法配合的情況下，我就沒有辦法用不一樣的評量方式。（晤談紀錄，1999/11/18）

歡樂國小所處的社區乃中產階級家長居多，有部分家長支持教師採用多元評量方式，但部分家長仍疑慮教師多元評量方法與鄰近國中以紙筆測驗為主的評量不一致，會影響學生將來升國中後的學科應試能力，教師在面對家長對傳統百分等級的堅持，在實踐層面上除以補救教學測驗處理，也應嘗試修改成績單的設計方式。

二、教師的課程統整方式與多元化評量之實施

敏敏老師採用多學科課程統整模式，先訂出主題，再將不同學科中相關的內容統整在主題中。88 學年度上學期（1999 年 9 月至 2000 年 1 月）將四年級的國語、數學、社會、自然、道德、健康、輔導活動、音樂、美勞、體育等十個學科統整為五個主題，分別為：〈我長大了〉、〈美麗的世界〉、〈健康快樂的生活——花花世界〉、〈多元化的學習〉，以及〈民俗節慶活動——迎接千禧年〉。其中，〈我長大了〉、〈民俗節慶活動〉為學

校本位課程發展之全校共同主題。88 學年度下學期（2000 年 2 月至 2000 年 6 月）將上述四年級的十個學科統整為四個主題，分別為：〈大家來打球〉、〈多采多姿的春天〉、〈智能的泉源〉、〈感恩與惜福〉。其中〈大家來打球〉、〈感恩與惜福〉則為學校本位課程發展之全校共同主題。

上述多學科課程統整採取之多元化評量，主要包括：實作評量、檔案評量、學習單、口頭發表、作品評量、遊戲評量、軼事紀錄、學習及反省日記、數學日記、讀書心得、辯論會、紙筆測驗、家事檢核表、訪問報導、歌曲發表、成果發表、自我評定量表、自我評量、同儕互評、家長評量、家長檢核表，以及學習概況通知單等方式。

其中，檔案評量則是每一位學生擁有一本學習成長檔案，將學習作品依序放入檔案中，檔案的前頁則有一張敏敏老師設計的「學習狀況檢視表」，請學生以折線圖方式標示本學期校外教學（動物園、植物園、台灣科學教育館、天文館、原住民博物館）學習手冊的評量成長變化，以及書法成績的評量成長變化。此外，請學生寫下：「★從自己的檔案中，我發現我最喜愛做的作業是（　　　　）類。而我做的最好的作業是（　　　　）類。兩者是一樣的嗎？原因是（　　　　）。★強力推薦！在這份檔案中，我最滿意的作品是……，因為……(1)(2)(3)。★從別人的檔案中，我發現我最喜愛哪個同學的哪項作品呢？(1)(2)(3)★我給自己檔案的評語是（　　　　）。☆我希望以後檔案夾還要放進那些部分？（　　　　）。」

同儕評量係採用立可貼方式，將同學的評量文字貼在當事人之作品上立即回饋；寒假作業則為小書製作，一位同學的創意小書為「龜兔賽跑新解」。

學習概況通知單係歡樂國小取代傳統量化的成績單之作法，除了載明學生全學期應出席和實際出席日數外，評量的項目包含：語文類、數學類、社會類、自然類、藝能類、生活態度、老師的話等，採取質性評量；體育科、美勞科、音樂科、自然科、國語科（含讀說寫作）、數學科（含習作、紙筆測驗）、社會科（含習作、校外教學手冊）等，採「表現優良」、「表現不錯」、「再加油」、「極須努力」等四等量表評量，並開放自己的話、家長的話，給學生及家長表達意見。林校長希望老師們一學期發兩次學習概況通知單，兼重形成性和總結性評量，期待親師合作，並能在學習歷程中即時給予學生幫助。

> 校長希望我們在期中跟期末都能發一次所謂的成績通知單，讓家長知道說其實我這個老師成績是怎麼算的，期中你孩子的學習狀況原來是這個樣子的，期末再發一次，才不會一學期學完以後，家長突然接到一個成績單，看到我孩子數學怎麼這麼差呀！或社會怎麼這麼差呀！才不會有這種的質疑。（晤談紀錄，1999/10/22）

> 將這二天孩子們所做的學習單發下，要他們帶回家請家長簽名，讓家長知道孩子們作業做的情況，其實這次三張配合校外教學所設計的學習單，孩子們都做得很好，尤其配合英文部分，有的小朋友很努力、去查到了一些連我都很少聽到的動物英文名稱，至少看出他們很努力、很用心在做。
>
> 配合國語科的部分，有一題是雪茄花中的〈茄〉，很多小朋友都將注音寫成了ㄑㄧㄝˊ，字典上也都有ㄐㄧㄚ的注音，但孩子們就是很容易寫錯，可見他們對字典上的許多排列方式或縮寫等還不清楚，更可發現他們很少去注意到破音字，可是有些小朋友的作業上已有家長簽名，卻仍是錯誤百出，令人費疑猜，家長簽名時不看一下小朋友寫的內容嗎？（教學日誌，1999/09/27）

雖然歡樂國小強調歷程評量，但大多數老師在舊課程分科課程結構中進行多元評量時仍感到時間的壓迫，有部分教師仍於學期末才發學習概況通知單。敏敏老師在自行發展的統整課程設計下，採取多元評量方式，鼓勵學生自我評量、同儕互評及家長回饋。

三、教師實施多元化學習評量的信念

（一）多元化評量包括紙筆測驗

針對歡樂國小部分教師實施開放教育時，將紙筆測驗排除於多元評量範圍外，敏敏老師有其不同的看法：

我覺得紙筆測驗本身就是多元評量中的一種沒有錯，我們只是不把它的量看得那麼重，那在這上面可能有的老師如果認為多元評量就完全不包括傳統紙筆測驗的話，難免真的會產生問題。（晤談紀錄，1999/12/09）

所以除了在學校規定的時間實施紙筆測驗之外，測驗後敏敏老師會發給學生一張「紙筆測驗自省表」，要學生針對國語科、社會科、數學科的評量中的考試分數進行反省：

1. 在考試前，我覺得我在○○科方面：(1)很認真的複習了 (2)大部分都有複習 (3)只複習了一點點 (4)都沒有複習。
2. 對這次考出來的分數，我覺得：(1)十分滿意 (2)覺得還不錯 (3)還可以 (4)我可能要再用功些了。
3. 對這次考出來的分數，爸媽覺得：(1)十分滿意 (2)覺得還不錯 (3)還可以 (4)很不滿意。
4. 我覺得這次的○○科考卷：(1)很簡單 (2)不算難 (3)有點難 (4)很困難。
5. 對於這次○○科的評量結果，我想對自己說：________________
6. 爸媽的話：________________________________

（二）學習評量應與課程及教學相結合

敏敏老師認為，學習評量應與學科課程結合，且應超越教科書的授課內容，至於課外活動的教學，也應儘量與學科教學目標相結合。

有鑑於動物園的學習手冊太難了，所以配合這次的動物園校外教學活動，我設計了幾張學習單，一張是有關國語科，查一些動物名稱的注音和部首，藉機知道該如何稱呼這些動物；一張是有關數學科，以動物園的地圖再自己寫上距離，以配合數學的第二單元（計算長度距離）；一張是有關英文科，讓孩子們找出會拼的動物的英文生字，希望這樣的作業較能和校外教學活動結合，也才不會顯得校外教學好像和學校課業無關，這可不是我所希望的。（教學日誌，1999/09/23）

（三）適性評量注重學生自我比較的成長觀

敏敏老師非常注重低成就學生的變通評量和補救教學，常鼓勵學生合作學習，引導創意表現。

昨天上社會課時，我將一些關鍵名詞用電腦列印出來，做成詞卡，讓小朋友用玩遊戲的方式，將這些詞卡上的名詞記下來，並能了解它們之間的關係（用樹狀組織圖的排列方式）。今天看聯絡簿，○○在聯絡簿上表示很喜歡這種學習方式，能夠讓學生在沒有壓力且輕鬆活潑的氣氛中自發性學習；身為教師受到學生正向回饋，製作這些詞卡時所花費的精神也都立刻回來了。所以今天上氣候時又用了這種方式（但詞卡是十班○○老師參考我的建議做的，而不是我做的），且增加了一些非答案的詞卡，當然也增加了一些困難度，但孩子們的表現仍十分良好，甚至有小孩子發現上下層的答案卡顏色不同，也可用顏色當幫忙找答案，這點我並未提示他們，他們竟也能發現這個原則，他們的觀察力真是不可小觀。（教學日誌，1999/09/15）

（四）學生真的要很會應付考試嗎？分數 vs.能力

敏敏老師認為，應深入思考學校教育和教學的目的為何？多元評量的實施首先要打破教師分數的迷思，培養學生在日常生活中活用的「真才實學」，她認為此即為九年一貫新課程中所強調的基本能力。

我覺得在這上面，其實本身是很有問題的，因為我們現在教學的目的到底是什麼？現在因為安安國中認為學生上國中以後，不會考試，太不會考試了，所以來質疑我們的教學方式，我覺得這是國中部分自己也要稍微注意、檢討的地方，因為我們到底到國中以後，難道學生真的要很會應付考試嗎？（晤談紀錄，1999/12/09）

自然老師要孩子們今天帶水生動物到校，有鑑於上次水生植物帶的人太少，以致於影響到觀察，所以上星期我就已經向小朋友宣布，只要帶一隻水生動物就可以在獎勵單上打一個圈，帶愈多隻打愈多圈，果然這招非常有效，今天帶水生動物不但是種類多，而且數量也不少，甚至有小朋友帶數十隻來呢！但也由於孩子們愛好動植物的天性吧，整天只顧著觀察水生動物，不論是上課中或下課時，所以，整天上課都有好多人無法集中精神，秩序也不佳，甚至連〇〇都說今天一天真是漫長，由此可知了。

早上有一節我的課，上自己的課孩子們還不敢太吵，但上科任課時可就不一樣了，電腦課剛下課就有小朋友回來報告說電腦老師很生氣（尤其是對〇〇），接下來的自然課大家都太興奮了，看來多帶上課用觀察的物品雖好，但秩序上可得先維持好才行。不過孩子們能自行準備上課所需的材料，我覺得這是很必要的，這也是一種學習呀！（教學日誌，1999/09/03）

敏敏老師因為注重生活與學習態度的評量，培養學生自律和團體的榮譽感，她慣常以塗鴉區、生日快樂小白板來培養出學生自律和團體的榮譽。她的評量信念認為，教師、家長、同儕、學生自我均可參與評量，所以反對學生一旦上國中後必須應付考試領導教學的方式，她隨時都在反思日常的教學與評量之間的關係如何緊密銜接。

四、教師實施多元智能教學評量的方式

（一）語文智能評量

「生字生詞發表」

因為上學期有查生字發表，小朋友很有發表慾望，他們很喜歡查，他們有機會發表，而且查字典我覺得是一個不錯的東西，當然有些小朋友可能唸的不是很清楚，別人聽不是很清楚，可是我覺得至少他自己去查的部分他一定會看到、一定能夠了解。我覺得在工具書運用，還有在自我學習上，他自己就能夠達到一定的成果。那生詞造句，其實寫黑板因為小朋友字彙有限，而且速度時間上很難控制，所以我就想讓他們用口頭發表，那口頭發表，一個人發表，他們常有人會講說：「老師！都沒有叫我。」那當然全班35人，一個人叫一遍也要35次以後，所以就讓他們用分組，可是我有跟他們講上台報告的人一定不能重複，除非你們那一組輪完了，我

說你不會沒有關係，其他同組那麼多人，他告訴你什麼，你趕快記下來，背下來趕快上來講。而且我很鼓勵他們創意，不然每一個小朋友造的句子都差不多。所以他們都會去想一些很特殊的句子，而且會把句子主動延長，其實後來他們發現太短的句子要表達出創意蠻難的，所以他們會不自覺把句子加長，然後會把一些優美的句子放進來，有創意的人就會提出創意的點子。……因為每一個人的創造力真的不一樣，所以他們造出來的句子內容變化性也才會大，在他們造句上來講，我覺得這是一個很好的方式。而且我覺得對作文的能力幫助很大。

我覺得內容設計的活動也不同，評量方式一定也會不一樣。像這一課，我就可以去看他們的表達能力，然後看他們合作的能力，接著看同學是不是敢上台發表，因為其實很多小朋友剛開始是不敢上台發表的，那我就告訴他們，反正輪流，你現在不上去，待會你還是一定要上去，所以到最後他們就不會產生說老是那一個人上去的方式。對有些人來講，我就是培養他說話的技巧，他可能就會把說話技巧講得很好；而對有一些人來講可能是膽量的訓練，因為他真的是沒有膽量站上去，那我覺得讓他們習慣站上去，讓他先訓練這種說話能力是很重要的。而且我發現，有些小朋友如果他能力已經夠了，你會發現他上台一邊講、一邊重新組織剛剛的句子，他其實不是以他剛剛人家在下面跟他講的，他一邊上台就一邊重新組織，希望把那個句子組織的更完美，他一邊上台會一邊重新組織那個句子，希望把它修飾的更好一點。我覺得這是他本身在講話的過程中，懂得運用思考加進去，怎麼讓句子表達出來後，組織起來看起來更好、更完美，那我覺得這就是他的能力。（晤談紀錄，1999/11/18）

「新詩創作」

我是讓小朋友分成六組，每一組給他們一個大概半開或四開大的圖畫紙，要他們仿照這一課四個段落，課本是天文館、美術館、博物館，最後再一個結論，每一段有五句新詩創作。我給他們的很像就是動物園、植物園、校園，那因為我們校外教學動物園上學期去過，植物園這學期去過，校園他們完全認識，我就讓他們各自去一樣以五句為限寫出新詩創作，然後配合課本內容，我跟他們講新詩創作。動物園下面，你是不是就該畫動物園的圖案，有關動物園，讓人家一看真的就是動物園，不要你圖畫的跟字寫的不一樣。植物園那一段畫的就應該跟植物園有關，校園也是，我就讓他們這樣方式做。（晤談紀錄，1999/11/18）

從上述教學實例中，歸納出學習評量的目標、項目、實施和評量結果的應用如下：

「秩序自評表」

因為我全部都跟學生講，我相信你們，所以我都是讓他們自己來為自己打圈。我們是以打圈的方式，前面寫上日期，然後後面如果個人或是團體他們那一小組有表現好的地方，我就會讓他們打圈。一方面他們很多人很喜歡爭取個人榮譽，所以有時候個人特殊情況表現好的，我就會讓他們個人來打圈，那如果團體小組有時候運用團體的約束力，所以我就會讓他們以小組的方式來打圈，兩種方式不一定什麼時候，就是交叉進行。（晤談，1999/11/18）

敏敏老師在榮譽簿的學習評量實踐是：自評表上老師通常先打十個圈，因為她的班上有設計一本榮譽簿，那個榮譽簿上學生就可以蓋一個章，榮譽簿上總共有一百格，如果蓋滿二十五個章老師可以讓小朋友換獎品。敏敏老師認為，小朋友們都很喜歡獎品，而且敏敏老師還會確實讓他們選獎品，所以他們就會很認真去累積他這些獎章來換獎品。此外，在獎賞鼓勵學生情意學習，是其學習評量的主要信念，其目的是鼓勵學生自我監控學習歷程。

學習態度最重要：那這個東西（榮譽簿）我有在開學初就跟家長跟小朋友講過，我一向跟他們強調學習態度最重要，我說除了你可以換獎品以外，老師覺得，這也代表你學習態度的一部分，我說這在學期末老師一定會收回來，你的操行成績、你的學習態度成績裡面這會占其中一部分，這在學期初我就告訴他們了。我都告訴他們你東西自己要收好，你滿了就放到資料夾裡面去，如果你丟掉了，表示你自己沒有辦法為自己的東西負保管責任，那你就不能怪別人，老師只會覺得原來你的學習態度就是你可能東西不小心就會讓他掉了，這麼重要的東西，你應該隨時把它放好，放進資料夾裡面去。（晤談紀錄，1999/11/18）

從上述的教學實例中，歸納出學習評量的目標、項目、實施和評量結果的應用，敏敏老師皆嘗試以語文、生活表現，運用多元智能教學原理的學習評量方式來實踐其內隱的評量信念。

五、教師多元評量自主性與專業成長的困境

教師個人教學評量主體性的彰顯，對敏敏老師而言，是實施評量改革的一項動力，但她認為學校文化的同儕壓力，往往也會影響教師個人評量改革的自主性發展。

> 目前幾乎所有決定權還是下放給老師，只是有的老師可能會受到一些限制，像我知道我們學校有一個年級為了全學年要統一，不突顯個人地位起見，全學年就決議通過說：我們學年一律採同一時間、同一內容，統一紙筆測驗。我覺得這個如果硬性全學年不突顯教師個人地位而設這樣的規定的話，對有些有心作評量上的改革、課程教學設計上改革的老師，會有所限制。（晤談紀錄，1999/12/09）

敏敏老師認為，教育單位或行政單位應該舉辦多元評量的相關研習會或師資培訓課程，讓教師有正確的認知，才能和家長進行溝通。

> 所以到底多元評量向度到達什麼程度，該怎麼做，紙筆測驗能夠占多大的地方，或者說我們還有一些實作測驗、操作性的測驗，在這方面很多老師當然並不是很清楚的概念下，教育單位或者學校行政單位該怎麼引導老師有更正確的認知，因為老師有正確認知，我們才能教育家長，才能認為家長也知道，才能讓小孩子知道說我們現在做的開放教育、我們現在做的多元評量並不代表你一定不做紙筆測驗，其實你做紙筆測驗還是必要的，那可能老師在這上面需要做一些課程的培訓或是一些研習的幫忙。（晤談紀錄，1999/12/09）

敏敏老師除了參加校內外的教師研習外，更積極主動以購買書籍研讀、請教專家或學校同儕的方式，提升自我的專業成長。她認為，教師改革的動力與阻力，主要在學校行政的支持與否：

> 很多老師再怎麼做都很為難，因為光評量上或光是課程設計上、教學教法上就很容易受到限制。目前老師都還要受到學校的評鑑、教評會的評鑑，很多老師可能就會擔心、害怕，被批評說你們班好吵呀！你們班怎麼好像秩序上沒有很好，人家別班座位都一排一排的很整齊，你們班為什麼這樣亂七八糟，很多老師當然會受到很多打擊。所以，行政上當然是最先決要件：一定要支持。……我覺得其實現在每個老師尤其他願意做專業成長，願意做教育改革的老師，身邊感受到的壓力絕對不小。因為第一個就要面對那些不肯改革的老師，就是所謂的冷嘲熱諷，或者是在旁邊反而冷言冷語的看你怎麼做的人；另外一個是老師自己可能要面對的就是你資源不足，不管是在教學課程上或者是教具上或者是行政資源上，你的資源不見得是很充沛的情況下來做。（晤談紀錄，1999/12/30）

多元評量在傳統分科課程實施中固然需要很多的準備時間，本研究發現：即使教師採用統整課程，在多元評量實施時，仍須面臨校內教師文化的同儕壓力，教師若欠缺對新制評量的理解及實作的技術，就無法說服家長對新制評量公平性的信賴，敏敏老師透過學校行政的支持與持續的自我專業成長，已逐漸實踐其多元評量的信念。

伍　結論與建議

一、結論

本研究結果有助於從小學教師評量信念與實踐的角度，來思考我國目前推動課程改革與多元入學方案在學校中學習評量建制方式之改進。

依據前述結果與討論，本研究可得到下列結論：

1. 教師的評量信念與實踐較受到學校脈絡、個人專業背景、職場專業發展經驗，以及家長支持之影響。
2. 持學生自我成長導向信念的教師，較支持教室內檔案評量的實施。

3. 教師實踐多元智能學習評量，有助於展現學生學習的完整認知圖像。

4. 分科課程結構對進行多學科課程統整與檔案評量之實施有所侷限。

5. 教師多元評量自主性的發展有賴持續的專業成長。

本研究亦發現，1993 年國小課程標準的分科課程結構之教師備課時間不足，各科作業本批閱份量重，學校行政支援不夠及家長對傳統制式評量的信任等因素，是導致教與學多元評量實施的影響因素，最後本研究提出對我國學習評量制度革新的建議。

二、建議

本研究發現，個案教師身處在學校評量改革的氛圍下，運用課程統整與檔案評量、實作評量等課程與評量革新，其不僅藉改變傳統課程的組織，使學生習得知識更為活用，並藉著學生檔案評量的結果，作為更有效達到教學目標的預測。

因為傳統紙筆測驗的學習評量對課程發展與教學有極大的限制，且會引導教師狹窄地教導學生應付考試的技巧，卻忽略教導學生更高層次的認知能力，並限制了改進教學方法及課程內容的最終教育目的。

隨著九年一貫課程的實施，新制評量改革可能衍生的議題，尚包括：所費時間與花費較大、課程能力指標的解讀與轉化困難、真實評量的規準難訂，而導致中小學教師對評量方式改革是否能因此帶動課程的革新與教學方法的提升，仍持保留的態度。再加上各領域能力指標的評量標準難以界定，又難以兼顧多元文化背景學生的個別差異與評分公平性，乃致於真實評量結果的陳述，在在都需要教師教學評量信念的重建與持續在新制評量方面專業能力發展的配合，才能使學生有能力去觀察、實驗、詮釋、了解所學，並運用知識、技能從事其日常問題之解決。過往中小學在既定課程標準的框架下，雖然透過若干以學校為本位的教室評量改革的提倡，在課程安排及教學品質上有較大的改進，但教師往往在無法改變國家層次的課程結構，又面對未來升學入學評選方式未改變的前提下，學齡層愈往上，教師擁有的教學及評量自主性也愈為遞減。此外，社會大眾在我國傳統科舉文化的長期薰陶下，所持有的制式評量信念及升學主義，也是阻礙教師評量改革的潛在因素。

本研究建議，未來宜加強教師掌握各學習領域（科）學習能力指標轉化為真實評量的規準，以增加教師在真實評量判斷的公平性，以及建立評分者信度，使不同評分者在不同時間對學生實作表現的評分上有一致性，或各領域課程在發展時，應建立檔案評量的作品評量標準，以刺激學生提高自我期許的標準，並有效監控自己的學習歷程；換言之，如何增加後果效度的程度，是在提倡學習評量改革時，未來需繼續探索的課題。此外，新制多元評量效度的優點應廣為對社會大眾宣傳，並在未來多元入學方式兼採各學習階段歷程檔案的評量結果占有一定比例，另外在提升教師對新制評量運用的專業知能上，也是配合課程統整革新下刻不容緩的課題。

❖註釋

1. 本文原載於《國立臺北師範學院學報》，2003 年，第 16 卷第 1 輯，頁 163-200。
2. 本文第一作者為莊明貞；第二作者為丘愛鈴：國立台灣師範大學教育學博士，國家高等考試教育行政人員類及格，曾任考選部科員、教育部高教司專員，現任國立高雄師範大學教育學系副教授。

參考文獻

中文部分

王文中、呂金燮、吳毓瑩、張郁雯、張淑慧（2000）。**教育測驗與評量：教室學習觀點**。台北市：五南。

吳毓瑩（2000）。卷宗評量。載於王文中、呂金燮、吳毓瑩、張郁雯、張淑慧著，**教育測驗與評量：教室學習觀點**（頁 239-262）。台北市：五南。

呂金燮（2000）。實作評量。載於王文中、呂金燮、吳毓瑩、張郁雯、張淑慧著，**教育測驗與評量：教室學習觀點**（頁 173-208）。台北市：五南。

李坤崇（1999）。**多元化教學評量**。台北市：心理。

周淑卿（2001）。九年一貫課程之課程統整設計與問題探討。載於吳鐵雄（主編），**九年一貫課程：從理論、政策到執行**（頁 81-97）。高雄市：復文。

施婉菁（1999）。**卷宗評量中師生觀點的展露**。國立台北師範學院國民教育研究所碩士論文，未出版，台北市。

教育部（2000a）。**國民中小學九年一貫課程暫行綱要**。台北市：作者。

教育部（2000b）。**課程統整手冊**。台北市：作者。

莊明貞（1998a）。真實性評量在教育改革中的相關論題：多元文化教育觀點的思考。載於**道德教學與評量：多元文化教育觀點**（頁 30-37）。台北市：師大書苑。

莊明貞（1998b）。國小課程的改進與發展：真實性評量。載於**道德教學與評量：多元文化教育觀點**（頁 172-179）。台北市：師大書苑。

莊明貞（1998c）。變通性評量在國小開放教室實施的探討。載於**道德教學與評量：多元文化教育觀點**（頁 180-191）。台北市：師大書苑。

莊明貞（1998d）。變通性評量應用探究：國小開放式教學個案研究。載於**道德教學與評量：多元文化教育觀點**（頁 192-247）。台北市：師大書苑。

郭俊賢、陳淑惠（譯）（2000）。D. Lazear 著。**落實多元智能教學評量**（Multiple intelligence approaches to assessment: Solving the assessment conundrum）。台北市：遠流。

單文經（1998）。評介二種多元評量：真實評量與實作評量。**北縣教育，25**，46-52。

黃秀文（1996）。從傳統到變通：教學評量的省思。**國民教育研究學報，2**，1-26。

黃炳煌（1999）。談課程統整：以社會科為例。載於中華民國教材研究發展學會（主編），**邁向課程新紀元**（頁 252-257）。台北市：中華民國教材研究發展學會

薛梨真（主編）（1999）。**國小課程統整的理念與實務**。高雄市：復文。

英文部分

Beane, J. A. (1997). *Curriculum integration: Designing the core of democratic education*. New York, NY: Teachers College Press.

Blythe, M. (1996). Research, development and validation of a training handbook for developing integrated units of study through a systematic approach. *Dissertation Abstracts International, 57/11A*, 46333. (University Microfilms No.9714475)

Broadfoot, P. M. (1996). *Education, assessment and society*. Buckingham, PA: Open University Press.

Clark, B. (1986). *Optimizing learning: The integrative education model in the classroom*. Columbus, OH: Merrill Publishing Company.

Drake, S. M. (1991). How our team dissolved the boundaries. *Educational Leadership, 49*(2), 20-22.

Drake, S. M. (1992). *Developing an integrated curriculum: Using the story model*. Toronto, Canada: O.I.S.E.

Drake, S. M. (1998). *Creating integrated curriculum: Proven ways to increase student learning*. Toronto, Canada: University of Toronto Press.

Fogarty, R. (1991). *The mindful school: How to integrate the curriculum*. Glen Elyn, IL: Skylight.

Garcia, G. E., & Pearson, P. D. (1994). Assessment and diversity. *Review of Research in Education, 20*, 337-391.

Gardner, H. (1983). *Frames of mind: The theory of multiple intelligences*. New York, NY: Basic Books.

Gardner, H. (1995). Reflections on multiple intelligences: Myths and messages. *Phi Delta Kappan, 77*, 201-209.

Glatthorn, A. A., & Foshay, A. W. (1991). Integrated curriculum. In A. Lewy (Ed.), *The International encyclopedia of curriculum*. UK: Pergamon Press.

Gipps, C. (1995). National curriculum assessment in England and Wales. In D. S. G. Carter & M. H. O'Neill (Eds.), *International perspectives on educational reform and policy implementation*. London, UK: The Falmer Press.

Herman, J. L, Aschbacher, P. R., & Winters, L. (1992). *A practical guide to alternative assessent*. Alexandria, VA: Association for Supervision and Curriculum Development.

Jacobs, H. H. (1989). *Interdisciplinary curriculum: Design and implementation*. Alexandria, VA: Association for Supervision and Curriculum Development.

Lazear, D. (1994). *Multiple intelligence approaches to assessment: Solving the assessment conundrum*. Tucson, AZ: Zephyr Press.

Linn, R. L., Bader, E. L., & Dunbar, S. B. (1991). Complex, performance-based, assessment: Expectations and validation criteria. *Educational Researcher, 20*(8), 15-21.

Melgrano, V. J. (1994). Portfolio assessment: Documenting authentic student learning. In J. Noblitt (Ed.), *Student portfolios: A collection of articles* (pp. 149-168). Arlington Heighto, IL: IRI/Skylight Training and Publishing.

Messick, S. (1989). Validity. In R. L. Linn (Ed.), *Educational measurement* (3rd ed.). New York, NY: American Council on Education.

Palmer, J. M. (1991). Planning wheels turn curriculum around. *Educational Leadership, 49* (2), 57-60.

Pinar, W. F., Reynolds, W. M., Slattery, P., & Taubman, P. M. (1995). *Understanding curriculum: An introduction to the study of historical and contemporary curriculum discourses*. New York, NY: Peter Lang.

Pratt, D. (1994). *Curriculum planning: A handbook for professionals*. Fort Worth, TX: Harcourt Brace.

Soodak, L. C., & Martin-Kniep, G. O. (1994). Authentic assessment and curriculum integration: Natural partners in need of thoughtful policy. *Educational Policy, 8*(2), 183-201.

Stake, R. E. (1995). *The art of case study research*. London, UK: Sage.

Torrance, H. (1995). *Evaluating authentic assessment*. Philadelphia, PA: Open University Press.

Vars, G. F. (1991). Integrated curriculum in historical perspective. *Educational Leadership, 49*, 14-45.

Valencia, S. W. (1990). A portfolio approach to classroom reading assessment: The whys, whats, and hows. *Reading Teacher, 43*, 338-340.

Wiggins, G. (1989). A true test: Toward more authentic and equitable assessment. *Phi Delta Kappan, 71*, 703-713.

Wiggins, G. (1990). The case for authentic assessment. *ERIC Digest*. Washington, DC: ERIC Clearinghouse on Tests, Measurement, and Evaluation.

Wolf, D. P., LeMahieu, P. G., & Eresh, J. (1992). Good measure: Assessment as a tool for education reform. *Educational Leadership, 19*(8), 8-13.

Wolfinger, D. M., & Stockhard, Jr. J. W. (1997). *Elementary methods: An integrated curriculum*. New York, NY: Longman.

Wortham, S. C. (1996). *The Integrated classroom: The assessment-curriculum link in early childhood education*. Boston, MA: Prentice-Hall.

設計／學習目標擬定：敏敏老師

筆記欄

國家圖書館出版品預行編目（CIP）資料

課程改革：理念、趨勢與議題 / 莊明貞著. -- 初版. --
臺北市：心理, 2012.6
面； 公分.--（課程教學系列；41323）

ISBN 978-986-191-506-7（平裝）

1. 課程改革

521.76 101010722

課程教學系列 41323

課程改革：理念、趨勢與議題

作　　者：莊明貞
責任編輯：郭佳玲
總 編 輯：林敬堯
發 行 人：洪有義
出 版 者：心理出版社股份有限公司
地　　址：台北市大安區和平東路一段 180 號 7 樓
電　　話：(02) 23671490
傳　　真：(02) 23671457
郵撥帳號：19293172 心理出版社股份有限公司
網　　址：http://www.psy.com.tw
電子信箱：psychoco@ms15.hinet.net
駐美代表：Lisa Wu（Tel: 973 546-5845）
排 版 者：辰皓國際出版製作有限公司
印 刷 者：東縉彩色印刷有限公司
初版一刷：2012 年 6 月
I S B N：978-986-191-506-7
定　　價：新台幣 350 元